세계를 움직이는 삼성의 스타 CEO

삼성의 대표 CEO 16인

이학수 윤종용 이윤우
배정충 배종렬 이기태
송용로 허태학 황창규
최도석 김순택 이상완
원대연 임형규 강호문
손욱 ★홍하상 지음★

비전코리아

삼성 CEO는 최고 경영자의 직위에 오르기 전에 삼성의 간부로서 여러 경영 방식을 전개하고, 그것을 통해 자신만의 경영 방식을 구축해간다. 삼성그룹의 CEO들이 이건희 회장이 제시하는 비전에 일사불란하게 움직이면서도 동시에 그 개성을 잃지 않아 보이는 것도 바로 이러한 자신들만의 경영철학 때문이다.

Contents

들어가면서 •12

1부
삼성의 CEO들

01 삼성그룹의 철벽 수비수 _ 이학수 구조조정본부 부회장 •18

삼성의 좌청룡, 우백호 •19
삼성의 2인자 •21
이건희의 전폭적인지지 •24
제일모직 대구공장 경리과 •28
20여 년의 인연 •30
능동적인 자세 •32
보리차와 술 •33
이건희의 의중을 꿰뚫는 사람 •38

02 경영의 전도사 _ 윤종용 삼성전자 부회장 •42

삼성 사장단의 맏형 •43
삼성이 '인재'를 맡긴 사람 •44
해외 언론이 극찬하는 초 에이스급 투수 CEO •49
메모광 •51
침묵을 아는 CEO •53

책을 읽고, 책을 쓰는 CEO •56
위기를 겁내지 않는 CEO •59
카오스 메이커(Chaos Maker) •64
젊은 마인드 •66

03 35년 반도체의 산 증인_이윤우 삼성전자 부회장 •68

서로 다른 비행기를 타고 오라 •69
국내 반도체 기술의 1인자 •70
삼성은 기술 수준의 현관 앞 정도에 왔다 •74
엔지니어 출신의 CEO •79
관리 경영과 공격 경영의 종합형 경영 •84

04 삼성생명 글로벌화의 주역_배정충 삼성생명 총괄사장 •92

변화의 전도사 •93
사랑의 전도사 •99
미스터 고대 출신의 야전 전략가 •103
10에서 1을 빼면 9가 아닌 0의 글로벌화 •106

05 관리 경영의 대부_배종렬 삼성물산 사장 •112

좌 종렬 우 학수 •113
비서실의 두 사람 •118
배종렬 사장과 이건희 회장 •121
배종렬의 관리 경영 •124

가장 체계적인 자기 몸 관리 •128
삼성물산에서의 배종렬 •131

06 휴대폰 하나로 세계를 개척하다_ 이기태 삼성전자 휴대폰 부문 사장 •136

"이제 휴대폰은 나보다 이사장이 낫네" •137
불도저 •138
애니콜 신화 •144
신화를 넘어 •149

07 소리없이 강하다_ 송용로 삼성코닝 사장 •154

삼성코닝이 변하고 있다 •155
삼발이 경영론 •157
안정경영 •158
나는 할 수 있다 •162
삼성코닝의 미래 •165

08 삼성그룹 최장수 CEO_ 허태학 삼성석유화학 사장 •170

가장 존경하는 CEO •171
서비스 마술사 •172
서비스정신에 깔려 있는 유교정신 •175
숨어 있는 도전 정신 •179
글을 아는 CEO •182
공장을 호텔로 바꾸는 석유화학맨 •184

09 영원한 반도체 유목민_ 황창규 삼성전자 사장 •190

삼성의 반도체 삼총사 •191
반도체 유목민(semiconductor nomad) •194
도전정신과 보헤미안 정신 •201
'황의 법칙' •204

10 든든한 지원사격 대장_ 최도석 삼성전자 경영지원 총괄사장 •210

삼성 본관 25층 •211
GBM 체제의 감독 •215
경영혁신의 사령탑 •219
이학수와 최도석 •224
한국 최고의 CFO •227

11 흔들면 기획이 쏟아진다_ 김순택 삼성 SDI 사장 •230

삼성 SDI의 길찾기 •231
기획형 CEO •233
밀착 경영 •235
감동 경영 •240
덕장과 검객 •248

12 뚝심의 제왕_ 이상완 삼성전자 LCD 담당 사장 •252

LCD = 이상완 •253

또 한 대의 불도저 •255
용장 •257

13 | 작은 경영의 성공_원대연 삼성아트앤드디자인 인스티튜드 학장 •262

공개 옷 화형식 •263
좌절과 재기 •265
독일 병정 •268
화형식 그 이후 •271

14 | 삼성이 기른 초특급 엔지니어_임형규 삼성종합기술원 원장 •276

절름발이 반도체 •277
두 다리로 일어서기 •279
삼성전자의 반도체 삼각편대 •282
전형적인 삼성맨 •285
약진하는 비메모리 분야 •287

15 | 변신 경영의 대가_강호문 삼성전기 사장 •294

거북선 센터 •295
삼성의 국부론 •297
일본을 넘어 세계로 •299
변신 경영 •301

16 첨단기술 개발의 메카_손욱 삼성 SDI 상담역 •306

삼성종합기술원의 제2도약기 •307
이건희의 말을 해석할 수 있는 사람 •309
엔지니어 출신의 기획통 •313
접붙이기 경영 •315
한국의 대표적인 CTO •316
6시그마의 대부 •318

2부
그들의 노하우
−삼성의 CEO들을 통해 본 7계명

1. 신념을 가져야 한다 •324
2. 대의명분을 가져야 한다 •326
3. 위기를 두려워하지 말아야 한다 •328
4. 작은 것에서부터 리더십을 갖춰야 한다 •329
5. 건강에 신경 써야 한다 •330
6. 자기만의 경영철학을 갖춰라 •331
7. 현장을 떠나지 마라 •333

들어가면서

오늘날 크고 작은 많은 기업들이 어려움을 호소하고 있다. 내수 부진으로 앞날이 보이지 않기 때문이다. 투자자들의 돈도 꽁꽁 묶여 있다. 적당한 투자처가 보이지 않기 때문이다. 은행도 인색해졌다. 경기가 불안한 만큼 예전처럼 모험을 해볼 수 없기 때문이다.

기업이 어려우면, 당장 어려워지는 사람들이 샐러리맨들이다. 월급이 동결되고, 출장비도 적어진다. 호주머니가 가벼우니 마음도 넉넉할 리가 없다. 늘 불안하고 조급하다.

이러한 때 필요한 것은 삶의 기준을 명확히 세우는 일이다. 그리고 그것은 삶의 표본을 탐색하는 것에서부터 시작된다.

오늘날 삼성은 한국 최고의 기업이라는 경계를 넘어 세계 일류 기업으로 도약하고 있다. 불경기에도 불구하고 그들의 수익은 점차 커지고 있다. 여기에는 구조적인 측면도 있지만 삼성인들, 더 나아가 삼성을 이끄는 CEO들의 열정과 도전을 보면 그렇게 구조적인 측면으로만 말할 수 없는 강인한 힘이 있다.

그것이 무엇일까? 그들은 우리들과 정말 다른가?

한 가지 분명한 것은 삼성의 CEO들이 처음부터 CEO로 태어난 것은 아니라는 것이다. 그들 역시 한때는 일반인들과 다를 바 없는 샐러리맨들이었다.

이 글은 오늘날 한국의 대표 기업이 된 삼성, 그 삼성의 사장단들에 대한 이야기이다. 이 글에는 그들의 입사에서부터 사장에 이르기까지의 위기 극복과 출세의 비결, 삼성에서 살아남은 노하우 등이 담겨 있다. 여기에는 그들만의 독특한 자기관리와 삼성의 사장이 될 수 있었던 비결 등도 포함한다.

샐러리맨들에게 있어 결국 필요한 것은 경영 능력이다. 회사에서 계속 생존해나가거나 혹은 회사에서 떨어져 나와 자신만의 작은 점포를 운영한다 해도 결국 가장 절실해지는 것은 경영 능력인 것이다.

삼성의 CEO들은 이런 부분에 있어서도 표본으로서의 역할을 할 수 있을 것이다. 그들은 보편적인 경영 원리에 충실하면서도 오랜 경험을 통해 자신들만의 독특한 경영 원칙들을 세워왔기 때문이다.

이 글에는 그들의 경영 스타일이 삼성이라는 그룹 내에서 어떤 식으로 발휘되었는지에 대해서도 다루고 있다.

이 책은 1부와 2부로 구분되어 있다. 1부에서는 삼성 CEO들의 이야기를 다뤘다. 2부에서는 독자들의 이해를 돕고자 그들의 삶에 내재된 공통적인 노하우들을 짧고 간명하게 요약해보았다.

홍하상

1부

삼성의 CEO들

01 SAMSUNG CEO

삼성그룹의 철벽 수비수

이학수 | 구조조정본부 부회장

1946년	6월 25일 경남 밀양 출생
1965년	부산상업고등학교 졸업
1969년	고려대학교 상과 졸업
1971년	고려대학교 경영대학원 수료
1971년	제일모직 입사
1979년	제일모직 관리부장
1982년	삼성그룹 회장비서실 운영 1팀장
1990년	삼성그룹 회장비서실 재무담당 전무이사
1992년	삼성그룹 회장비서실 차장
1993년	삼성화재해상보험 부사장
1997년	삼성그룹 회장 비서실장
1998년	삼성기업구조조정본부 본부장
2004년	삼성전자 회장실장 대표이사 부회장

삼성그룹의 철벽 수비수
이학수 구조조정본부 부회장

삼성의 좌청룡, 우백호

삼성 CEO들은 뭔가 달라도 다르다.

매주 수요일 오전 7시 30분. 서울 태평로 삼성 본관 28층에는 삼성그룹의 사장단들이 하나둘 모여든다. 일명 삼성그룹 사장단 모임 때문이다. 그런데 이 모임에서는 딱딱한 업무 보고가 없다. 대신 대한민국 누군가가 삼성그룹의 사장단들을 상대로 강의를 하고 있다. 그래서 사장단들이 모였음에도 '사장단 회의'가 아니라 '수요 간담회'이다.

삼성 하면 대한민국 최고의 기업이다. 그리고 삼성의 CEO들은 명실공히 대한민국 최고의 CEO들이다. 이런 그들이 누구에게 강의를 듣고 있는 것일까?

바로 각 분야의 대한민국 최고 전문가들이다. 즉, 이 시간에 삼성의 사장단들은 1등의 노하우를 배우고 있는 것이다. 오늘날 삼성이 어떻게 최고의 기업이 될 수 있었고, 또 어떻게 최고의 자리를 지켜갈 수 있는지를 여실하게 보여주는 광경이다.

그들은 최고이기에 최고에게 배우는 것이다.

지금까지 초빙된 강사들은 KAIST 교수, 스포츠맨, 연극배우, 국악 전문가, 벤처기업 사장, 중동 전문가 등 그 영역이 무척 다양하다. 심지어는 범죄 전문가를 초빙하기도 했다. 사내 부정 퇴치에 대한 강의를 듣기 위해서였다. 황수관 박사도 이곳에서 건강 강의를 했고, 하일성 야구 해설가도 특강을 했다.

이처럼 삼성 사장단들은 다양한 분야에서 독특한 아이디어와 열린 마인드, 그리고 창의성을 얻고 있다.

그런데 이 '수요 간담회'에서 사회를 보는 두 사람이 있다. 한 명은 삼성전자의 맏형 역할을 하는 윤종용 부회장이고, 또 한 명은 이학수 구조조정본부장이다.

그들은 어떤 의미에서 삼성의 좌청룡, 우백호라고 할 수 있다.

삼성의 상징적이고 대표적인 CEO는 누가 뭐래도 이건희 회장이다. 그래서 그는 삼성에게 있어 아버지 같은 존재이다. 이에 반해 윤종용 부회장은 맏형 역할을 하고 있다. 그리고 이학수 구조조정본부장은 어머니 역할을 하고 있다. 그는 실제로 삼성의 안살림을 책임지고 있다. 윤종용 부회장과 함께 구조조정을 조율했던 것도 그였고, IMF 당시 삼성의 돈이 밖으로 새어나가지 않도록 철벽 수비를 했던 것도 그였다. 그는 사장단의 인사권까지 쥐고 있다. 그래서 그를 삼성의 2인자라고 부르기도 하는 것이다.

삼성의 2인자

이학수 구조본부장의 삼성 내에서의 위상은 그가 삼성의 굵직굵직한 사업들을 맡아 처리하는 데에서도 확연히 드러난다.

삼성 자동차 사업 정리가 그 대표적인 예이다.

삼성은 80년대 중반부터 자동차 사업 진출을 모색해왔다. 그러나 중복 과잉투자를 우려하는 정부가 난색을 표했기 때문에 그 뜻을 이루지 못했다. 이후, 이건희 회장은 1987년 말 그룹의 경영권을 승계받으면서 비서실에 승용차 사업 진출 방안을 모색케 했다. 그리고 1994년 4월 28일 도쿄 긴자에 있는 닛산 본사에서 기술 제휴 계약이 체결되었다. 삼성의 자동차 사업은 순항을 거듭할 것처럼 보여졌다. 당시 삼성의 브랜드 가치가 워낙 높았기 때문이었다. 하지만 막상 자동차 사업을 시작하자 기대만큼의 성과를 거둘 수는 없었다. 경영 손실은 커졌다. 부채만 4조 3천억 원대에 이르렀다.

삼성은 새로운 돌파구를 마련해야 했다. 그리고 삼성은 그 돌파구의 첨병으로 삼성의 지킴이이자 철벽 수비수인 이학수 본부장을 선택했다.

이학수 본부장은 대우와의 빅딜을 추진할 때에도 삼성 이건희 회장과 대우의 김우중 전 회장의 다리 역할을 했다. 이후 협상이 결렬되자, 그는 당시 삼성 자동차 법정관리 신청이라는 카드를 빼 들었다. 여기에는 완강한 반대가 뒤따랐다.

'삼성 불패.'

당시 이것이 삼성의 닉네임이자 이미지였다.

삼성 이건희 회장과 경영진들에게 자동차 법정관리 신청은 곧 자동차 사업에 있어서의 패배를 의미했고, 이것은 삼성의 이미지에도 큰 훼손이었다. 그러나 결국 이것은 그대로 이루어졌다. 이건희 회장이 이학수 본부장의 조언을 받아들였기 때문이었다. 또한 대우자동차 빅딜 논의 이전 쌍용자동차를 인수하기로 했던 삼성의 방침도 바뀌었다. 이것 역시 이학수 본부장의 조언에 따른 것이었다.

그만큼 이건희 회장은 이학수 본부장을 신뢰했던 것이다.

최근 삼성의 북한 투자에 관한 사업을 주도하고 있는 사람도 그다.

북한은 오래 전부터 개방화를 추진하고 있다. 여기에는 계획경제의 실패로 인한 경제난과 극심한 식량난, 국제 무역량 급감을 해소해보려는 데에 그 배경이 있다. 물론, 그 개방은 중국을 모델로 하는 제한적 개방이다. 즉, 체제는 유지한 채 자본주의적 경제 시스템을 도입하려는 것이다.

선진국의 자본과 기술을 도입하려는 합영법 제정이나, 나진이나 웅기의 경제무역지대 설정, 금강산 관광 사업과 개성공단 설치 등이 모두 이에 해당한다.

북한의 이러한 개방정책은 최근 몇 년간 더 활기를 띠어왔다. 특히 북한은 경제적으로 성공을 거두었을 뿐 아니라 같은 민족인 한국의 도움을 받고자 했다.

이때, 중요한 것은 한국 대기업들과의 협상이며, 더 나아가 대기업 중에서도 한국을 대표할 만한 기업들과의 협상이었다.

북한이 이 몇몇 기업들과의 경제적 협상을 중시하는 이유는 그들이 움직여야 한국의 다른 기업들도 움직인다는 것을 알고 있었기 때문이다. 또한, 그들이 재벌급 기업이기 때문에 그 규모가 크다는 것도 잘 알고 있었다.

북한은 이를 위해 전에 없는 획기적인 조건들을 제안했었다. 그들은 협상 과정에서 필요하다면 재벌 총수의 방북까지 허용한다는 방침이었던 것이다.

북한은 그런 의미에서 삼성에게 끊임없이 러브콜을 보내왔다. 삼성은 이제 공히 한국을 대표하는 기업이자, 전자제품에 있어서는 소니를 능가하는 세계적인 기업이기 때문이었다. 하지만 삼성은 오래 전부터 호락호락한 상대가 아니었다. 쉽게 말해 대북 투자에 대해 신중한 자세를 유지해왔던 것이다. 게다가 투자 조건에 대한 의견도 달랐다. 북한 측은 삼성이 5년간 10억 불을 투자할 것을 요구했다. 하지만 삼성 측은 10년간 5억 불을 투자할 계획이었다.

북한과 삼성의 줄다리기 싸움.

이것은 결코 만만한 협상이 아니었다. 그런데 이때 삼성을 대표하여 협상 테이블에 앉았던 사람이 바로 이학수 구조조정본부장이었다. 당시 이학수 구조조정본부장은 2000년 5월 3일 북한에 50만 평 규모의 전자단지를 건설하기 위한 막바지 협상을 진행중이며, 만약 이 협상이 잘 이뤄지면 이건희 회장이 방북할 것이라고 발표했다. 이것은 삼성의 실질적인 사안은 이학수가, 상징적인 사안은 이건희가 담당하고 있다는 것을 의미한다. 이학수 본부장이 기존의 비서실장과는 달리 참모가 아니라 CEO에 가깝다는 평을 듣는 이유도 여기에 있다.

이건희의 전폭적인 지지

이학수 구조조정본부장이 이처럼 삼성 내에서 두각을 드러낼 수 있었던 것은 이건희 회장의 전폭적인 지지 때문이다.

이학수가 이건희와 본격적으로 인연을 맺게 된 것은 1992년부터라고 할 수 있다. 당시 이학수 사장은 부사장급인 비서실 차장에 오른다. 이때부터 그는 비서실 재무팀을 총괄하는 것은 물론, 이건희 회장을 곁에서 보좌했다. 당시 삼성의 골칫거리였던 그룹 계열분리 실무 작업을 담당한 이도 그였다.

그가 이건희에게 얼마나 두터운 신임을 받고 있는지는 외환위기 상황에서의 전폭적인 지지에서 살펴볼 수 있다.

당시 이학수는 구조조정본부장을 맡고 있었다. 당시 그가 구조조정본부장을 맡았던 것은 그가 비서실 차장을 지나 비서실장을 역임하고 있었기 때문이었다.

삼성의 비서실은 이병철 회장 시절부터 그 힘이 가장 막강한 부서 중 하나였다. 그것은 이학수가 비서실장이 되기 이전의 선임자만 살펴봐도 알 수 있다.

그의 선임자는 현명관 삼성건설 사장이었다. 그리고 그 이전의 선임자는 이수빈 현 삼성생명 회장이었다. 기업계에서는 둘째 가라면 서럽다 할 경영자들이 모두 삼성의 비서실장 출신인 것이다. 이러한 CEO들이 20여 명이나 이 비서실을 거쳐갔다.

이수빈 회장은 1991년부터 2년간 비서실장을 지냈다. 그러다가 현명관 삼성건설 사장이 그 자리를 이어받았다. 당시 현 사장에게는 두 명의 비서실 차장이 있었는데, 한 명은 전 삼성물산 총괄사장이던 배종렬 부사장이었고, 또 한 명이 바로 이학수 부사장이었다. 그리고 1996년에 이학수 부사장이 비서실장에 올랐다. 곧 이어 그는 외환위기가 닥쳐오자 1998년에 비서실에서 간판만 바꿔 단 구조조정본부의 장이 되었다.

옛 비서실이 그랬듯, 구조조정본부 역시 삼성 경영의 사령탑 역할을 했다. 오늘날 이학수 구조조정본부장을 삼성그룹의 종합 사령탑이라고 부르는 이유가 여기에 있다.

당시 그에게는 내부의 현금이 밖으로 유출되는 일도 중요했지만, 윤종용 부회장과 손발을 맞춰 덩치만 큰 삼성을 슬림화시키는 것도 중요했다. 하지만 그룹의 대세를 결정하는 일인 만큼 매사에 경영진의 허가를 맡아야 했다. 그런데 이때 이건희 회장은 단 한마디로 모든 사안에 대한 허가를 내어준다.

"전자와 금융업 외에는 어떤 회사를 처분해도 좋다."

말인 즉슨, 전자와 금융업은 삼성의 핵심 사업이니 포기해서는 안 되며, 그외에 대해서는 내가 일체 관여치 않을 것이니 이학수 사장 마음대로 하라는 것이다. 전권 위임과 다를 바 없었다.

이러한 힘을 등에 업고 이 사장은 당시로서는 획기적인 구조조정을 단행했다.

자동차 업계는 물론, 한계 사업 부문과 업종 전망이 밝지 않은 수익 사업 부문까지도 도려낸 것이다. 그리고 그 결과 삼성은 2002년 15조 원의 세전이익을 내는 국내 최우량 기업으로 거듭날 수 있었다.

현재에도 삼성의 구조조정본부의 힘은 막강하다. 여전히 이건희 회장이 이학수 부회장을 신뢰하고 있기 때문이다.

삼성 구조조정본부는 재무, 인사, 경영진단, 홍보와 비서, 법무, 기획 등 무려 7개 팀으로 구성돼 있다. 그 규모는 국내 대기업들 중 가장 크다. 이곳에서는 각 계열사에서 선발된 100여 명의 핵심 정예요원들이 일한다.

여기서 주목할 것은 이 인원들 중 3분의 1이 재무와 관련된 계통의 인재들이라는 것이다. 이것은 여러 가지로 풀이할 수 있지만, 이학수 본부장이 더 편하게, 더 막강하게 역량을 발휘할 수 있는 시스템이라는 의미가 내포되어 있다. 그만큼 힘을 실어주고 있는 것이다.

본래 삼성의 구조조정본부는 외환위기에 일시적으로 대응하기 위한 기구였다. 대형화된 테스크 포스팀의 의미가 강했던 것이다. 하지만 근래 들어 이 기구는 삼성 내의 가장 핵심적인 참모 역할을 수행하고 있다. 100여 명의 핵심 정예요원들이 일사분란하게 움직여 정보를 수집하고, 계획을 수립하는가 하면, 심지어는 계열사의 경영 상태까지 진단해 그에 대한 대처방안을 내놓는 것이다.

이러한 이유로 삼성의 간부들 사이에서는 "삼성의 힘은 회장, 계열사 사장단, 그리고 구조조정본부의 삼각 편대에서 나온다."라는 말이 있을 정도이다.

구조조정본부가 이건희와 삼성 경영진이 경영 판단을 하도록 어시스트하고, 이건희 회장이 경영 방향과 전략을 제시하면, 각 계열사 사장단이 그 틀에 맞춰 실제 경영을 진두지휘해나간다는 것이다.

이는 이학수가 이끄는 구조조정본부의 위상이 어느 정도인지를 짐작케해주는 대목이다. 따라서 노무현 참여 정부에 들어 대기업의 구조조정 담당 부서가 해체되고 있는 상황에서도 삼성만은 구조조정본부를 존속하고 있다. 그들이 담당한 업무가 이제 일회성이 아니라 지속적이고 체계적인 업무이기 때문이다.

삼성의 구조조정본부가 이처럼 핵심조직으로 성장할 수 있었던 것은 기업의 환경적 변화와 함께 삼성의 이학수에 대한 절대적 신뢰가 있었기 때문이다.

제일모직 대구공장 경리과

그렇다면, 어떻게 이학수 본부장은 삼성 이건희의 전폭적인 지지를 받을 수 있었을까? 여기에는 여러 가지 요인이 복합적으로 작용하고 있다. 그 첫 출발점부터 살펴보면, 우선 그가 제일모직 대구공장 경리과 출신이라는 것이다.

이학수 본부장은 경남 밀양 출신이다. 그는 마산에서 중학교를 졸업한 후 부산으로 가서 부산상고를 나왔다. 이후 고려대학교 상학과를 졸업했다. 그리고 1971년, 이 본부장은 삼성그룹에 공채 12기로 입사했다.

당시 그의 첫 발령지는 제일모직 대구공장 경리과였다.

제일모직 경리과 라인은 일명 '삼성 인재 사관학교'로 불리는 곳이다.

이것은 현재 삼성의 CEO들의 면면을 살펴볼 때, 그들이 모두 제일모직의 재무통에서 시작되었다는 것만 보아도 알 수 있다. 유석렬 삼성카드 대표, 제진훈 제일모직 대표, 배호원 삼성증권 사장, 이상현 삼성전자 중국 본사 사장, 송용로 삼성코닝 대표, 김징완 삼성중공업 대표, 배병관 전 삼성테크윈 대표, 김현곤 전 삼성BP화학 대표, 이재환 전 삼성벤처투자 대표 등이 모두 제일모직 경리과와 직간접적으로 연이 닿아 있는 것이다. 삼성전자 사장 중 유일한 재무 관리 부문 출신 사장인 최도석 사장도 1971년 제일모직에 입사해 경리과장을 지낸 바 있다.

이들은 대체로 삼성 비서실 명단에서도 그 이름을 찾아볼 수 있다는 공통점이 있다. 이것은 제일모직 경리과와 삼성 비서실이 당시 최고의 엘리트 코스였음을 반영한다. 즉, 삼성의 거목으로 성장한 CEO들은 이 두 과정을 거쳐 갔던 것이다. 현재 이 구도는 삼성전자와 구조조정본부라는 새로운 코스로 전환되고 있다.

어쨌거나, 오늘날 이학수가 삼성 최고의 재무통 중의 한 명으로 성장하고, 또 이건희 회장의 신뢰까지 받을 수 있었던 것은 이러한 엘리트 코스와 무관하지 않다.

20여 년의 인연

이학수 본부장이 신뢰를 받는 또 다른 이유 중 하나는 삼성가와의 오랜 인연을 들 수 있다.

1982년, 당시 삼성의 회장 비서실에서 경영관리를 담당하는 운영팀이 설치되었다. 그리고 이학수 사장은 운영 1팀장으로 발탁되었다. 그후 그는 비서실 재무팀 이사, 상무, 전무를 거치면서 삼성그룹의 재무통으로 성장했다. 삼성그룹 재무의 역사가 그와 함께 했다고 해도 과언이 아닌 것이다.

그러한 까닭에 그는 20여 년 동안 이병철 전 회장과 이건희, 이건희와 이재용의 핵심 브레인 역할도 담당할 수 있었다. 그가 손을 펴면 삼성이 투자를 하고, 그가 손을 쥐면 삼성이 긴축 정책을 펴는 것이다. 그는 이병철에서 이건희로, 또 이건희에서 이재용으로 넘어가는 경영 승계 과정에서의 지분 관리에도 깊숙이 관여했다.

1995년은 삼성이 제2의 창업을 선포하던 해였다. 이 제2창업식에 이학수 당시 사장은 미국 LA로 갔다. 이건희 회장을 대신해 일명 '삼성가의 빅딜'을 주도하기 위해서였다.

고(故) 이병철 전 회장은 생전에 이미 삼성가의 재산 분할을 어느 정도 성사시켰었다. 하지만 형제들 간에는 1995년 2월까지 최종적인 타협은 이루어지지 않은 상태였다. 이학수 당시 사장은 이 최종적인 타협을 이뤄내기 위한 중대 임무를 부여받고 갔던 것이다.

장소는 미국의 LA. 그 재산 분할이 있던 날, 삼성가의 장남인 이맹희 측에서는 그의 아들이자 장손인 이재현 제일제당 상무, 이병철의 장녀인 이인희 한솔제지 고문, 막내딸인 이명희 신세계백화점 상무, 이건희 회장 등이 참석했다. 이른바 최후의 대협상으로 불리는 이 빅딜의 현장에 당연히 이학수 당시 사장도 배석했다. 그리고 이 자리에서 신세계그룹과 제일제당그룹은 삼성 측에서 완전 분리하게 되었으며 이건희 회장은 삼성전자와 물산, 엔지니어링, 중공업, 건설, 전관, 전기, 데이터시스템, 항공, 신용카드, 시계, 호텔신라 등 총 24개의 계열사를 장악하게 되었다.

이것이 이학수 구조조정본부장이 어느 정도의 실세였던가를 반증하는 사례이다. 또한 이병철 이래로 삼성가의 이학수에 대한 신뢰가 어느 정도인지를 알 수 있는 대목이다.

이제 이학수 본부장의 힘은 단순히 재무에만 국한되어 있지 않다. 그는 계열사 사장단과 임원 인사까지도 주도하고 있다. 삼성이라는 거대한 그룹의 계열사 사장들도 이학수 본부장을 보면 다리가 후들거린다고 말할 정도이다.

오랜 동안 한 분야에 종사하며 한 집안과 인연을 맺은 것이 두터운 신의를 쌓는 초석이 되었던 것이다.

능동적인 자세

　제일모직 대구공장 경리과라는 엘리트 코스, 그리고 삼성가와의 오랜 인연—이것은 분명 이학수 본부장이 오늘날 공공연히 최고의 실세로 자리잡은 계기가 된 것은 분명하다. 하지만 단지 그러한 외적인 이유만으로 한 기업의 CEO가 된다는 것은 있을 수 없는 일이다. 특히 삼성이라는 세계적인 기업의 CEO가 된다는 것은 거의 불가능하다.

　어쩌면, 이것들은 일종의 행운일지도 모른다. 과연 경영에 대한 아무런 재능과 노력 없이 그 행운을 붙잡을 수 있었을까? 역으로 가정해보면, 그에게 경영에 대한 재능과 노력이 전무한데도 삼성가는 그와 30여 년 동안 인연을 맺었을까?

　오늘날 이학수 본부장이 삼성 내에 최고의 CEO 중 한 명이 될 수 있었던 것은 그의 능동적인 자세에 있다. 한 일화가 있다.

　이학수 본부장이 막 제일모직 대구공장 경리과에 발령을 받았을 때였다. 이학수 본부장은 단순히 자신에게 맡겨진 경리 일에만 매달리지 않았다. 그는 자신이 맡은 일이 재무와 관련된 것이었음에도 불구하고 공장의 공정을 익히는 데 열심이었다. 현장의 공정을 익히는 것이 기업의 일을 익히는 첫걸음이라고 생각했기 때문이었다.

　당시 공장의 경리과는 공장과 맞붙어 있는 것과 다를 바 없었기 때문에 경리과에 근무하다 보면 자연히 공장의 공정을 눈에 익힐 수 있었다. 그는 여기에 만족하지 않고 한걸음 더 나아갔다. 24시간 돌아가는 공장의 속사정을 속속들이 알기 위해 숙직과 일직, 심지어는 야간근무까지 도맡아 하겠다고 자청했던 것이다.

오늘날 그가 삼성의 재무통은 물론 이건희를 대리하는 인물로까지 부상할 수 있었던 것은 바로 이러한 능동적인 자세에 있었다. 당시 그가 숙직과 일직, 심지어는 야간근무까지 하며 관찰한 결과를 토대로 개발한 원가 분석 시스템은 국내 모방직업계의 최초의 기본 매뉴얼이 되었다. 그리고 그것은 최근까지도 이 업계의 기본 매뉴얼로 통한다.

보리차와 술

이학수 본부장이 최고의 CEO까지 오를 수 있었던 또 다른 비결은 그의 철두철미한 일처리에 있다.

그가 얼마나 철두철미한 사람인지는 그의 술 접대만 보아도 알 수 있다. 이학수 구조조정본부장은 술을 한 잔도 못한다. 체질적으로 술이 몸에 맞지 않기 때문이다. 그가 얼마나 술에 약한지를 보여주는 일화가 있다.

당시 그는 삼성생명 사장을 맡고 있었다. 하루는 황학수 회장과 술자리를 함께 할 기회가 있었다. 전 삼성카드 대표이사 부회장이었던 황학수 회장은 술이 세기로 유명했다. 이학수 사장은 그것을 알고 있기에 황 회장에게 여러 차례 양해를 구했다. 그런데 공교롭게도 술에 취한 황 회장이 양해를 구한 것을 깜빡 잊고 이 사장에게 폭탄주를 건넸다. 이 사장도 예측하지 못한 순간이었다. 이 사장은 그 잔을 받아 들었다. 그리고 일곱 번에 나눠 모두 마셨다. 결국 그는 의식을 잃고 말았다.

당연히 그는 술자리라면 질색이다. 하지만 한국의 정서상 술이 아니면 좋은 분위기를 이끌어내기가 쉽지 않다. 엎친 데 덮친 격으로 그는 이런저런 이유로 많은 사람들을 만나야 하고, 그만큼 술도 많이 마셔야 하는 직책이다. 고역이 아닐 수 없다.

과거 시절에는 더 심했다. 그는 오늘날 삼성의 최고 자리에 올라 있지만, 그전에는 평범한 샐러리맨이었다. 샐러리맨들은 으레 술자리가 잦다. 술을 못하는 그로서는 여간한 고역이 아니었다. 그렇다고 해서 번번이 도망을 칠 수도 없는 노릇이었다. 그래서 생각해 낸 것이 술을 대체할 수 있는 보리차였다. 일명 보리차 술이었던 것이다.

그는 협력업체들의 간부들을 대접할 때에는 오래 전부터 이용해 오던 단골 술집으로 간다. 그 술집의 주인들은 그가 술을 못하는 사정을 헤아려 보리차를 진짜 양주처럼 감쪽같이 만들어주기 때문이다.

이런 단골 술집에 도착하면 이 본부장은 잔을 돌리지 말고 각각 한 병씩 마시자고 먼저 제안을 한다. 술병을 돌리게 되면 보리차 술이 들통이 나기 때문이고, 또 체질적으로 맞지 않는 술을 계속 마셔야 하기 때문이다. 대개는 이 본부장의 제안을 받아들인다. 그렇게 하는 것이 왠지 점잖아 보이기 때문에 굳이 그것을 마다할 이유가 없는 것이다.

이렇듯, 이 본부장은 아주 작은 부분까지도 세심하게 신경을 쓰고, 또 철저하게 준비한다. 이러한 그의 준비성은 윤종용 부회장의 메모 습성과 비길 만하다. 그를 아는 지인들은 이러한 그의 철두철미한 성격이 그의 부친에서부터 비롯되었다고 한다.

1976년 12월 몹시 추운 어느 날 밤, 불이 난 병원에서 물에 젖은 침대 시트를 뒤집어쓰고 뛰쳐나오는 한 사람이 있었다. 삼성 내에서 무대 뒤의 핵심, 이건희의 그림자라고 불리는 이학수였다. 그는 그해 급성간염으로 대구병원에 입원해 있었다. 그의 병실은 6층. 그런데 그날 공교롭게도 병원에 대형 화재가 발생했다. 당시 제일모직 관리부장이었던 이학수는 "불이야!" 하는 고함소리에 잠을 깼다. 그는 다급한 와중에도 침대 시트를 물에 적셨고, 무조건 왼쪽 비상구를 향해 달렸다. 다행히 바깥으로 빠져나올 수 있었다. 그의 이러한 일련의 행동은 마치 오래 전부터 화재를 예견하고 그에 대해 대비한 사람 같은 모습이었다.

그가 위급한 상황 중에도 적절히, 그리고 신속히 대처할 수 있었던 것은 그의 부친 때문이었다. 그가 대구병원에 입원한 지 얼마 지나지 않아 그의 부친이 병문안을 왔다. 그때 부친은 이학수에게 이렇게 말했다.

"내가 아까 보이, 이 병실 복도에는 비상구가 두 개드라. 오른쪽 비상구는 잠궈놨고 왼쪽 것은 열렸어. 혹시 모르니까 새겨 들으래이. 사람은 항상 준비를 해야 되는 기라."

이학수가 "불이야!" 하는 고함 소리에 눈을 떴을 때, 가장 먼저 떠올랐던 말은 부친의 당부였다. 그래서 그는 당황하지 않고 침착하게 왼쪽 비상구로 나설 수 있었던 것이다.

이 일화만으로 이학수 본부장의 철두철미한 성격이 정말로 부친으로부터 유전된 것인지 판명할 수는 없다. 하지만 여기서 중요한 것은 그것이 진실이냐 아니냐를 떠나 부친으로부터 물려받았을 것이라는 말이 나올 정도로 그의 철저한 준비성과 일 마무리가 정평이 나 있다는 것이다.

그의 이러한 성격 탓에 그는 자타가 공인하는 삼성의 철벽 수비수로 불린다. 그의 별명도 '삼성 지킴이'이다. 실제로 그는 여러 가지 악재 속에서도 삼성을 지키는 수문장 역할을 해왔다. 외환위기는 그 대표적인 예이다.

외환위기 당시 많은 기업들이 휘청거렸다. 여러 가지 원인이 있지만 그중의 하나가 바로 현금 확보의 어려움에 있었다. 시장금리가 천정부지로 치솟아 기업들의 수중에 돈이 들어오지 않았던 것이다. 하지만 삼성만은 시장금리가 연 25% 이상을 웃돌 때에도 수조 원의 현금을 확보할 수 있었다. 이학수 구조조정본부장이 있었기 때문이었다.

1997년 말, 외환위기가 터지자 이 본부장은 그룹의 모든 역량을 현금 흐름의 정상화에 집중시켰다. 그는 밤낮으로 전 계열사의 현금 흐름을 보고받으며, 그 돈들이 외부로 빠져나가지 못하도록 조치를 취했다. 돈과의 전쟁이었고, 그는 여기에서 승리했다. 또한 오늘날 삼성이 고속 성장할 수 있는 기반도 마련했다.

이후, 삼성은 외환위기로부터 5년간 비약적인 발전을 했다. 1938년 삼성그룹이 창업한 후 1998년까지의 60년 동안 삼성이 낸 이익보다 이학수가 구조조정본부장이 된 1999년 이후부터 5년간 낸 수익이 6배 정도가 많다.

그가 이처럼 외환위기를 극복해내고, 삼성의 고속 성장을 이끄는 초석을 다질 수 있었던 것은 두 말할 필요도 없이 그의 빈틈없는 재무관리 능력 때문이었다.

오늘날 이 본부장의 집무실은 서울 태평로 삼성본관 최상층인 28층에 있다. 그의 옆방은 삼성의 제왕 이건희 회장의 방이다. 삼성 이건희 회장이 이학수 본부장을 얼마나 신뢰하고 또 가까이 두고 싶어하는지를 보여주는 단적인 예이다.

이건희의 의중을 꿰뚫는 사람

이학수 본부장의 또다른 비결은 그가 상사, 즉 이건희 회장의 의중을 꿰뚫어 본다는 데 있다. 즉, 이건희 삼성그룹 회장이 이학수 본부장을 전폭적으로 지지해주는 것은, 이학수 본부장이 이건희 삼성그룹 회장의 의중을 누구보다도 빨리 알아차리기 때문인 것이다.

이건희 삼성그룹 회장은 안개와 같은 사람이다.

그는 언론에 자주 오르내리지도 않고, 행사나 모임에도 좀처럼 모습을 드러내지 않는다. 공식적인 자리에서도 항상 뚱한 표정으로 앉아만 있다 사라지기 일쑤다. 어쩌다 입을 열어도 말이 길지 않다. 그 말도 어눌하고 독특한 제스처도 없다.

1965년 삼성그룹에 입사해 비서실 차장, 비서실장 등을 지낸 삼성생명의 이수빈 회장도 "나는 이건희라는 사람을 모른다."라고 했을 정도이다. 30년 넘게 이건희 회장을 지켜봐왔지만 20%도 그 진면목을 모르겠다는 것이다.

홍사덕 전 의원은 이건희 회장과 서울사대부고 동기생이다. 그는 이건희 회장을 늘 깊은 생각에 빠져 있었던 친구로 기억한다. 어느 정도였냐 하면, 생각하고 있다기보다는 묵상하고 있다는 착각이 들 정도였다. 그런데 말을 걸면 돌아오는 대답이라고는 고작 '응' 아니면 '아니'뿐이었다. 생각은 늘 많고 복잡하면서도 말은 너무 단촐했던 것이다.

그것은 이건희 회장이 앞뒤 설명을 장황하게 늘어놓는 대신 '본체'만 툭 던져놓는 어법을 구사하기 때문이라는 것이 홍 의원의 답변이다. 그리고 그 말이 굉장히 독특한 시각과 발상을 내포하고 있다는 것이다. 홍 의원의 말에 따르면 "책깨나 팠다고 거들먹거리던 나도 한참을 생각해봐야 겨우 그 뜻을 짐작할 수 있을" 정도였다.

권근술 전 한겨레 신문 사장도 이건희는 대화를 나눌 때에도 계속 남의 이야기를 듣기만 하며 잘 못 마시는 술이나 한잔 들어가야 띄엄띄엄 한마디씩 입을 연다고 했었다. 그런데 그 한마디씩 입을 여는 것이 의표를 찌르는 말들이다. 달변가로 알려진 이어령 전 문화부 장관은 "내가 열 마디 할 때 이 회장은 한 마디를 하지만 그 한 마디가 내 열 마디를 누른다."고 했었다.

이러한 주변인들의 반응은 이건희가 얼마나 그 의중을 파악하기 힘든 인물인지를 보여준다. 이것은 이학수 본부장도 예외는 아니다.

"선대 회장이 나를 찾으면 왜 찾는지, 뭘 물어볼 건지, 뭣 때문에 야단칠 건지 대강 짐작할 수 있었다. 그런데 이건희 회장이 나를 찾는다고 하면 왜 부르는 건지 감을 못 잡는다. 무슨 얘기를 꺼낼지 예측불허이기 때문이다."

이것은 이학수 본부장의 이건희 회장에 대한 고백이다. 하지만 완전하지는 않더라도 그나마 이학수 본부장이 이건희의 의중을 가장 잘 알아차리는 사람 중 한 명이라는 것이 주위의 평이기도 하다. 그래서인지 이학수 본부장은 단순히 여러 사안을 나열해서 보고해

결재를 받는 것이 아니라 사전에 계열사 사장들과 의견 조율을 해 대안을 결정한 다음 결재를 받는 방식을 취한다. 예비 판단을 내리는 것이다. 그것은 이건희의 의중을 꿰뚫어보지 않고는 불가능한 일이다.

한 사람이 다른 한 사람의 의중을 꿰뚫는다는 것은 그 사람처럼 사고하고 있다는 것을 뜻한다.

애니콜의 신화를 일궈낸 이기태 사장은 이건희의 의중을 꿰뚫기 위해 이건희가 읽은 책을 읽으며, 이건희가 추천한 책을 읽는다고 했다. 그가 읽은 책들을 읽어야 이건희의 사고체계를 배울 수 있다는 생각에서였다. 따라서, 이학수 본부장이 이건희의 의중을 꿰뚫어보고 있다는 것은 단순히 '그 사람을 잘 안다.'라는 것 이상의 의미를 지닌다. 그것은 이건희가 바라보는 방향을 똑같이 바라보고 있으며, 이건희가 이루고자 하는 비전을 똑같이 이루고자 한다는 것을 뜻하기 때문이다. 당연히 이건희의 신뢰가 두터울 수밖에 없는 것이다.

–실제로 이건희 삼성 회장은 비전자 계열사 사장단 회의에서 삼성카드의 이경우 사장과 삼성캐피탈의 제진훈 사장에게 1995년 이학수 삼성화재 사장이 재직할 당시의 경영 기법을 벤치마킹하라는 지시를 내리기도 했었다. 두 회사가 부진했기 때문이 아니라 좀더 공격적인 '리딩 컴퍼니'로서의 위상을 구축하게 하기 위해서였다.

1995년 2월 현 이학수 본부장은 삼성화재 대표이사 부사장으로 취임했었다. 이후 그는 1년 6개월의 재임 기간 동안 삼성화재를 업계의 1위로 자리매김시키는 데 지대한 공을 세웠다.

그는 당시 임원진의 관리 업무를 전면 재조정했고, 이에 따라 간부사원 150여 명을 재배치했다. 이것은 삼성화재 창사 이래 최대 규모의 인사단행이었다.

그는 일반보험영업을 위해 전담부서를 신설하기도 했고, 지방영업을 활성화하기 위해 전국 지역본부에 법인영업, 교육, 업무팀을 설치하기도 했다. 당시 전국 읍 단위 666곳에 무료 긴급 서비스망을 구축했는가 하면, 필요에 따라 외부 인력을 대거 영입하기도 했다.

이것은 손해보험업계에서는 전례를 찾아보기 힘들 정도로 과감한 조직개편인 동시에 공격적인 마케팅 전략이었다. 이를 통해 그는 손보업계에서 21%였던 시장점유율을 27%까지 끌어올리는 쾌거를 이루었다.

삼성 이건희 회장이 당시 이학수 부사장의 경영 기법을 벤치마킹하라는 데에는 그것이 단순히 성공을 거뒀기 때문만은 아니다. 거기에는 또다른 숨은 뜻이 있다고 봐야 한다. 그것은 당시 이학수 부사장의 과감하고도 공격적인 경영 기법이 백 마디 말보다도 자신의 의중과 합치하고 있기 때문이다.

오늘날 삼성이 가장 큰 성장을 이룬 기업인 동시에 가장 안정적인 기업 중 하나가 될 수 있었던 것은 바로 삼성 이건희의 의중을 미리 꿰뚫고 그에 따라 모든 것을 철저하게 준비하는 이학수 본부장 같은 CEO가 안살림을 책임지고 있었기 때문이다.

02

SAMSUNG CEO

삼성의 간판 스타

윤종용 | 삼성전자 부회장

1944년 1월 21일 경북 영천 출생
1962년 경북대사범대 부속고등학교 졸업
1966년 서울대학교 전자공학 학사
1988년 미국 매사추세츠공과대학 대학원 Sloan School Seinior Executive 과정 수료
1966년 삼성그룹 입사
1977년 삼성전자공업 도쿄 지점장
1979년 삼성전자공업 기획조정실장
1980년 삼성전자공업 TV 사업본부장
1981년 삼성전자공업 비디오사업본부장
1985년 삼성전자 종합연구소장
1992년 삼성전자 가전부문 대표이사 사장
1995년 삼성그룹 일본 본사 대표이사 사장
1997년 삼성전자 총괄 대표이사 사장
2000년 삼성전자 대표이사 부회장

삼성의 간판 스타
윤 종 용
삼성전자 부회장

삼성 사장단의 맏형

"윤종용 같은 자식을 낳고 싶다."

결혼 정보회사 비에나래는 전국의 미혼 남녀 554명을 대상으로 이상적인 자녀상을 인터넷 설문조사한 적이 있었다. 여기서 윤종용 부회장은 연예인, 스포츠 스타 등을 제치고 1위에 선정됐다. 당시 그가 얻은 득표율은 21.7%. 2위인 탤런트 권상우는 18.8%였고, 3위인 MC이자 아나운서 손석희는 18.2%였으며, 고승덕 변호사와 이승엽 프로야구 선수가 각각 13.7%와 9.4%였다.

윤종용 부회장은 명실공히 삼성전자의, 더 나아가 삼성의 간판급 스타 CEO이다. 그가 오늘날 대중적인 인지도를 얻게 된 것은 삼성전자를 세계적인 기업으로 성장시킨 것과 무관하지 않다.

삼성에는 '전자 삼형제'가 있다.

삼성전자, 삼성 SDI, 삼성전기를 흔히 그렇게 일컫는 것이다. 이 중에서도 삼성전자는 전자 삼형제의 맏형으로 통한다. 규모는 물론, 삼성에서 차지하는 위상이 남다른 것이다.

윤종용 부회장은 이 삼성전자를 이끄는 대표이다. 그리고 삼성전자가 전자 삼형제의 맏형 노릇을 하듯, 그 역시 삼성 사장단의 맏형 노릇을 해왔다.

삼성이 '인재'를 맡긴 사람

윤종용 부회장이 맏형 역할을 맡고 있다는 것은 삼성의 인사정책을 그가 실질적으로 진두지휘하고 있다는 데에서도 잘 드러난다.

삼성의 인재 최고주의 경영은 이미 유명해진 지 오래이다. 삼성 하면 인재이고, 인재 하면 삼성인 것이다. 그만큼 삼성은 인재 정책을 중시 여긴다. 삼성의 인재 발굴과 그 육성을 각 CEO들이 직접 챙길 정도이다. 그리고 각 CEO들의 최전선에서 그 CEO들의 길라잡이 역할을 하는 사람이 바로 윤종용 부회장이다.

삼성의 인재 최고주의는 고(故) 이병철 회장 때부터 강조되어왔다. 이전 삼성 회장은 "사업은 인재를 구하는 일이다."라고까지 말했다.

잘 알려져 있지 않지만, 우리나라 기업 중 최초로 사원의 공개 채용시험을 실시했던 기업도 삼성이었다. 영하 15도의 한파가 불어닥친 1957년 1월 30일이었고, 시험 장소는 서울대학교 상과 대학 강당이었다. 당시 삼성그룹의 공개 채용시험에 응시한 인원은 모두 2,000여 명이었다.

당시 고(故) 이병철 회장이 공개채용 시험을 치르려 했던 것은 학연과 지연, 즉 온정주의를 떨쳐버리고 순수하게 능력만으로 인재를 고용하기 위해서였다. 당시 기업들은 관례적인 특채나 청탁을 통한 알음알음으로 사원들을 고용했었다. 따라서 삼성의 공개 채용시험은 당시 기업으로서는 놀랄 만한 일이었다. 이 시험을 통해 선발된 인원은 모두 27명이었다.

이병철 회장이 얼마나 인재를 중요시했는가는 그의 인재 관련 어록들을 들춰보면 알 수 있다.

"내 일생의 80%는 인재를 모으고 교육시키는 데 썼다."

"'삼성은 인재의 보고'라는 말보다 나를 즐겁게 하는 것은 없다."

"내가 키운 인재들이 성장하면서 두각을 나타내고 좋은 업적을 쌓는 것을 볼 때 고맙고, 반갑고, 아름다워 보인다."

"조직력이란 바로 이들을(65%의 평범한 사원들을) 인재로 만들어 나가는 힘이다."

이러한 인재 최고주의 경영을 고스란히 대물림한 이가 바로 이건희 회장이다.

"200~300년 전에는 10~20만 명이 군주와 왕족을 먹여 살렸지만 21세기에는 탁월한 한 명의 천재가 10~20만 명을 먹여 살리는 인재 경쟁의 시대, 지적 창조력의 시대다."

이 말은 이건희 회장이 2002년 6월 5일 용인연수원 창조관에서 열린 '인재 전략 사장단 워크숍'에서 사장단 50여 명에게 던진 말이다. 그는 한때 "앞으로 나부터 경영 업무의 50% 이상을 핵심인력 확보 및 양성에 쏟겠다. 사장단 평가시 핵심인력 확보에 40점을 주겠다."는 획기적인 발언도 했었다.

그런데, 이병철과 이건희의 인재관은 큰 시각에서는 동일하지만 작은 부분에 있어서는 조금 다르다. 그것은 두 사람의 기질과 성향 차이도 있지만, 시대의 변화에 따라 기업에 필요한 인재의 재능이 달라졌기 때문이기도 하다.

이건희 회장의 인재 평가 기준은 창의성, 긍정성, 인간미, 실천력, 도전정신과 패기라고 할 수 있다. 이것은 고(故) 이병철 회장도 강조했던 항목들이다. 그가 생각하는 최고 경영자의 요건을 살펴보면 그것을 알 수 있다. 그는 경영자란 모름지기 덕망을 갖춘 훌륭한 인격자여야 하고, 탁월한 지도력을 갖춰야 하며, 주위로부터 신망이 두터워야 하며, 창조성이 풍부해야 한다고 했다. 또한 판단력이 분명하며, 추진력과 그에 따른 책임감도 있어야 한다고 했다. 여기서 주목할 것은 이건희는 '창조성'에 이병철은 '인격'에 큰 점수를 주고 있다는 것이다.

실제로 이병철은 자신이 직접 신입사원의 면접을 할 때 "결혼은 했나?" "고향은 어데고?" 등 평범하기 이를 데 없는 질문을 던졌는데, 그것은 답변을 듣기 위해서가 아니라 답변할 때의 예의와 태도, 인간으로서의 교양과 됨됨이를 보기 위해서였다고 한다. 그런데 여기에는 또다른 이유도 있다.

"제일제당, 제일모직, 한국비료, 삼성전자 등의 회사는 우수한 기계로 건설하여 조직해놓았기 때문에 중간에서 누수현상 없이 잘만 가동하면 이익이 남게 되어 있습니다. 때문에 특출한 재주를 가진 사람보다는 자기 일에 최선을 다하는 성실한 인재가 필요하다는 생각을 갖게 된 것이죠."

이는 고(故) 이병철 회장의 신입사원 선발에 대한 최우석 삼성경제연구소장의 평이다. 즉, 당시 기업 여건은 창의적인 인물보다는 성실한 인물을 필요로 했던 것이다. 하지만 21세기를 주도해나가야 하는 이건희 회장은 입장이 다르다. 게다가 지금의 삼성은 그때와는 비교도 되지 않을 정도로 거대한 세계적인 기업이 되었다. 인물의 성실성보다는 창의성이 있어야 하는 것이다. 따라서 그의 인재관은 글로벌 인재관에 맞춰져 있다. 인재의 요건 중 '창의성'을 가장 중시 여기는 것도 이 때문이다.

이건희 회장의 인재관은 인재 발굴에 있어 이병철 전 회장보다도 더 공격적이라는 데에도 그 차이가 있다.

인재 발굴은 재능의 옥석을 가린다는 측면에서 양성 못지않게 중요한 과정이다. 이병철 전 회장도 인재의 발굴과 확보를 무엇보다 중요시했었다. 하지만 그는 '삼성을 원하는' 인재들 중에서 그 옥석을 가렸었다. 이에 반해 이건희 회장은 인재들에게 '삼성을 원하게' 한다. 즉, 그는 예비 인재들에게 미리 삼성의 비전을 제시하며, 그들을 '삼성인'으로 키워가는 것이다. 그 대표적인 경우가 바로 삼성전자의 산학협력을 통한 인재 맞춤 교육이다.

삼성전자는 한양대, 연세대, 고려대 등에 각각 소프트웨어 전문과정, 디지털 컨버전스 과정, 통신 과정 등을 개설하여 1년은 대학에서, 1년은 기업현장에서 현장교육을 전개해나가고 있다.

해외에서도 산학협력이 이루어지고 있다. 대표적인 나라가 중국이다. 삼성전자가 중국에 관심을 갖는 이유는 중국 시장의 거대함 때문이다. 삼성전자는 중국의 베이징대, 칭화대 등 무려 20여 개의 대학에서 300여 명의 예비 인재들에게 '삼성 장학금'을 지급하고 있다. 그런가 하면 기업현장 프로그램인 '섬머스쿨'을 실시하기도 한다.

삼성전자는 미국의 켄트대와 디스플레이 기술 공동개발을 위해 전략적 제휴를 맺기도 했다. 켄트대는 미국 오하이오 주에 위치한 대학으로 미국 내 디스플레이 산업에 있어서 세계적인 권위를 가진 대학이다.

삼성전자는 이외에도 러시아의 바우만 공대와 모스크바대와도 산학협력과 인재 양성을 위한 양해각서를 체결하기도 했다.

삼성전자가 이처럼 각국의 대학과 산학협력을 체결해가는 것은 신기술 개발도 개발이지만 무엇보다도 현지의 인재들을 다른 기업보다 먼저 선점하겠다는 의도이다. 이것은 이건희의 공격적인 인재 최고주의가 투영된 결과이기도 하다. 그런데, 이것은 이건희의 생각과 의도만으로만 이루어질 수 있는 일이 아니다. 누군가가 실질적인 리더 역할을 해줘야 한다. 그렇다면 누구에게 삼성이 그토록 중시하는 '인재'를 맡길 것인가? 삼성은 윤종용 부회장에게 그 진두지휘권을 부여했다. 삼성전자의 인재들을 그에게 맡긴 것이다. 그는 본인 스스로가 서울대 경영대와 공대, 연세대 공대 등에서 2~3학점짜리 과목을 맡아 강의하기도 했었다.

해외 언론이 극찬하는 초 에이스급 투수 CEO

윤종용 부회장은 경북 영천 출생이다. 경북사대부고와 서울대 전자공학과를 졸업했다. 그가 삼성그룹에 입사한 것은 1966년 대학교 졸업과 동시였다. 이후 그는 1977년 삼성전자 도쿄 지점장으로 발령을 받으면서 두각을 나타내기 시작한다. 그가 일본어에 능통하고 뛰어난 영어 실력을 갖추기 시작한 것도 이 무렵이었다. 이후 그는 1980년대 8개 사업 부문을 거치면서 명실공히 최고의 야전 사령관으로서의 면모를 갖춘다.

윤종용 부회장이 CEO의 격을 갖춘 것은 1990년 삼성전자 가전 부문 대표로 취임하면서부터였다. 이후 그는 1992년에는 삼성전기를, 1년 후인 1993년에는 삼성전관을, 그리고 1995년 일본 삼성을 거쳐 1997년부터 삼성전자 대표직을 수행하고 있다. 한 그룹에서 CEO 역할만 15년을 해온, 야구로 따지면 산전수전 다 겪은 초 에이스급 선발투수인 셈이다.

미국의 경제 전문지 〈포천〉은 2004년 8월 9일 '아시아에서 가장 영향력 있는 비즈니스 리더 25인'을 선정한 적이 있었다. 당시 윤종용 회장은 5걸 중 한 명으로 꼽혔다. 1위는 일본 도요타 자동차의 조 후지오, 2위는 소니의 이데이 노부유키, 3위는 홍콩 허치슨의 리가성, 4위는 일본 닛산의 카를로스 곤이었다. 당시 5위는 한국인으로서 가장 높은 순위였을 뿐만 아니라 일본, 홍콩의 CEO들이 득세를 한 가운데 선정된 것이기 때문에 그 의미는 남다르다. 그것은 그만큼 윤종용 부회장이 탁월한 CEO임을 간접적으로 시사하는 것이다.

그렇다면, 윤종용의 어떤 면들이 이처럼 대내외적으로 성공한 CEO로서 설 수 있게 한 것일까?

메모광

우선, 그의 꼼꼼한 기질을 들 수 있다. 그는 이학수 구조조정본부장과 함께 삼성 내에서 꼼꼼한 CEO로 정평이 나 있다. 그의 사전에 대충대충, 적당히라는 낱말은 없다. 실제로 그가 국내외 사업장을 드나들 때마다 직원들에게 가장 많이 당부하는 말도 "대충 적당히 알지 말고 정확히 제대로 알라."이다.

꼼꼼하지 않고서는 정확히 알 수 없는 법이다.

그는 주변 사람들에게 메모광으로 통한다. 그의 꼼꼼함을 대변하는 습관이다.

언젠가는 이런 일도 있었다.

하루는 이건희 회장이 비서실에 지시를 내렸다. 자신이 부회장이던 시절 지시한 내용이 여지껏 개선되지 않고 있는데 그 당시의 발언 내용을 찾아 지금 강조한 것과의 차이점을 비교해보라는 것이었다. 이건희 회장이 부회장이던 시절이라면 1980년대의 발언 기록을 뜻했다.

비서실의 발등에는 불이 붙었다. 그들은 당시 임원들을 상대로 당시 이건희 부회장이 발언한 내용을 기록해둔 자료를 구할 수 있을지를 확인했다. 결과는 암담했다. 대부분 직접 지시를 받고 실행 후 잊어버리거나 공문서를 통해 실행에 옮긴 게 전부였기 때문이었다. 그때 그들은 구세주를 만났다. 윤종용이었다. 윤종용은 이건희 회장의 지시를 깨알같이 받아 적은 다이어리를 수십 권이나 가지고 있었다. 비서실은 윤종용 부회장의 색바랜 노트를 토대로 80% 이상을 복원할 수 있었다.

그가 오늘날 삼성전자를 대표하는 CEO로 성장할 수 있었던 것은 바로 이러한 철두철미함에 있었다.

그의 또다른 기질은 고집스럽다 할 정도로 지독한 성실함이었다.

그는 세계에서 네 번째, 국내에서 최초로 독자적인 VCR 개발을 성공시킨 것으로 유명하다. 하지만 그의 이러한 성공 뒤에 가려진 고생은 널리 알려져 있지 않다.

삼성에서 VCR이 본격적으로 생산된 시기는 1981년부터였다. 당시 윤종용 부회장은 VCR 사업 부장을 맡고 있었다.

당시 고(故) 이병철 선대 회장은 VCR에 반도체와 PC 사업 못지않은 큰 관심을 갖고 있었다. 하지만 국내 VCR 시장은 미성숙 상태였고, 수출도 쉽지 않았다. 당연히 윤종용 부장은 위로부터의 부담과 현장으로부터의 압박에 시달려야 했다. 당시 그는 스트레스로 인한 원형탈모증까지 앓았다. 하지만 그는 물러서지 않았다.

그는 JVC의 표준 인증을 받기 위해 영하 20도의 혹한에도 실험에 몰두하는 직원들과 밤을 새웠다. 원가절감을 위해 밤낮없이 뛰어다녔고, 심지어 경쟁사 담당자와 저녁식사를 하고 밤에는 전화로 국내 직원들에게 그 정보를 알려줄 정도였다.

제품 생산 못지 않게 중요한 것은 품질관리였다. 그는 품질 혁신에 최선을 다했지만 현재의 이건희 회장을 만족시킬 수는 없었다. 당시 삼성의 VCR은 일본의 마쓰시타 VCR보다 부품의 숫자가 15% 더 많으면서도 스타트가 늦었기 때문이다. 또 한번의 좌절이었다.

윤종용 당시 부장은 생산라인을 모두 정지시켰다. 그리고 하나하나 품질 개선의 문제를 해결해나갔다. 당시 생산라인을 정지시킨 기간은 3개월, 최근에는 품질 혁신을 위해 이러한 관행이 일반적으로 행해지지만 당시로서는 큰 모험이 아닐 수 없었다.

결국, 이러한 모험 끝에 윤종용 부장은 당시 VCR 사업을 성공적으로 이끌었다는 평가를 받아내는 데 성공했다. VCR 사업에 투신한 지 5년 만이었다. 이후 그는 조립라인을 단축시켜 VCR 생산 속도를 높여나가기도 했다. 외국의 대기업들이 3달 걸리는 일을 단 5일 만에 해낸 것이다. 당연히 그는 이건희 회장에게 깊은 인상을 남겼으며, 이건희 회장은 훗날 그에게 삼성전자를 맡겼다.

침묵을 아는 CEO

윤종용 부회장은 삼성전자의 실질적인 리더이다. 그가 삼성 사장단의 맏형이라고 불리는 이유도 여기에 있다.

그는 그만큼 바쁜 CEO 중의 한 명이기도 하다. 실제로 삼성 사장단 내에서 그보다 해외 출장이 잦은 CEO는 그리 많지 않다. 특히 그는 1999년 부회장으로 승진하면서 중국, 영국, 미국 등 세계 곳곳에 삼성을 알리는 홍보 대사관 역할을 맡아왔다.

그의 이러한 위상은 아테네 올림픽의 성화 봉송에서도 잘 드러난다.

"삼성을 세계 최고의 브랜드로 만들어라."

2004년 아테네 올림픽이 열리자 이건희 회장은 전자 계열사 사장단에게 특명을 내렸다. 아테네 올림픽을 통한 스포츠 마케팅으로 세계 각국에 삼성이라는 브랜드 이미지를 확고하게 하라는 지시였던 셈이다. 이는 당시 삼성이 시드니 올림픽과 솔트레이크 동계올림픽을 통해 1998년 30억 달러 내외에 불과했던 브랜드 가치를 130억 원대까지 끌어올린 것과 무관하지 않다.

전자 계열사 사장단들은 바빠졌다. 그들은 수많은 마케팅 홍보 전략을 전개했다. 일명 와우(WOW : Wireless Olympic Works, 무선 올림픽) 프로젝트. 이를 위해 삼성은 올림픽 조직위원회에 14,000대의 전용 휴대전화를 공급하기도 했다.

성화 봉송도 이러한 스포츠 마케팅의 일환이었다. 성화 봉송은 삼성과 올림픽 조직위원회와의 파트너십을 보여주는 장이자, 아테네 올림픽에 이목이 집중되어 있는 세계인에게 삼성을 알리는 장이었다. 따라서 이 성화 봉송은 그에 걸맞는, 삼성의 대표 주자가 될 만한 CEO가 맡아야 했다. 그 역할은 윤종용 부회장에게 주어졌다. 그는 전에도 삼성을 대표해 여러 차례 성화 봉송을 해본 경험이 있었을 뿐만 아니라, 실제적으로 삼성 사장단의 맏형이기 때문이었다.

그리스 현지 시각 8월 12일 오후 1시, 윤종용 부회장은 2,000여 명의 시민과 아테네 올림픽 관계자들에게 둘러싸여 건조하고 뜨거운 태양이 내리쬐는 아테네 남쪽의 블리그아메니 거리를 달렸다. 그것은 올림픽정신과 함께 달리는 삼성의 모습이기도 했다.

이처럼 대외적으로 활발한 활동을 벌이는 윤종용 부회장이 삼성 사장단 내에서는 반대로 조용한 맏형으로 통한다.

그는 활발한 해외 홍보 활동과는 달리 국내에서는 공식적인 의견 표출을 자제하는 것으로 유명하다. 최근 소니와 합작해 설립한 S-LCD 출범식이나 반도체 전략 발표회 등에서도 그는 기자회견을 갖지 않았다.

그의 이러한 아이러니컬한 태도는 다 이유가 있다. 그것은 각 총괄사장들에게 전권을 주고, 그 입지를 넓혀주기 위해서이다. 이것은 본질적으로 동료와 아랫사람을 신뢰하는 마음이 밑바탕으로 깔려 있지 않으면 안 된다. 또한 상대방의 위상을 존중해주는 마음도 있어야 한다. 윤종용 회장의 강력한 리더십은 바로 그의 이러한 마인드에서 비롯된다. 즉, 그는 입을 열어야 할 때와 침묵할 때를 아는 것이다.

책을 읽고, 책을 쓰는 CEO

윤종용 부회장은 애독가로도 유명하다. 그만큼 책을 가까이 하는 것이다. 실제로 그는 제1의 취미로 '독서'를 꼽고 있다.

사실, 세계적인 CEO들은 공통적으로 책을 많이 읽는 것으로 알려져 있다. 전 GE CEO인 잭 웰치, 마이크로소프트 회장인 빌 게이츠 등은 이미 애독가로 소문이 나 있다. 그들은 한결같이 책 속에서 세상을 배우고, 자신들의 의견을 구하는 것이다. 그들은 책을 출간하기도 했다. 잭 웰치는 《끝없는 도전과 용기》라는 자서전적 책을 내어 선풍적인 인기를 끌었었다.

윤종용 부회장을 일컫는 또다른 별명들에는 '걸어다니는 사전', 혹은 '움직이는 백과사전' 등이 있다. 그만큼 전자업계는 물론 문학, 미술, 음악 등 문화 전반에 걸쳐 해박한 지식을 보유하고 있는 것이다. 그의 이러한 해박한 지식은 그의 많은 독서량에서 비롯된다.

윤종용 부회장은 2004년 5월 책을 출간하기도 했다.

《초일류로 가는 생각》

이 책에는 윤 부회장의 입사 후 40여 년간 경영 현장에서 느끼고 생각한 것들이 고스란히 담겨 있다. 즉, 윤종용 부회장의 경영철학서인 셈이다.

이 책은 크게 3부로 나뉘어 있다.

제1부에서는 과학기술에 대한 중요성을 역설한다.

그는 과학기술을 사회현상의 작은 부분으로 볼 것이 아니라 산업을 발전시키고 국가와 사회의 패권과 기업의 흥망에 결정적인 영향을 미치는 역사적인 관점에서 봐야 한다고 말했다.

제2부에서는 디지털 혁명에 대해 이야기한다.

여기에서 그는 현재 디지털 기술의 혁신이 작은 변화이지만, 향후에는 전자산업뿐만 아니라 모든 산업과 사회를 변화시킬 것이며, 또 컨버전스시킬 것이라고 예견했다. 여기서 컨버전스란 서로 다른 것들이 융합하면서 새로운 가치나 기능, 서비스를 만들어내는 것을 뜻한다.

제3부에서는 기업이 초일류로 가기 위한 길을 제시하고 있다.

이 책에는 두 가지의 큰 주제가 흐른다. 그것은 일류를 넘은 초일류 기업에 대한 염원과 현실에 안주하지 않는 위기 경영론이 그것이다. 그는 이 책에서 "삼성전자는 일류에서 초일류로 도약하기 위한 큰 변곡점에 있다."고 했다. 또 "모든 것이 급변하는 디지털 시대에 경영자는 내일 망할 수도 있다는 위기의식을 가져야 한다."고도 했다.

그렇다면, 그가 생각하는 이 시대에 적합한 경영자상과 경영혁신론은 무엇일까?

그는 우선, 이 시대를 창조성이 바탕이 되는 디지털 시대로 규정하고 있다. 그리고 위기의 CEO답게 무엇보다도 위기의식을 갖춘 CEO를 이 시대에 적합한 경영자라고 말한다. 즉, 오늘날의 경영자라면 자신이 몸담고 있는 조직이 내일이라도 당장 망할 수 있다는 위기의식을 가져야 한다는 것이다. 또한 그는 변화를 주도하고 추진할 수 있는 강력한 리더십을 갖춰야 한다고도 말한다.

셋째, 오늘날의 경영자라면 인재를 키울 줄 알아야 한다고 한다. 디지털 시대에서의 가장 큰 경영 자원이 사람 그 자체이기 때문이다.

넷째는 현장 경영을 중시해야 하며, 누구보다도 솔선수범해야 한다고 한다. 또 빠른 경영 판단을 위해 계수에 밝아야 하며, 국제적인 감각도 갖춰야 한다. 마지막으로 지혜와 통찰력, 그리고 선견지명이 있어야 한다.

그의 경영혁신론의 요체는 몇 가지로 나눠 이야기할 수 있다.

우선, 어떻게든 기득권층의 저항을 극복해야 한다는 것이다. 단, 여기서 기득권층은 배제의 대상이 아니라 포용과 동반자적 대상이다. 따라서 저항을 극복하는 방식 역시 점진적이고 단계적으로 추진해나가야 한다. 또한 일관성과 지속성이 있어야 한다.

그는 경영 혁신에 있어 강력한 추진 조직을 구성해야 한다고도 말한다. 단, 그 구성원들은 문제의식이 투철하고 동시에 유능한 권위자여야 한다. 그리고 무엇보다도 경영자, 즉 최고 책임자가 직접 혁신 조직을 이끌어야 한다고 강조한다. 여기서 빼놓을 수 없는 것이 바로 혁신에 따른 성과에 대해서는 충분한 보상을 해줘야 한다는 것이다.

마지막으로 그는 혁신에는 반드시 희생이 따르며, 따라서 경영을 혁신할 때에는 그 희생을 이겨낼 용기와 인내력이 필요하다고 역설한다.

이러한 경영자상과 경영혁신론은 그가 삼성전자를 이끌면서 직접 경험하고 또 실천한 것이기에 더욱 값지다고 할 수 있다.

위기를 겁내지 않는 CEO

윤종용 부회장의 또다른 강점은 위기를 겁내지 않는다는 것이다. 그는 위기를 정면돌파하는 것으로 잘 알려져 있다. 이러한 그의 경영 스타일은 그의 성격과 많이 닮았다. 그는 문제를 돌려 말하지 않는다. 솔직하고 직설적인 화법을 구사하는 것이다. 그런가 하면 그만큼 철저한 합리정신을 중요시한다. 하지만 그의 이러한 위기에 대한 처세는 경험적인 측면이 더 강하다.

그의 저서 《초일류로 가는 생각》에 나타난 관점은 삼성전자의 위기 역사와도 맞물려 있다.

삼성전자의 전신은 삼성전자공업이다. 1969년 1월 13일에 설립됐다. 설립 당시 순이익은 400만 원이었고, 종업원 수는 고작 36명이었다. 국가 전체 수출 비중은 0%였다. 말하자면 수출은 꿈도 못 꾸고 그저 국내에서 조금씩 이익을 남기는 소규모 기업 수준이었다.

그러던 것이 2004년 매출이 57조 6천 324억 원에 순이익 10조 7천 867억 원에 이르고, 종업원 수는 6만여 명에 이르며, 수출 규모도 국가 전체 수출 비중의 20%대에 육박하게 되었다. 삼성전자의 수출에 따라 국가 경제가 좌지우지될 수도 있는 상황에까지 이른 것이다. 이는 창립한 지 35년 만에 250만 배에 달하는 성장을 해온 것으로, 단순히 연 단위로만 따져봐도 일년에 7만 배 이상씩을 성장해온 셈이다. 국내의 어떤 기업을 살펴봐도 이처럼 성공가도를 달려온 기업은 없다. 삼성전자의 발전은 마치 활화산의 폭발과도 같았다. 하지만 삼성전자가 아무런 어려움 없이 오늘에 이른 것은 아니다.

1995년 삼성전자는 창사 이래 최대 수익을 올렸다. 겉보기에는 그럴싸했다. 그러나 내부적으로는 해이해지고, 방만해져 있었다. 과잉투자와 과다경비에 휘청거릴 지경이었다. 게다가 2년 후에는 IMF까지 닥쳐왔다. 하지만 삼성전자는 여전히 안일했다. 경기가 회복되면 다시 좋아지겠지 하는 막연한 기대감이 팽배해 있었던 것이다. 또한 1995년의 반도체 호황을 경험한 터라 그뒤에 닥쳐올 위기에 대해서는 불감증에 걸려 있었다. 이것은 마치 엄청난 불행이 무서운 속도로 뒤쫓아오는데 삼성전자라는 거대한 공룡은 어기적어기적 걷는 것과 같았다.

여기에는 극단의 조치가 필요했다. 거대한 공룡을 다이어트시켜 슬림화할 필요가 있었던 것이다. 그것이 바로 1998년 행해진 삼성전자 최대의 구조조정이었다. 그리고 그 최전선에는 윤종용 부회장이 있었다.

1998년 여름, 서울 태평로 삼성 본관 임원회의실.

뜨거운 무더위에도 불구하고 그곳에서는 싸늘한 긴장감이 흘렀다. 그 자리는 부사장급과 전무급의 사업부장들이 김인수 경영혁신팀장에게 자신의 사업부가 왜 살아남아야 하는지를 일목요연하게 보고하는 자리였다. 할당된 시간은 1시간. 이 1시간 안에 그들은 자신의 모든 것을 걸어야 했다.

김인수 경영혁신팀장은 이날의 브리핑 내용을 요약 정리했다. 그리고 그는 그 보고서들을 윤종용 당시 사장에게 가져갔다. 그 역시 떨리기는 마찬가지였다.

윤종용 사장은 보고를 듣고 비고란에 O와 ×를 침착하게 그려나갔다. 이 O와 ×는 각 사업부의 운명을 결정짓는 기로였다.

당시 100여 개에 달하는 삼성전자 사업부 중 무려 30여 개의 사업부가 사라졌다. 제품 수로는 무려 140여 개에 달했고, 제품 라인은 52개였다.

해고된 종업원 수는 23,000여 명이었다. 새롭게 지어질 공장들은 그 계획이 뒤로 미뤄졌고, 회사 차량 유지 같은 비핵심 부문은 과감히 아웃소싱을 단행했다. 골프 회원권을 비롯한 임직원의 특전도 없앴다. 이사진에는 외국인들을 영입했다. 그야말로 삼성전자 전체가 몰락하지 않기 위해 취했던 극단의 조치였다.

이 모든 것들은 삼성전자 전체를 갈아엎는 것과 같았다. 그리고 이 새롭게 개편된 조직을 기반으로 윤종용 부회장은 자신만의 스피드 경영을 추진하기 시작했다. 결과는 대성공이었다.

오늘날 윤종용 부회장이 '가장 잘나갈 때가 가장 위험한 때'라고 말하는 것은 이와 같은 경험에서 비롯된다.

윤종용 부회장의 위기 경영론이 경험에서 비롯된다면 그의 초일류 삼성전자에 대한 염원은 그의 꿈에서 비롯된다.

그는 삼성전자가 시장에서 지금보다 더 대접을 받을 필요가 있으며, 또 그렇게 할 수 있다고 했다. 그는 초일류를 향한 꿈을 후배 삼성 전자인들에게서 본다. 그가 자신의 저서를 임원급에게 배포하는 이유도 여기에 있다. 초일류를 향한 꿈을 항상 잊지 않게 하기 위해서인 것이다.

그는 삼성전자를 '일류에서 초일류로 도약하기 위한 변곡점에 있다.'고 판단하고 있으며, 이를 위해서는 미래를 예측하고 기다리는 것이 아니라 창조해야 한다고 말한다.

현재 그의 이런 '위기 경영론'은 그가 맡게 된 삼성전자 생활가전 부문에 그대로 적용되고 있다.

그가 생활가전 부문을 직접 챙기게 된 것은 지난해 다른 사업 부문이 모두 흑자를 낼 때에 생활가전 부문만이 유독 적자를 냈기 때문이었다. 적자액이 무려 1천 2백억대에 이른다. 내수 부진이 가장 큰 원인이었다. 하지만 LG전자가 가전 부문에서 5천억 대의 이익을 남긴 점을 감안하면 충격적인 일이 아닐 수 없었다.

윤종용 부회장은 박차를 가하고 있다. 그는 삼성전자 생활가전 부문을 직할 체제로 바꾸었다. 자신이 직접 나서겠다는 뜻이다. 그는 전사적으로 도입된 주5일 근무제를 파기하고 토요일에도 근무에 나서고 있다. 때에 따라서는 휴일도 반납한다. 조직은 일찌감치 현장 위주로 재편되었다. 서울 태평로 삼성 본관에 있던 생활가전 총괄 소속 부서를 생산라인이 있는 수원 사업장으로 옮기기도 했다. 상품 기획, 수출, 마케팅 전략을 담당하는 스태프 조직을 현장과 밀착시켜 시너지 효과를 내겠다는 의도이다.

그런가 하면 윤 부회장은 'VIP센터'를 설립하기도 했다. 수원 사업장 동편 2단지에 위치하고 있다.

여기서 VIP는 귀빈을 뜻함이 아니라 Value Innovation Project(가치혁신 프로그램)의 이니셜을 취한 말이다. 즉, 현장에서 가치 혁신을 주도하기 위한 프로그램을 개발하고 적용하는 곳이다.

이 개념은 윤종용 부회장이 합리화추진본부장을 지내던 시절 강조한 GVE(Group Value Engineering)라는 개념을 더욱 확장시킨 것으로, 프랑스 인시아드(INSEAD)의 김위찬 교수와 르네 마보안 교수의 가치혁신(VI)을 삼성의 체질에 맞게 삼성화한 것이다. 철저히 고객의 니즈에 부합하는 삼성전자로 거듭나기 위해서였다.

이 VIP센터는 24시간 그 안에서 생활하며 연구할 수 있는 '기숙 연구소' 형태이다. 침실은 물론 헬스장과 사우나 시설까지 완벽하게 갖춰져 있다.

그의 이러한 모든 활동들은 배수진을 연상케한다. 내수 부진에 따른 '일시적인 적자'가 아니라 그가 입버릇처럼 말하던 '위기'라는 상황을 가정하고 모든 것을 대처해나가고 있는 것이다. 그가 위기 때에 오히려 더 강력한 결단을 내릴 수 있는 힘도 여기에 있다.

카오스 메이커(Chaos Maker)

윤종용 부회장의 CEO로서의 성공 요인 중 또 하나는 현실의 안정에 안주하지 않고 그 스스로가 끊임없이 변화를 추진했다는 데에 있다. 그런 그를 사람들은 '카오스 메이커'라고 부른다.

'카오스 메이커', 우리말로 풀이하자면, '혼돈 제조기' 혹은 '혼돈을 만들어내는 사람'이다. 이것은 그의 별명이자, 그의 핵심적인 경영 키워드라고 할 수 있다. 윤종용 부회장이 2004년 제16회 인촌상 산업기술 부문 수장자로 결정되었을 때, 당시 그는 수상소감에서 경영을 다음과 같이 정의했다.

"경영은 사람, 돈, 기술, 정보 등의 자원을 잘 관리하고 의사결정, 제품 생산, 서비스를 끊임없이 혁신해 부가가치를 만들어내는 것이다."

여기서 끊임없이 혁신한다는 것, 이것이 곧 혼돈이다. 따라서 혼돈이 없는 조직, 혼돈이 없는 경영, 혼돈이 없는 기업은 발전도 기대할 수 없다.

윤종용 부회장은 삼성전자 내에서 혼돈 제조기로서의 역할을 도맡아 해왔다. 연공서열을 바탕으로 한 보수제도나 승진제도를 철폐한 것도 그였다. 간부들에게 더 많은 재량권을 주고, 능력과 성과 위주의 체계를 확립하기 위해서였다. 그는 성과급 제도를 대폭 개선하기도 했다. 이 성과급에는 임원 900명에게 회사 지분 4%를 분배하는 스톡옵션도 포함되어 있다.

또한 그는 삼성전자의 각 사업 부문을 독립화시켜 독자적인 사업 단위 체제로 변화시켰다. 계열사라고 해서 외부 기업보다 더 많은 혜택을 받는 일이 없도록 한 것이다.

이로써 반도체와 LCD 부문은 삼성의 계열사이든 외부의 기업이든 간에 똑같은 가격을 받고 판매하게 되었다. 이것은 계열사 스스로가 조직과 경영을 쇄신하지 않고는 더이상 살아남을 수 없는 체제를 갖춘 것이었다. 당시 이는 일본과 미국의 선진 대기업에서조차 없던 일이었다. 그만큼 그의 혁신은 과감했던 것이다. 〈포천〉지는 그의 이러한 혁신의 결과를 다음과 같이 높이 평가했다.

"삼성전자 윤 부회장은 CEO로 취임한 지난 8년 동안 삼성전자를 저가의 백색가전을 판매하는 제조업체에서 세계 최첨단 기업으로 변모시켜왔으며 TV, 휴대폰, DVD 등 가전 분야에서 매력적인 제품들을 생산하고 있다. 윤 부회장의 리더십 아래 비용절감과 투자에 집중한 결과 삼성은 세계 최대의 반도체 제조업체로 급부상했으며 가장 많은 이익을 내는 전자업체가 되었다."

젊은 마인드

"10년 전 무기력하고 독창성 없는 기업이었던 삼성전자가 커다란 언덕 위에서 굴러 내려오는 눈덩이 같은 존재가 되었다."

2004년 7월 26일 〈포브스〉지가 삼성전자의 성장을 비유해 표현한 말이다. 이것은 곧 윤종용 부회장의 혁신 경영과 관련된 말이기도 하다.

윤종용 부회장의 혁신 경영은 대체로 두 가지로 집약된다. 하나는 기술의 혁신이었고, 또 하나는 조직의 혁신이었다.

전자는 1997년부터 삼성전자를 세계 첨단기업으로 변모시킨 것을 가리킨다. 후자는 IMF를 맞아 삼성전자 인력의 30%를 줄이며 성공적인 구조조정을 이끈 것이 대표적인 경우이다. 전자의 윤종용 부회장을 일컬어 '기술 마법사(Tech wizard)'라 칭하고 후자를 '구조조정 마법사'라고 칭한다. 〈포브스〉지는 이 둘을 통합해 '이단아'라고 했다. 위계질서가 엄격한 한국 사회에서 효율과 속도를 중시 여기는 새로운 경영 스타일을 선보였다는 것이다. 실제로, 윤종용 부회장 역시 미국 〈뉴스위크〉지와의 인터뷰에서 횟집이나 디지털 회사 모두 재고는 불리하며 속도가 전부라고 말한 바 있다.

그의 이러한 경영 방식의 원동력은 끊임없이 새로운 것을 찾고 받아들이는 젊은 마인드에서 비롯된다.

그는 최근 WCGC(월드 사이버 게임 위원회) 위원장을 맡았다. WCGC는 현대 올림픽처럼 게임의 올림픽화를 지향하는 단체이다. 게임계의 IOC라 할 수 있다. 이것은 게임산업이 최근 연간 3조 원 대의 거대한 산업시장으로 성장한 것과 무관하지 않다.

윤종용 부회장은 위원장을 맡으면서 e-스포츠의 전도사로 나섰다. 환갑이 지난 그가 젊은이들이 주요 고객인 게임 산업에서 WCGC 위원장을 맡는다는 것은 그 자체로도 놀라운 일이다. 하지만 윤종용 부회장은 여기에서 그치지 않는다. 그는 위원장을 맡으면서 젊은이들이 즐기는 온라인 게임과 모바일 게임에 많은 시간을 할애하였다. 즉, 그는 게임의 대중화를 통한 디지털 문화 창달을 위해 그 자신이 먼저 게임에 몰두했던 것이다. 이것은 윤종용 부회장이 젊은 마인드를 소유했다는 단적인 예이다.

"잃어버린 1인치를 고객에게 돌려드립니다."

이 삼성전자 TV광고의 카피는 윤종용 부회장의 아이디어에서 출발한 것으로 잘 알려져 있다. 윤종용 부회장이 엔지니어 출신이면서도 이토록 신선한 아이디어를 내놓을 수 있는 것 역시 그의 젊은 마인드와 무관하지 않다.

03
SAMSUNG CEO

35년 반도체의 산 증인

이윤우 | 삼성전자 부회장

- 1946년 6월 26일 대구 출생
- 1965년 경북고등학교 졸업
- 1969년 서울대학교 전자공학과 졸업
- 1968년 삼성전관 입사
- 1976년 삼성전자 반도체총괄 과장
- 1992년 삼성전자 메모리사업총괄 부사장
- 1996년 삼성전자 반도체총괄 대표이사 사장
- 2005년 삼성전자 기술총괄 겸 대외협력담당 대표이사 부회장

35년 반도체의 산 증인
이윤우
삼성전자 부회장

서로 다른 비행기를 타고 오라

이병철 회장이 인재와 기술을 얼마나 중시 여겼는지 보여주는 일화가 있다.

지금으로부터 약 20여 년 전, 삼성그룹의 이병철 회장은 평소의 냉철함을 잃고 전화기에 소리를 지르고 있었다.

"이 사람들이 정신 나갔구만! 같은 비행기로 귀국하겠다니 무슨 소리야! 한 사람씩 다른 비행기를 타고 와!"

당시 삼성은 일본 샤프사의 선진 반도체 기술을 도입하기 위해 삼성의 최고급 인재들을 파견했다. 그런데, 그들이 연수를 마치고 귀국을 할 때 모두 같은 비행기를 타고 온다는 것에 대해 이병철 회장이 역정을 낸 것이다.

당시 이병철 회장이 화를 냈던 것은 만에 하나 같은 비행기로 귀국하다가 비행기가 잘못되어 사고라도 나면 반도체 기술은 물론이고, 삼성의 최고급 인재들까지 한꺼번에 잃을 수 있다는 우려에서 비롯된 것이었다. 그만큼 이병철 회장은 매사가 치밀한 인물이었다.

이 일화 속에서 이병철 회장에게 같은 비행기를 타고 귀국하겠다고 보고했다가 혼쭐이 난 사람은 '신사유람단'의 단장 이윤우 개발실장이었다.

오늘날 한국 반도체 역사의 산 증인이라고 불리는 인물이다.

국내 반도체 기술의 1인자

이윤우는 명실공히 국내 반도체의 개척자이고, 또한 반도체 기술의 1인자이다. 오늘날 삼성뿐만 아니라 한국의 반도체 기술이 세계적인 수준으로 발돋움할 수 있었던 데에는 그의 영향이 적지 않았다.

그는 이러한 공로를 인정받아 제3회 자랑스런 한국인 대상에서 경제 부문 대상을 수상하기도 했다. 여의도에 있는 국민일보 사옥에서 진행된 이 시상식은 전국 35개의 신문, 방송의 전 현직 언론인들이 설립한 사단법인 한국언론인연합회에서 주최한 것으로 한해 동안 한국을 가장 빛낸 인물들에게 수여되는 상이다.

그런가 하면, 이윤우 부회장은 서울대학교의 자연대상을 수상하기도 했는데, 서울대학교는 매년 자연과학에 크게 기여한 인물에게 공로상을 수여해왔다. 당시 그가 이 상을 수상할 수 있었던 것은 국내 산업을 첨단화시키고, 대학과 기업과의 산학협력에도 크게 이바지했기 때문이었다.

이윤우 부회장은 머리가 비상하기로 유명하다. 그는 반도체에 관한 국내외의 모든 전문서적을 거의 다 섭렵했을 정도다. 놀라운 것은 한번 읽으면 페이지 수까지 기억한다는 것이다. 하지만 그가 오늘날 국내 반도체 역사의 산 증인이자, 반도체 기술의 1인자가 된 것은 그러한 뛰어난 기억력만으로 가능했던 것은 아니었다. 오히려 각고의 노력 끝에 얻어진 결과라고 보는 것이 옳을 것이다.

차가운 바람이 부는 1974년의 12월 초순. 당시 중앙일보와 동양방송의 이사를 맡고 있던 이건희는 부친인 이병철 회장을 찾았다. 그가 이병철 회장을 찾은 것은 미국의 캠코사가 운영하는 한국반도체 부천공장을 인수하자고 건의하기 위해서였다. 한국반도체 부천공장은 국내 최초의 웨이퍼 가공업체로서 반도체 사업 진출에 꼭 필요한 것이었다.

당시 이건희는 삼성의 미래를 위해서는 꼭 반도체 사업에 진출해야 한다는 확신이 있었다. 그러나 이병철 회장은 결단을 내리지 못했다. 부자지간이지만, 두 사람의 경영 스타일은 너무도 달랐다. 이병철 회장은 대단히 합리적인 사람이었다. 이에 반해 이건희는 대단히 직관적인 사람이었다.

이건희는 부친의 스타일을 잘 꿰뚫고 있었다. 그렇기에 그는 부친이 선뜻 확답을 하지 못할 것이라는 것도 잘 알고 있었다. 그는 말했다.

"그렇다면 아버님, 그것은 제가 개인적으로라도 해보겠습니다."

이 말의 뜻은 자신이 모든 것을 알아서 할 것이니 지켜봐달라는 뜻이기도 했고, 책임을 지겠으니 믿고 맡겨봐달라는 뜻이기도 했다. 두 부자의 경영 스타일은 달랐지만 몇 가지 공통점이 있었는데, 그것은 그 사람에 대한 신뢰만 있다면 일하는 사람에게 재량권을 준다는 것이었다. 이건희는 이것을 알고 있었기 때문에 '개인적으로라도' 해보겠다고 말한 것이다.

그로부터 며칠 후 이건희 회장은 자신의 명의로 한국반도체를 인수했다. 오늘날 이 공장이 삼성반도체의 초석이 된 삼성전자 부천 반도체공장이다. 오늘날 삼성전자의 성공이 시작된 곳이기도 하다.

이후 이병철 회장은 1983년 반도체 사업에 본격적인 진출을 선언했다. 그 유명한 '도쿄 선언'이다. 근 10년 만에 아들의 혜안을 인정한 것이다. 그러나 문제는 그때부터였다. 반도체 시장이 보이기는 했지만 반도체에 관한 기술이 거의 전무했던 것이다. 이때 고육지책으로 선택된 방안이 일본에게서 배워 오자는 것이었다. 이윤우 당시 개발실장을 단장으로 하는 '신사유람단'이 투입된 배경이 바로 이것이다.

이윤우 당시 개발실장은 단원들을 이끌고 일본의 샤프사로 갔다. 샤프사는 일본 최고의 반도체업체도 아니었다. 속된말로 하자면 '2류'였다. 이런 2류 회사에 한국 최고 삼성의, 그것도 삼성에서 내로라하는 인재들이 파견된 것이다.

당시 '신사유람단'의 단원들은 박사급 연구원들이었다. 하지만 샤프사에서는 그들을 기술 연수생처럼 대우했다. 한마디로 말해 귀찮은 존재들로 취급했던 것이다.

사정이 이렇다 보니 일본의 고졸 출신 엔지니어들이 그들의 선임이었다. 그나마 신사유람단원들에게는 생산공정마저 자유롭게 견학할 기회가 주어지지 않았다. 그들은 고졸 출신의 엔지니어들 뒤를 졸졸 따라다니며 어깨너머로 훔쳐봐야 했다. 당연히 수박 겉핥기 식으로 배울 수밖에 없었다.

이것은 기술 없는 회사가 겪어야 하는 아픔이며, 설움이었다. 그는 그때의 경험을 통해 이를 악물었다.

'세계 최고가 되자.'
'세계 최대 컴퓨터업체인 IBM에 납품하자.'
'전자학회지에 반도체 관련 논문을 싣자.'

당시 반도체 불모지였던 한국에서 그가 정했던 목표였다.

그는 이를 위해 회사에서 거의 먹고 자며 반도체 기술의 개척에 나섰고, 훗날 이 목표들을 모두 이뤄냈다. 그가 가진 재능은 머리가 아니라 열정과 집념이었던 것이다.

삼성은 기술 수준의 현관 앞 정도에 왔다

일본에서 돌아온 이윤우는 반도체 개발에 박차를 가했다. 그리고 1983년 말 64KD램을 개발하는 데 성공했다. '도쿄 선언'이 있은 지 10개월 만의 일이었다.

이는 지금의 반도체 기술로 볼 때 애송이 수준이지만 당시로서는 획기적인 일이 아닐 수 없었다. 특히, 일본과 미국의 반도체 기업들은 놀라움을 감추지 못했다. 사실 일본과 미국이 64KD램을 개발한 것은 수십 년 동안의 노하우를 축적한 결과였다. 그러나 삼성은 단 10개월 만에 그 노하우와 동일한 결과를 얻어낸 것이다.

기적과도 같은 일이었다. 하지만 이러한 기적에 평가절하도 잇따랐다. 일본 기술을 베꼈다는 소문도 있었고, 또 그게 아니더라도 순수 기술은 아닐 것이라는 의구심도 많았다.

그것은 어느 정도 사실이었다. 아쉽게도 64KD램의 설계 기술은 삼성의 것이 아니었다. 당시 삼성은 자체적인 설계 기술을 확보하기 위해 온갖 노력을 다했지만 쉽사리 그것을 얻어낼 수는 없었다.

미국과 일본의 반도체 기업들이 그것을 호락호락 넘겨줄 리 없었던 것이다.

결국 삼성은 미국의 마이크론사와 설계 기술 이전을 합의하고 6명의 연구원을 파견했으며, 마이크론의 설계도를 기반으로 64KD램을 얻어낸 것이었다. 당시 마이크론이 설계 기술 이전에 합의한 것은 자금난 때문이었다.

이러한 세간의 평가에 당연히 이윤우를 비롯한 삼성의 반도체 관계자들은 자존심이 상하지 않을 수 없었다. 기술력에 자신이 있었기 때문이었다. 그들은 256KD램의 자체 개발에 나섰고, 1984년 10월 8일 드디어 성공했다. 국내 최초였으며, 동시에 삼성의 자체 순수 설계로 이뤄진 것이었다. 64KD램의 생산 이상 가는 기적이었다.

당시 256KD램은 세계적으로도 일본의 NEC와 후지쯔, 미국의 인텔 등 몇 개 업체만이 생산할 수 있을 정도로 그 기술의 희귀성이 높았다. 64KD램보다 4배의 고집적도를 가졌기 때문에 설계에서부터 공정 개발까지 그만큼의 어려움이 컸다.

"무릎이 다 까졌다."

당시 국내 최초로 256KD램을 설계했던 삼성전자 연구원들의 말이다. 당시에는 컴퓨터를 이용한 회로 설계가 전무했다. 아무리 복잡한 설계라도 펜과 자를 들고 도면 위에 설계도를 그리던 시절이었다. 당연히 삼성전자 연구원들도 바닥에 대형 도면을 설치하고,

펜과 자를 들고 그위를 엉금엉금 기어다니며 설계도를 그렸다. 그 작업이 얼마나 고되었는지 무릎이 다 까졌던 것이다. 이 연구원들의 상처가 오늘날 세계 최고 수준이라는 삼성전자의 반도체 기술을 탄생시키는 모태가 되었다. 그리고 그 선봉장에 현 이윤우 부회장이 있었다.

이윤우 부회장이 앞장서 개발한 256KD램은 오늘날 삼성전자의 반도체 사업에 있어서 많은 의미를 지닌다. 256KD램이 있었기에 오늘날 삼성전자가 세계적인 D램 업체로 성장할 수 있었다.

삼성이 64KD램을 생산하기 시작했을 때, 국제 시장에서의 64KD램 가격은 대거 폭락했다. 3달러 50센트였던 가격이 1달러에도 미치지 못했던 것이다. 당시 원가가 1달러 30센트였으니, 원가에도 미치지 못하는 수준이었다. 팔면 팔수록 손해가 누적되는 기이 현상이 일어났다.

알고 보니 일본 업체들의 덤핑 때문이었다. 그들은 미국 시장의 진입과 삼성의 반도체 시장 진입을 차단하기 위해 덤핑을 하고 있었던 것이다.

당시 삼성은 1천억 원의 손실을 입었다. 20여 년 전의 1천억 원은 지금과는 비교도 할 수 없을 정도로 천문학적인 금액이었다. 웬만한 중견기업들도 뒤흔들릴 만한 액수였던 것이다. 하지만 일본의 이러한 덤핑전략은 호재로 작용하기도 한다. 미국이 일본의 반도체 기업에 대해 공세를 취하면서 일본의 256KD램의 생산에 공백이 생기게 되고, 삼성이 이를 치고 들어갈 수 있는 기회가 생긴 것이다.

1986년 미국과 일본은 일명 반도체 협정이라는 것을 맺는다. 이 협정은 일본에서 생산하는 256KD램에 대한 미국의 견제 협정이었다. 따라서 일본은 1MBD램으로 생산을 전환하고, 따라서 256KD램의 시장이 공백으로 남게 되었다.

삼성은 이 공백 상태의 시장을 점유함으로써 64KD램에서 실패한 손해까지 만회했을 뿐만 아니라 차기 기술 투자를 할 수 있는 자금력까지 확보하게 된다. 256KD램의 성공이 없었다면 오늘날 삼성의 반도체 사업도 없었을 것이라는 말도 여기에서 비롯된 것이다.

미국의 반도체 기업들의 일본 반도체 기업에 대한 견제는 삼성에게는 분명 호재였다. 하지만 삼성도 곧 미국의 반도체 기업들로부터 견제를 받게 된다.

1986년 2월, 미국 텍사스인스투르먼츠(TI)사가 삼성을 특허침해 혐의로 제소했다. 당시 그 회사는 삼성뿐만 아니라 일본의 반도체 회사들에 대해서도 똑같은 제소를 했다. 이중적인 견제였던 것이다.

이 당시 일본은 자신들의 역량을 동원해 이 문제를 무리 없이 매듭지었다. 크로스 라이센스(cross liscence), 특허 상호 공유라는 카드를 내밀었던 것이다. 이것은 일본이 보유한 기술력이 만만치 않았기 때문에 그것은 특허 침해가 아니라 기술과 정보의 상호교환이었다는 식으로 밀어붙일 수 있었던 것이다. 하지만 삼성은 아직 일본과 미국에 비해 보유한 기술력이 그리 크지 않았다. 당연히 크로스 라이센스 자체가 성립될 수 없었다. 결국 삼성은 720억 원이라는 어마어마한 돈을 지불해야 했다. 하지만 이러한 견제들도 삼성의 반도체 기술에 대한 의지를 꺾어놓을 수는 없었다.

삼성은 제소를 당하던 그해 1MD램을 개발했고, 2년 후인 1988년에는 4MBD램을 그리고 그 이듬해에는 16MD램을 개발했다. 그리고 93년에는 64MBD램을 세계 최초로 개발하더니, 1994년 8월에는 256MD램을 개발했다. 이 역시 세계 최초였다.

이는 반도체 메모리 분야에 관한 한 미국 IBM, 일본 도시바, 유럽 지멘스 등 세계 최고의 기업들을 제친 것과 다를 바 없는 쾌거였다.

당시 삼성은 주요 일간지에 구한말의 태극기를 컨셉트로 하는 광고를 내보냈다. 이것이 의미하는 바는 한국을 대표하는 삼성이 일본의 반도체 기술을 뛰어넘었다는 일종의 간접적인 선언이었다. 하지만 일본은 이러한 삼성의 기술력을 인정하지 않았다.

1995년 초, 삼성은 64MD램 급에서 가장 선진화된 3세대 제품을 선보였다. 당시 일본 최고의 반도체 업체 중 하나인 NEC는 삼성의 기술력을 이렇게 평가했다.

"삼성은 이제 우리 기술 수준의 현관 앞 정도에 왔다."

64MD램과 256MD램에서 삼성이 앞서갔지만 그래도 총체적인 기술력은 일본이 한 수 위라는 자존심에서 나온 발언이었다. 이때까지만 해도 일본은 삼성의 반도체 기술력을 두려워하면서도 또 한

편으로는 더이상 나아갈 수는 없을 것이라고 예상했던 것이다. 하지만 삼성은 2003년 세계 최초로 80나노 2GB DDR D램을 개발했고, 또한 60나노 공정으로 8GB 낸드플래시를 개발했다. 모두가 세계 최초였고, 이로써 삼성은 세계 최고의 반도체 기술을 지닌 기업으로서의 위상을 확고히했다.

일본의 NEC사는 진지하게 삼성과의 협상 테이블에 앉기 시작했고, 돈독한 파트너십을 맺기를 원했다. 미국도 마찬가지였다.

삼성은 일본의 신사유람단에 앞서, 1982년 이미 미국에도 신사유람단을 파견한 적이 있었다. 하지만 당시의 신사유람단도 일본의 신사유람단처럼 아무것도 얻지 못했다. 미국이 기술 이전을 꺼려해 따돌렸기 때문이다. 그러나 90년대 후반부터 이 관계는 역전되었다.

당시 삼성은 미국 현지에 반도체 공장을 설립하려고 적당한 부지를 선별 중이었는데, 그때 미국의 각 주정부들은 서로가 삼성의 반도체 공장을 유치하기 위해 치열한 경쟁을 벌였다. 삼성의 반도체 기술이 미국에서 최고의 대접을 받게 된 것이다.

엔지니어 출신의 CEO

삼성전자 반도체 기술의 역사는 곧 걸출한 엔지니어 출신 CEO

배출의 역사이기도 하다. 256KD램의 이윤우 부회장, 16MBD램의 진대제 전 삼성전자 디지털미디어 총괄 대표이사 사장, 64MBD램의 임형규 시스템 LSI사업부 사장, 256MBD램의 황창규 반도체 총괄사장 등이 그렇다.

이중에서도 이윤우 부회장이 주축이 되어 개발한 256KD램의 개발은 삼성반도체 내에서 차지하는 의미가 색다르다. 그것은 256KD램이 국내 최초의 설계 기술에 의해 개발된 동시에 최초의 이익을 가져다주었기 때문이다. 이로 인해 삼성은 반도체 사업의 차후 향방을 결정할 수 있었다.

분명 이윤우 부회장은 탁월한 엔지니어였다. 하지만 그것 하나 때문에 그가 오늘날 삼성을 이끌어가는 최고 경영자가 될 수 있었던 것은 아니다. 사실, 그가 최고 경영자가 될 수 있었던 것에는 외적인 요인도 있었다. 즉, 삼성 내 엔지니어 출신 CEO 대거 등용이 그것이다.

삼성은 이건희의 질 위주의 신 경영 선언이 있은 후로 조직혁신을 위한 끊임없는 인사단행을 거듭해왔다. 특히, 신 경영 선언 직후인 90년대 중후반은 그 인사의 기준이 기존의 연공서열제와는 달라 '인사혁명'으로 불리기까지 했다. 또 대대적인 인원감축이라는 측면에서 '인사태풍'이라고 부르기도 했다. 이건희 회장의 인사혁명과 인사태풍에 삼성의 고참급 임원들이 반발했던 것도 이 즈음이다.

이 당시 삼성 이건희의 인사 기준은 크게 네 가지로 볼 수 있다.

하나는 젊은 피의 수혈이었다. 당시에는 40대 부장, 30대 임원이라는 유행어가 나돌기도 했다. 삼성 이건희는 삼성이 경직되고 관료화되는 것을 막고 역동성과 창의성을 확보하기 위해 이 같은 조치를 취했던 것이다. 또 하나는 성과주의에 근거한 인사발탁이었다. 점점 고도화되어가는 국제시장에서 쟁쟁한 외국 기업들과 경쟁하며 초일류로 거듭나기 위해서는 능력과 성과 위주의 인사 시스템 구축이 우선시되어야 했던 것이다.

세 번째는 관리 경영 위주의 인사정책이었다. 당시 이건희 회장이 관리 경영을 중시한 것은 안정된 바탕 위에서 창의적이고 공격적인 경영 전략도 가능하다는 것과 질 위주의 시스템으로 거듭나기 위한 조직개혁을 서둘러야 된다는 것, 그리고 방대해진 조직을 효율적으로 관리하기 위한 것 등의 이유 때문이었다. 이는 당시 이학수를 비롯한 재무통들이 대거 등용된 배경이다.

마지막으로 최고의 기술력을 갖춘 삼성으로의 도약에 필요한 인사 발탁이었다. 이공계 출신의 엔지니어 CEO들이 대거 등장한 것도 이 시기였다. 특히, 그 업종 자체가 기술력이 최우선시되어야 하는 삼성전자의 경우 이공계 출신의 CEO들을 중용했다. 이 과정에서 공채 위주의 인재 경영을 하던 삼성이 과감한 특채 위주의 인재 경영에 나서게 된다. 기술 분야에 관한 한 우수한 인력을 확보하기 위해 돈을 아끼지 않고 기존의 인사관행도 무시하겠다는 공격적인 인사 경영 정책을 취한 것이다.

이 같은 인사 경영으로 당시 삼성전자는 이사 이상급 임원 중 절반 이상이 넘는 47명이 공대 출신으로 채워졌고, 기초과학 분야까지 포함하면 51명에 이르렀다.

이윤우 부회장의 최고 경영자 등극에는 이러한 삼성그룹 내의 인사정책이 한몫을 했다. 하지만 이러한 외적 요인만으로 최고 경영자 자리를 꿰찰 수 있는 것은 아니다. 거기에는 수많은 자질들이 요구된다. 한마디로 말해 최고 경영자로서의 자질이 요구되는 것이다.

한국 선마이크로시스템즈 대표이사 사장인 유원식 사장은 이윤우 부회장이 단순히 기술만 아는 CEO가 아니라고 말한다. 그는 이윤우 부회장을 능력이 뛰어날 뿐만 아니라 인간적인 매력까지 갖췄다고 했다.

유원식 사장이 이윤우 부회장과 처음 인연을 맺은 것은 그가 1981년 삼성전자 컴퓨터 사업부에서 직장생활을 시작하면서부터이다. 당시 이윤우 부장은 삼성반도체에서 일하고 있었다. 당시 컴퓨터 사업부와 반도체 사업부는 그 업종 특성상 실무협의가 많았다.

이 실무협의에서 유원식 사장이 느낀 이윤우 부회장의 젊은 시절의 인상은 단순한 엔지니어가 아니었다. 그는 반도체의 기술에 관한 것뿐만 아니라 다른 분야에서도 해박한 지식을 소유하고 있었다. 그 당시 이미 뛰어난 리더십과 경영 마인드를 보여주었다는 것이다.

사실 선입견에서든, 실제적으로 그렇든 엔지니어 출신의 CEO들은 종종 인문계 출신이나 ROTC, 그리고 경영학 출신의 CEO들에 비해 리더십이나 경영 마인드에서 다소 떨어진다는 평가를 받기 쉽다. 그런데 이 부회장은 그렇지 않다는 것이다. 또한 이공계 출신은 차갑고 사무적이라는 인상을 주기 쉽지만 이 부회장은 인간적인 정이 넘치는 사람이었다는 것이다.

이러한 그의 자질은 훗날 미국의 선마이크로시스템즈사나 델, IBM 등 대기업 최고 경영자들이 '훌륭한 인품의 경영자'라고 인정할 정도였다. 훗날 삼성전자가 수많은 해외 파트너와 파트너십을 결성할 수 있었던 것도 바로 이러한 이윤우 부회장의 인간적인 마인드 때문이었다.

실제로 미국 선마이크로시스템즈의 아시아 태평양 총괄책임자가 조직 개편으로 경영 일선을 떠나게 된 적이 있었다. 당시 그는 비행기를 타고 한국을 찾았다. 다른 사람은 몰라도 이윤우 부회장과는 꼭 얼굴을 마주보고 작별인사를 하기 위해서였다. 그만큼 이윤우 부회장에게 인간적인 정을 느꼈기 때문이었다.

이처럼 그가 오늘날 삼성전자의 최고 경영자 중 한 명이 될 수 있었던 것은 리더십, 경영 마인드, 그리고 인간적인 매력이라는 경영자의 3요소를 두루 갖췄기 때문이었다.

관리 경영과 공격 경영의 종합형 경영

그가 최고 경영자로서의 자질을 모두 갖췄다는 것은 그가 2002년 부회장이 되어 삼성전자의 경영 일선에서 물러나기 전까지 보여 주었던 경영의 성과에서도 잘 드러난다. 그는 삼성전자의 총괄사장을 맡으면서 외적으로는 공격 경영에, 내적으로는 관리 경영에 모두 성공을 거뒀다. 그것도 단순한 성공이 아니라 전례에 보기 드물 정도의 대성공이었다.

그의 공격 경영은 시장점유율에서 전례 없이 높은 성장을 기록했고, 2000년대 들어서는 1백억 불 수출 선언을 하기에까지 이른 데서 나타난다. 이것을 토대로 삼성그룹은 비메모리 반도체 분야에까지 그 영역을 확장할 수 있었다. 시스템 LSI 사업과 TFT-LCD(초박막액정표시장치) 사업 등이 그것이다.

당시 이것은 이건희 삼성그룹 회장이 미국 산호세의 멀티미디어 사업 강화 전략회의에서 몇 개의 반도체로 하나의 시스템을 구현하는 시스템 온 칩 시대에 대비할 것을 강조하면서부터였다.

이건희 회장이 이러한 비메모리 반도체 분야에까지 역량을 확장할 수 있었던 것은 그만큼 반도체 메모리 분야에서 구축해놓은 자금과 인프라, 인력이 뒷받침되었기 때문이었다.

이윤우 부회장은 외적인 성공만 거둔 것이 아니다. 잘 알려져 있지 않지만 그는 외적인 성공 못지 않게 관리 경영에도 크게 성공한

CEO 중 한 명이다. 그는 어떤 면에서 외부로의 공격 경영과 내부로의 관리 경영에서 최고의 실적을 거둔 CEO 중 한 명이기도 하다. 그의 경영 스타일은 공격 경영과 관리 경영의 종합형 경영 스타일이라고 할 수 있다.

그가 삼성전자와 첫 인연을 맺은 것은 서울대 전자공학과를 나와 삼성전관 공채에 입사하면서부터이다.

이후 83년에 삼성전자 이사가 됐고, 89년에는 삼성전자 반도체 부문 기흥연구소장을 지냈으며 95년에는 삼성전자 반도체 대표이사 사장, 97년에는 총괄 대표이사 사장, 그리고 2002년에는 삼성전자 디바이스솔루션네트워크 총괄사장이 되었다.

그는 경영 일선에 본격적으로 나서게 되면서부터 TPM, 즉 전사적 생산보전 활동을 꾸준히 전개해왔다. 이것은 그가 외부로의 확장 못지 않게 내실에도 꾸준히 관심을 가져왔음을 뜻한다. 그는 TPM 활동을 통해 생산량 확대, 신규 라인의 즉시 가동률 증대, 리드타임 단축을 통한 스피드 공정 구축, 글로벌 스탠더드 제조력 구비 등을 차례로 달성해왔다. 이로 인해 그는 한국능률협회컨설팅으로부터 TPM대상을 받기도 했고, 한국과 일본 TPM대회에서 우수상을 수상하기도 했다. 이것은 삼성 반도체의 제조 경쟁력이 세계적 수준에 이르렀음을 뜻한다.

그는 반도체 제품을 판매하는 것 이상으로 그 기술을 향상시켜오기도 했다. 그의 관리 경영 중 하나는 기술 중시 경영이었다.

그는 수년간 매년 1조 원 이상을 연구개발비로 투자했다. 1기가 D램은 물론 디지털 TV, DVD 플레이어와 휴대용 전화기(CDMA), 30인치 TFT-LCD 등의 혁신적인 제품들은 그의 기술 중시 경영의 성과였다.

그는 꾸준히 특허활동을 전개해 출원과 등록을 모두 합쳐 15만 건이 넘는 특허를 확보했다. 한국에서 가장 많은 산업재산권을 보유하게 된 것이다. 삼성전자는 91년에 특허 등록 59위 업체였지만 10년도 안 된 1999년에는 세계 6위의 세계적인 지식재산권 보유업체로 성장했다. 1986년 2월 미국 텍사스인스투르먼츠(TI)사로부터 특허 침해 혐의로 제소당해 720억 원을 지불해야 하는 등의 일은 거의 사라진 것이다. 훗날 히타치와의 특허분쟁에서 적극 대응할 수 있었던 것도 그만큼 세계적인 기술력을 보유하고 있었기 때문이었다.

그는 공정과 기술뿐만 아니라 사람, 즉 직원들의 관리에서도 성공을 거뒀다. 그가 경기도 용인시 기흥읍에 삼성반도체 공장을 설립할 때 가장 염두에 둔 것은 현장에서 일하는 직원들의 안전이었다. 일례로 화학물질을 다루는 시스템만 보아도 알 수 있다.

그는 황산이나 염산 등 위험한 화학물질에는 직원들이 접근하지 못하도록 했다. 대신 화학물질 운반용 차량이 공장의 중앙공급장치에 물질을 내놓으면 현장에 자동으로 흘러가도록 시스템을 구비했다. 화학물질의 찌꺼기 역시 자동으로 처리된다. 만약 찌꺼기 배출 통로에 열이 발생하면 70도에 경보음이 울리고, 90도 이상이면 물이 자동으로 뿜어져 나오게 되어 있다. 이처럼 위험요소 자체를 현장의 직원들로부터 떼어놓은 것이다.

그가 얼마나 직원들의 안전을 중요시하는지는 별도의 안전관리 전담부서를 자신의 직속기구로 두고 있다는 데서도 알 수 있다. 이 부서는 공정의 안전에 관한 전반적인 통제와 사고예방 교육활동을 담당한다. 각 부서에서 유해물질 설비를 들여올 때도 이 안전관리 부서의 인증을 받지 않으면 불가능하다. 모든 직원들은 월 16시간 이상씩 안전교육을 받아야 한다. 더 나아가 만약 사내 안전관리 자격증을 따면 인센티브를 부여하고 있기도 하다.

이 같은 철저한 사고 예방 덕분에 기네스북에 오르기도 했다. '무재해 신기록'이 그것이었다. 당시 기네스북으로 유명한 기네스월드 레코드스의 어윈 사장은 삼성전자 기흥반도체 사업장이 세계에서 가장 긴 무재해 기록을 세웠다는 인정서를 이윤우 사장에게 전달했다.

그때까지 가장 긴 무재해 기록을 보유한 기업은 일본의 히타치 사의 가나가와 공장이었다. 1991년에 그들이 달성한 기록은 1억 1천 6백 2만 시간이었다. 그것을 7년 만에 삼성전자의 기흥 반도체 공장이 깬 것이다. 자그만치 2억 1천 1백 60만 시간.

이 때문에 프랑스의 재보험회사는 이윤우 사장에게 직원을 보냈다. 워낙 사고가 없기 때문에 보험료를 되돌려주기 위해서였다. 당시 재보험회사 직원은 일명 007가방이라는 가방에 달러를 가득 담아 왔는데 그 액수가 무려 80만 달러였다. 당시 프랑스 재보험회사가 워낙 사고가 없어 보험료를 돌려주기는 그때가 처음이었다 한다.

그는 사내 커뮤니케이션 관리에도 남다른 관심을 보였다. 그 결과 사내 커뮤니케이션에 관한 한 삼성전자는 오늘날 수많은 기업들 중 가장 모범적인 기업의 하나가 되었다.

그는 노사 간의 신뢰를 위해 사내 케이블을 통해 매월 경영 설명회를 해왔다. 이 프로그램에서는 매월의 경영 실적이 낱낱이 공개된다. 그만큼 투명하게 기업을 이끌어가겠다는 것이다. 그는 노사와 고객의 관계를 좀더 직접적으로 연계시키기 위해 쌍방향 커뮤니케이션 체제인 'ESSAY'를 구축하기도 했다.

그런가 하면 일반 사원들이 자신에게 직접 전자우편을 보낼 수 있는 핫라인을 신설했다.

'사장님 보세요.'

이것이 핫라인의 명칭이다.

이 핫라인은 이윤우 사장만이 볼 수 있다. 고충사항이나 제안을 말하는 발송자가 불이익을 당하지 않도록 비공개를 원칙으로 하고 있다. 이 핫라인은 결코 형식적이지 않다. 그는 반드시 이 전자우편을 읽고 그에 따른 조치를 취한다. 99년에는 모두 80건이 접수됐는데 100% 필요한 조치를 취했다.

이외에도 그는 각 부서별로 현장의 문제점과 불만을 파악하고 대책을 세우도록 했다. 사원들은 언제든지 각 부서에 문제점과 불만을 이야기할 수 있으며, 각 부서는 이틀 안에 답변을 해줘야 한다.

그런가 하면 이윤우 사장은 97년부터 매년 초마다 전 사원을 대상으로 과연 삼성전자가 일하기 좋은 회사인지 자체 평가를 받고 있다. 평가 항목은 미국 〈포천〉지에서 발표한 일하기 좋은 100개 사업장의 선정 기준을 따르고 있다.

매년 봄에는 철쭉제, 가을에는 큐빅드림제라는 축제마당을 열기도 한다. 철쭉제의 하이라이트는 5km 단축 마라톤인데, 여기에는 이윤우 사장도 이해수 노사협의회 대표와 나란히 선두에 선다. 직원들과 함께 하는 CEO의 모습을 보여주기 위해서이다.

그는 GWP, 즉 훌륭한 일터 만들기 운동을 전개하기도 했다.

'견우와 직녀가 만나는 날'

반도체 라인에는 여성 오퍼레이터와 남성 엔지니어가 공동작업을 한다. 그만큼 크고 작은 마찰이 생긴다. 이 마찰을 해소하고 서로의 이해를 도모하기 위해 GWP운동 일환으로 생긴 날이 바로 견우와 직녀가 만나는 날이다.

그런가 하면 GWP은행이라는 것도 운영하고 있다. 이 은행은 반도체 경영지원실 인사팀에 배속되어 있는데 창구도 없고, 직원도 없는 은행이다. 직원들이 이 은행에 돈이 아니라 감정을 적립하기 때문이다. 일명 감정 계좌.

만약 한 직원이 나를 기분좋게 했다면 그 사람의 감정 계좌에 나의 포인트를 입금해주면 되는 식이다. 그러면 회사는 감정 계좌의 포인트가 높은 사람에게는 그만큼의 보상을 해준다.

그는 회사의 이익이 클 경우, 그 초과이익을 임직원에게 별도로 나눠주는 이익분배제를 실시하기도 했다. 격려금은 물론, 특정 프로젝트에서 성공할 경우 그 프로젝트에 참여한 모든 직원들에게는 그에 따른 보상을 해준다.

한국 기업으로서는 보기 드물게 사내 대학을 운영하기도 했다. 이 사내 대학에 등록하면 학사과정은 물론, 석사와 박사과정까지도 마칠 수 있다. 국내 석사학위 과정은 2년, 박사과정은 4~5년인데, 그 동안 월급과 교육비를 대준다. 학술연수도 활발하다. 따라서 사원 일인당 교육비만도 2억 원대 이상 들어간다.

이처럼 이윤우 부회장은 삼성전자 사장 당시 수많은 프로그램과 접근 방식을 통해 삼성전자의 조직력을 높여왔다. 오늘날 삼성전자가 최고의 기업으로 평가받는 이유는 그 외적인 성장뿐만 아니라 이처럼 높은 기업문화를 창출해냈기 때문이기도 하다. 그는 '한경-레버링 훌륭한 일터상'에서 대상을 수상하기도 했다.

그는 현재 삼성 내외에서 최고의 CEO로 평가받고 있다. 그는 세계반도체협의회(WSC) 의장을 역임하기도 했고, 〈일렉트로닉스 바이어스 뉴스〉지가 선정하는 세계 25인의 CEO 중 한 명에 선정되기도 했다. 〈일렉트로닉스 바이어스 뉴스〉지는 세계 전자업계를 대상으로 한 업계 전문 주간지다.

그는 2003년 들어 구조조정위원회 멤버로 발탁되기도 했다. 구조조정위원회는 삼성그룹의 최고 의사결정기구로서, 윤종용 삼성전자 부회장, 이학수 구조조정본부장, 배종렬 삼성물산 사장, 배정충 삼성생명 사장 등 삼성 최고의 수장들로만 구성되어 있었다. 여기에 이윤우 사장이 황영기 삼성증권 사장, 이상대 삼성물산 건설부문 사장과 함께 속하게 된 것이다. 이것은 그가 이제 삼성그룹에 있어 없어서는 안 될 인물이 되었다는 것을 반증하는 것이다. 또한 이건희가 주창한 신 경영이 새로운 체제로 접어들었음을 의미하기도 한다.

2004년 들어 이윤우 삼성전자 사장은 그 직함을 떼고 부회장으로 승진했다. 현재 그는 삼성전자 대외협력담당 부회장 겸 기술원장도 겸하고 있다. 기업인들은 그가 이제 삼성전자가 아니라 삼성그룹을 어떻게 이끌어갈 것인가에 주목하고 있다.

04

SAMSUNG CEO

삼성생명 글로벌화의 주역

배정충 | 삼성생명 총괄사장

1945년 3월 31일 전북 전주 출생
1965년 전주고등학교
1969년 고려대 경영학과 졸업
1969년 동방생명 입사
1986년 삼성생명보험 이사
1995년 삼성화재해상보험 강남본부장 전무이사
1997년 삼성화재해상보험 대표이사부사장
2000년 삼성생명보험 총괄 대표이사 사장

삼성생명 글로벌화의 주역
배정충
삼성생명 총괄사장

변화의 전도사

삼성의 CEO들은 몇 가지 공통점이 있다. 그중의 하나가 바로 변화를 두려워하지 않는다는 것이다. 삼성전자의 맏형 역할을 하는 윤종용 부회장의 경우 그 스스로를 '카오스 메이커'라고 지칭할 정도였다.

삼성생명의 배정충 사장도 예외가 아니다. 삼성생명 내에서 그는 '변화의 전도사'로 불린다. 2000년 1월, 그가 삼성생명 사장에 취임하면서 각 분야의 경영 혁신을 주도했기 때문이다.

사실 그의 사장 취임에 따른 변화는 이미 예고된 것이었다. 그는 항상 변화를 주도해온 사람 중 한 명이었기 때문이다. 그것은 1999

년 1월, 그가 삼성 대표이사 부사장에 취임할 당시의 상황만 보아도 알 수 있다.

그가 당시 취임하면서 내세웠던 슬로건은 '고객, 현장을 위한 일인가?' 였다. 즉 관료화, 획일화되어가는 업무 시스템을 고객과 현장에 더욱 밀착시키기 위한 것이 그의 목표였던 것이다.

그는 이를 위해 과감한 체질 개선에 나섰다. 그의 경영 전략은 비효율성의 제거, 능력과 성과의 중시, 조직 풍토 쇄신 등이었다. 이것은 당시 IMF로 인해 침체된 분위기와 조직의 매너리즘을 떨쳐버리기 위한 것이었다. 한마디로 현장에 활력을 불어넣고, 그 활력을 고객 만족까지 끌어올린다는 계획이었던 것이다.

당시 그는 많은 전략을 수립하고 밀어붙였다. 보험 상품 판매의 창구를 다변화했고, 판매 기법을 선진화했다. 설계사, 임직원, 소규모 점포의 경쟁력을 강화해 현장의 파워를 높였다. 영업효율 실명제를 강화했는가 하면, 보유고객관리 전담조직을 활성화하기도 했다. 그는 당시에는 생소한 'DB마케팅'을 도입하기도 했다.

DB마케팅은 한마디로 말해 고객정보를 통한 고객관리라고 할 수 있다. 고객이 무엇을 원하는지, 고객에게 무엇이 필요한지 각종 정보를 통해 미리 분석하고 준비해 고객에 대한 어프로치를 시도하는 것이다.

이러한 형태의 마케팅 전략은 오래 전부터 관행적으로 시도되어 온 것이었다. 하지만 삼성생명처럼 체계적이고 과학적이며 입체적인 시스템을 구축하지는 못했다.

사실 이 DB마케팅은 미국의 선진화된 금융기관의 마케팅을 벤치마킹해 온 것이었다. 삼성생명은 이를 위해 에쿼터블, 메트라이프, 올스테이트 등의 보험사는 물론 키코프 등의 은행까지 철저하게 분석했다. 그리고 이것을 다시 삼성생명의 영업 전략에 맞게 스코어링 모델로 개발했다.

이러한 DB마케팅은 그가 내세운 '고객, 현장을 위한 일인가?'라는 슬로건에 가장 적합한 마케팅 방식이었다. 이를 통해 삼성생명은 고객들을 더 가깝게 관리할 수 있었으며 월 평균 150억 원의 매출 신장을 꾀할 수 있었다.

그의 이러한 모든 정책은 기존의 정책들을 포용하면서 동시에 그것들의 변화를 유도하는 방식이었다. 그의 이러한 '포용적 변화'는 그가 삼성화재에 근무하던 시절에 이미 그만의 변화 유도 방식으로 확인된 바 있다.

그가 2년여 동안 경영을 맡았던 삼성화재는 발전과 내실이라는 두 마리 토끼를 잡았었다. 양쪽 모두에서 업계 1위의 성장률을 기록했던 것이다. 20%에 못미쳤던 시장점유율은 30%에 육박하고, 자산은 두 배가 되었다.

그의 이러한 변화 유도 방식은 삼성생명에서도 큰 성공을 거두었다. 삼성생명은 능률협회가 주관하는 고객만족대상(KCSI)에서 6년 연속 수상을 했는데, 그 첫 해가 바로 배정충 사장이 대표이사 부사장으로 취임했던 1999년이었다.

배정충 사장이 2000년 1월 사장으로 취임하면서 가장 염두에 두었던 것은 영업전략을 현 시대적 감각에 적합하게 현실화하는 것이었다.

그가 취임 후 사장실 직속으로 e-비지니스팀을 신설한 것도 이러한 맥락이다. e-비지니스팀의 신설은 두 가지 목적에서 이루어졌다. 하나는 인터넷 보험 판매와 신규 영업 분야 발굴 등 인터넷을 통한 보험 영업 전략을 강화하기 위한 것으로, 당시 IT열풍을 미리 읽고 발빠르게 움직인 것이었다. 또 하나는 온라인 인프라를 통해 회사 경영 전체를 디지털화하기 위해서였다. IT강국이라는 새로운 물결에 대응하는 '선점과 변화'가 경영의 핵심이었던 것이다.

그는 이를 위해 외부의 기업들과 활발한 교류를 시도하기도 했다. 디지털적인 시너지 효과를 이루려고 했던 것이다. 이 역시 이전의 삼성생명에서는 찾아볼 수 없는 모습이었다.

그는 전북은행과 상품을 공동으로 개발하고, 공동으로 판매하는가 하면 인터넷 홈페이지를 공동으로 이용하는 등 포괄적인 업무 제휴를 맺었다. JEC와도 포괄적 업무 제휴를 맺고, 공동마케팅을 벌이기도 했다. JEC는 이메일 주소 안내 사이트를 개발한 벤처기업이다. 인터넷에서 국내 최초로 소액결제 제도를 도입한 이코인과도 업무 제휴 협약을 맺었다.

이코인은 삼성생명을 통해 이코인 카드를 홍보하고 판매하는가 하면, 삼성생명은 이코인의 온라인 결제 솔루션을 통해 네티즌들에게 다가가는 마케팅을 꾀했던 것이다. 한마디로 말해 윈-윈 전략인 셈이었다.

배정충 사장의 인터넷을 통한 이러한 '선점과 변화'는 스피드 경영에도 그대로 투영되어 있다. 이른바 '3.3.7 운동'이다.

당시 삼성생명이 속도에 둔감했던 것은 아니다. 배정충 사장이 사장이 취임하기 전부터 삼성생명은 줄곧 스피드 경영을 견지해왔다. 하지만 배정충 사장만큼 구체적이고 실질적인 변화를 꾀하려는 CEO는 드물었다.

당시 삼성생명은 하부에서 상부로의 보고 시 다단계 과정을 거쳤다. 또한 그 보고서의 양도 관행이라는 격식에 맞춰져 있었다. '3.3.7 운동'은 바로 이러한 격식주의와 문서주의를 탈피하려는 데에 그 목적이 있었다.

이 운동은 우선 보고서의 양을 30% 줄이는 것에서부터 시작된다. 이것이 첫 번째 '3'이 의미하는 것이다. 이를 통해 삼성생명은 아무리 중요한 문서라도 A4지 두 장 이상을 넘기지 않는 것을 새로운 원칙으로 삼게 되었다.

또다른 숫자 '3'이 의미하는 것은 부하가 상관에게 결재를 받아야 할 때 대면보고하는 비율이다. 그리고 맨 마지막의 '7'은 비대면 보고의 비율이다. 즉, 결재를 받더라도 3번 정도 대면보고를 했다면 7번 정도는 비대면 보고를 해도 무방하다는 것이다. 쉽게 말해,

아랫사람은 상관의 책상 위에 결재서류를 올려두고 자신의 다른 업무를 처리해도 좋다는 식인 것이다. 만약, 보고서 외에 다른 설명이 필요하다면 전화나 메모를 이용해도 된다.

그렇다면, 배정충 사장이 직접 보고를 받아야 할 때는 어떻게 했을까?

그는 하루 예약 제도를 도입했다. 굳이 대면보고를 해야 한다면 대면 보고자가 예약을 해두고, 그에 맞춰 배정충 사장이 보고를 받는 제도를 도입했던 것이다. 전례에 보기 드문 제도였다.

이 '3.3.7 운동'에 담긴 배정충 사장의 뜻은 분명하다. 기업은 "문서와 격식으로 움직이는 것이 아니라 현장에서 행동할 때 움직인다."는 것이다.

그는 경영의 스피드를 높이기 위해 대대적인 군살 빼기를 감행하기도 했다. 바로 구조조정이다.

삼성생명은 2001년 하반기에 들어 이사 이상 임원 29%를 감원했다. 당시 전체 이사 임원이 62명이니 18명 정도를 감축하는 것이었다. 감원의 방식은 11명 퇴직, 4명 금융 관련 계열사로 전출, 3명은 분사된 채권관리 회사나 콜센터 대표를 맡는 식이었다.

이사 이하 간부급에 대한 구조조정도 뒤따랐다. 8,000여 명의 인력 중 1,000여 명의 인력을 줄여나간 것이다. 이때의 감원 방식은 400여 명은 희망퇴직, 나머지 인원은 본사 이외의 다른 조직에서 재흡수하는 식이었다.

인원의 대폭 축소에 따라 경영 규모도 축소했다. 100여 개의 지점 중 10여 곳을 통폐합했고, 1,400여 개에 달하는 영업소 중 100여 곳을 줄였다.

이러한 구조조정의 규모는 삼성생명이 1957년 설립된 이래 보기 드물 정도로 규모가 큰 구조조정이었다.

이처럼 배정충 사장은 조직의 규모, 시스템, 마케팅 등에서 대대적인 변화를 꾀했다. 모두가 삼성생명의 스피드를 높이기 위한 것이었다. 그런데 그의 스피드 경영은 단순히 기계적인 스피드 경영은 아니다. 그것은 인간의 얼굴을 한 스피드 경영이다. 그린라인이 대표적인 경우이다.

그린라인은 선행이나 효행 등 모범적인 일을 한 직원이나 설계사를 추천받아 배정충 사장이 직접 전화를 걸어 이를 칭찬하고 격려하는 대화채널이다. 이러한 그린라인의 운영은 그의 스피드 경영이 단순히 속도만 강조된 것이 아니라는 것을 보여준다.

사랑의 전도사

기업 경영에 있어 배정충 사장은 냉철하고 분석적이기로 소문이 나 있다. 스피드 경영이나 '3.3.7 운동'에서 드러나는 것처럼 그는 외양이나 격식을 중요시하지 않는다. 그는 합리와 성과를 중요시한다. 그래서 그를 기업 경영에 있어 '변화의 전도사'라고 부르는 것이다. 하지만 동시에 그는 '사랑의 전도사'라고 불리기도 한다.

2004년 6월 30일, 연세대 동문회관.

이곳에서는 '희망 2004 이웃돕기 유공자 포상식'이 거행되었다. 이 식장에서 사회 공헌 활동을 인정받아 국민훈장 모란장을 수상한 기업인이 있었다.

바로 배정충 삼성생명 총괄사장이다.

배정충이 삼성생명 총괄사장으로 취임한 것은 2001년 1월이었다.

그가 사장에 취임한 이후 삼성생명은 여러모로 달라졌다. 고객과 현장 위주의 마케팅 전략, 조직의 체질개선에 따른 조직개편과 감축, 자산의 건전화 사업, 활발한 해외 진출 등등이 그것이다.

이것은 모두가 기업의 경영과 관련된 변화이다. 그리고 그만큼 외부에 잘 알려진 변화이다.

하지만 그렇지 않은 변화도 있었다. 외부의 눈에는 잘 띄지 않지만 삼성생명인이라면 누구나 느끼는 변화. 그것은 '따뜻한 삼성생명'으로의 변화이다.

119.

삼성생명인이라면 이것이 화재 구조 긴급번호 외의 또다른 의미가 있다는 것을 안다. 바로 삼성생명 내 사회봉사 클럽의 숫자이다.

이 봉사 클럽에 가입한 임직원들과 보험 설계사들은 한 달에 한

번씩 경로당, 복지관 등을 찾아다니며 불우한 이웃들에 대한 봉사활동을 전개해오고 있다. 그들은 2004년 2월 한 달여 동안 '사랑의 헌혈' 캠페인을 벌이기도 했다.

배정충 사장은 삼성의 CEO들 중에서도 봉사활동을 많이 하는 것으로 유명하다.

2004년 10월 5일. 서울 마포구 아현동에 위치한 나눔 공부방에 앞치마를 두르고 나타난 중년의 남자가 있다. 그 남자는 학교 수업 후 공부방에 모여든 아이들과 요리 시간을 함께 했다. 또 아이들과 하나가 되어 흥겨운 놀이 시간을 갖기도 했다. 아이들과 함께 한 그의 얼굴에서는 천진난만한 미소가 끊이지 않았다. 그 중년의 남자가 바로 한국 최고의 손보사를 이끌어가는 삼성생명의 CEO 배정충 사장이었다.

배정충 사장은 기업의 이익을 사회에 환원하기 위한 많은 노력들을 해왔다. 그 대표적인 예가 '리빙케어보험'이다.

이 보험은 판매될 때마다 7,000원씩이 적립된다. 2004년 7월까지 적립된 금액은 46억 2천여만 원. 삼성생명은 이 적립금을 암, 심근경색, 뇌졸중 등을 퇴치하는 데 써달라며 사회복지공동모금회, 국립암센터, 서울대병원 암연구소 등에 쾌척하기도 했다. 2004년에는 15억 4천만 원을 내놨었다. 삼성생명은 2005년에도 40억 원 상당의 적립금을 전달해 총 100억 원 가량을 지원할 계획이다.

그런가 하면 여성 가장들을 위한 창업 지원에도 나서, 서른두 명의 여성 가장들에게 4억 5천만 원을 지원하기도 했다. 보육원 출신의 대학생들을 대상으로 장학금을 지급하는가 하면, 여성의 사회 진출에 따른 육아 문제를 해결하고 소외 계층의 아동들을 돌보기 위해 삼성어린이집을 운영하고 있기도 하다. 여성 발전에 기여한 사람들을 위한 '비추미 여성 대상'도 있다.

오늘날 삼성생명이 이처럼 다방면에서 사회 활동을 전개하는 것은, 기업은 국민들의 도움으로 돈을 버니, 그만큼 사회에 환원해야 한다는 배 사장의 마인드 때문이다. 즉, '나눔 경영'이다.

이 '나눔 경영'은 '스피드 경영'과 함께 배정충 사장의 경영 스타일을 지탱하는 큰 축이다. 그리고 이것은 삼성생명이라는 손해보험사의 업종 성격과 잘 맞아 떨어진다. 손해보험사는 그 특성상 '인간주의'의 경영적 성격이 강한 것이다.

오늘날 삼성이 단순히 돈을 버는 기업이 아니라 사회에 이바지하는 기업의 이미지로 성장할 수 있었던 것도 바로 배정충 같은 CEO가 있었기 때문이다.

배정충 사장의 부인 최귀례 씨도 열성적인 자원봉사자로 잘 알려져 있다.

서울 강남구 일원동에 위치한 삼성서울병원. 이 병원에 가면, 분홍색 옷을 입은 사람들이 몸이 불편한 환자들을 돌보고 있는 모습을 볼 수 있다. 샘터봉사회 회원들이다.

샘터봉사회가 설립된 것은 1995년. 삼성생명과 삼성전자 등 삼성 계열사 최고 경영자 부인들이 주축이 되어 결성되었다. 최귀례 씨는 이 봉사단체의 회장이다. 그녀는 지금까지 2,500시간 이상을 봉사의 현장에서 보냈다.

미스터 고대 출신의 야전 전략가

삼성의 CEO들은 변화를 두려워하지 않는다. 이것은 다른 면에서 보면 삼성그룹 그 자체가 끊임없이 변화를 추구해왔다는 것을 뜻한다.

실제로 삼성의 CEO들의 이력을 살펴보면 한 직장에 오랫동안 머물며 진두지휘를 한 경우는 거의 없다. 상황과 능력에 따라 그룹 계열사가 이동이 잦기 때문이다. 또한 그들은 타 기업의 CEO들과 비교해볼 때 젊은 축에 속한다. 일명 '젊은 피'인 것이다.

이러한 삼성의 경영에는 일장일단이 있다.

우선 그들은 한 우물을 팔 수 없기 때문에 축적된 노하우가 적을 수 있다. 또한 근무 기강이 바로 서지 않을 수도 있다. 하지만 반대로, 도전정신과 창의성이 강하고, 위기 시에 빠른 대응을 할 수 있는 역동성을 가질 수 있다. 조직의 관료화나 경직화의 위험도 피할 수 있다. 오늘날 삼성을 대한민국 최고의 브랜드로 성장시킨 힘은 전자를 극복하고도 남는 후자의 힘 때문이다.

그런데, 여기에 예외적인 인물이 있다. 바로 배정충 사장이다.

배정충 사장은 삼성의 다른 CEO들과 비교해볼 때 30년 가까이 외길을 걸어온 유일무이한 CEO이다. 물론, 그도 1995년에서 1998년 사이 삼성화재에서 근무한 이력이 있다. 하지만 1969년 삼성생명의 전신인 동방생명에 입사한 이래, 그는 줄곧 삼성생명인이었고, 지금은 삼성생명 최고의 CEO 자리에 올라 있다.

끊임없이 변화를 추구하는 삼성. 그래서 CEO들의 이동이 잦은 삼성. 그런데, 그런 와중에도 한 직장에서 30여 년의 외길을 걸어온 인물. 이것은 무엇을 의미하는 것일까?

이것은 배정충 사장이 한 업종에 오랫동안 몸 담고 있으면서도 그 조직의 매너리즘에 빠지지 않고 끊임없이 자기 자신을 갱신해온 인물이라는 것을 뜻한다.

실제로 그는 현장을 떠난 책상물림 경영에 빠져든 적이 없다. 한때 그가 각종 민원을 직접 챙기기도 했다는 것은 유명한 일화다. 그래서 사람들은 '변화의 전도사' 외에 그를 '야전 전략가'라고도 부른다. 야전에서 잔뼈가 굵었으며 CEO가 된 후에도 야전 사령관처럼 경영을 진두지휘하기 때문이다.

이처럼 매너리즘에 빠지지 않고 스스로를 끊임없이 채찍질해온 인물, 그가 바로 배정충 사장이다. 그리고 이것은 그가 자기 자신의 관리에 철저한 인물임을 보여준다.

배정충 사장이 한때 '미스터 고대'였다는 사실은 잘 알려져 있지 않다. 어린 시절 그는 남보다 몸이 허약한 편이었다고 한다. 그래서 체력을 보강하고자 운동을 시작했고, 그것이 미스터 고대까지 이어졌다. 자기 몸에 대한 관리는 자기 관리의 기초라고 할 수 있다. 그것은 단순히 몸매를 예쁘게 보이기 위해서가 아니라 건강과 심신을 동시에 다지는 계기가 되기 때문이다. 오늘날에도 배정충 사장은 매일 아침을 헬스기구와 러닝머신으로 몸을 풀며 시작한다고 한다. 바쁜 스케줄에도 불구하고 틈이 나면 스포츠 센터를 찾기도 한다. 이렇게 다져진 체력 때문인지 그는 골프에 있어서도 수준급이다.

삼성 사장단에는 골프 4인방이 있다. 한용외 삼성문화재단 사장, 제진훈 제일모직 사장, 정연주 삼성엔지니어링 사장, 그리고 배정충 삼성생명 사장이 그들이다.

이중에서 가장 실력이 뛰어난 사람은 한용외 삼성문화재단 사장이다. 하지만 배정충 삼성생명 사장의 골프 실력 역시 난형난제할 만큼 쌍벽을 이룬다. 특히 그는 장타력이 좋다.

그의 체력은 술자리에서도 잘 입증된다. 본래 그의 체질은 어느 정도는 술과 맞는다는 것이 주위 사람들의 말이다. 이학수 구조조정본부장과는 정반대의 경우인 것이다. 하지만 술이 체질에 잘 맞는 사람일지라도 체력이 받쳐주지 않으면 술기운을 당해낼 재간이 없다.

배정충 사장은 술이 세기로 정평이 나 있다. 그는 특별한 일이 없는 한 소주를 즐겨 마시는데 처음에는 소주잔으로 시작했다가 후에는 컵으로까지 마신다. 정말 놀라운 것은 그가 술을 아무리 많이 마셔도 결코 흐트러짐이 없다는 것이다. 이것은 그가 평소에 운동을 통해 끊임없이 자기관리를 해왔기 때문에 가능한 일이다.

10에서 1을 빼면 9가 아닌 0의 글로벌화

배정충 사장은 전북 전주시 출신으로 전주고등학교와 고려대학교 경영학과를 졸업했다.

그가 삼성생명의 전신인 동방생명에 첫발을 내디딘 것은 졸업과 거의 동시인 1969년 1월이었다. 그후 그는 광주 영업국장, 인사부장, 영업관리부장과 호남·중부·동부·강남 총국장 등 야전 전략가답게 현장직과 요직을 두루 거친다.

그는 삼성화재 강남본부장으로 옮겨 갔다가 1999년 1월에 삼성생명 대표이사 부사장으로 복귀한다. 그후 그는 2000년 1월, 삼성생명의 사장이 된다.

그가 사장에 취임하면서부터 지금까지 일관되게 추진해온 변화는 한마디로 말해 '삼성생명의 글로벌화'라고 할 수 있다. 그의 스피드 경영 역시 여기에 그 초점이 맞춰져 있다.

2004년 새해. 배정충 사장은 신년사를 통해 자신의 청사진을 밝힌다.

"삼성생명을 글로벌 일류 기업으로."

배정충 사장은 이 신년사에서 지금까지는 한국 내에서 생명보험이라는 영업만을 했지만 이제는 국경을 넘어 세계의 금융기업들과 손을 잡고 경쟁해나갈 것을 시사했다. 또한 그는 이 자리에서 모든 경영력을 일류 기업 구현에 집중하겠다고도 했다.

당시 그가 이 같은 청사진을 제시하게 된 데에는 네 가지 배경이 깔려 있다. 첫째, 그것은 이건희 회장의 지시에 따른 삼성 일류화 작업의 일환이었다. 또 하나는 포화상태에 이른 국내 시장의 부진에 따른 것으로서, 그들은 해외로 눈을 돌릴 수밖에 없는 상황에 직면해 있었다.

세 번째는 삼성생명의 경영이 어느 정도 선진화되었다는 자신감에서 비롯되었다. 그리고 마지막 하나는 외국계 보험회사들이 장기화된 경기침체에도 불구하고 고성장을 기록하는 것에 대해 자극을 받았기 때문이었다.

그는 당시 외국계 기업들과의 경쟁에서 살아남기 위해 세 가지 원칙을 세웠다. '리스크 관리 체제 구축을 통한 회사 가치 증진', '확고한 핵심 경쟁력 확보', '미래 성장을 위한 기반 강화' 등이 그것이다.

그의 신년사가 있던 그해, 삼성생명은 인도로 진출했다. 인도의 뭄바이에 주재사무소를 설치한 것이다. 당시 국내의 보험업계 중

인도로 진출한 기업은 삼성생명이 유일했다.

삼성생명이 다른 나라보다 먼저 인도에 눈길을 돌린 것은 두 가지 이유에서였다.

첫째, 무엇보다 인도는 인구가 많은 국가이다. 중국 다음의 인구로 무려 10억 명에 이른다. 게다가 최근 인도는 중국이나 태국과 더불어 경제성장에 박차를 가하고 있다. 이러한 까닭에 혹자는 인도를 '제2의 중국'이라고 말하기도 한다.

둘째는 이미 삼성전자와 LG, 그리고 현대자동차 등 우리 나라의 기업들이 큰 성공을 거두고 있다는 것이다. 이러한 앞선 기업들의 선점은 '한국'이라는 브랜드 가치를 높여놓았고, 특히 삼성전자는 삼성이라는 이미지를 제고하는 데 큰 역할을 했다. 따라서 삼성생명이 큰 무리 없이 연착륙을 기대할 수 있었던 것이다.

사실 삼성생명의 해외 주재 사무소 설치는 인도가 처음은 아니었다. 이미 86년에 미국 뉴욕과 일본 동경에, 89년에는 영국 런던에, 그리고 95년에는 중국 북경에 주재 사무소를 설치했다. 그러나 이번 인도의 주재 사무소 설치는 삼성생명의 '글로벌화'된 위상으로 진출을 꾀했다는 측면에서 의미가 남다르다.

삼성생명은 2003년 말 중국항공과 합작 보험사를 설립했다. 중국항공은 중국 최대의 항공회사 중 하나이다. 삼성생명은 이 회사와 양해각서, 즉 MOU를 체결했다. 이로써 삼성생명은 다른 보험사에 비해 훨씬 유리한 위치를 점하게 되었다. 두 회사는 합작 보험사를 위해 각각 150억 원 상당의 금액을 출자하기로 했다.

배정충 사장은 해외 투자도 늘려나갔다. 배정충 사장이 자본의 투자를 위해 해외로 눈을 돌린 것은 국내 증시가 침체되어 있는 데다가 내수 불경기로 국내 투자처를 구하는 것이 쉽지 않았기 때문이었다.

배정충 사장은 운용자산 71조 원 중 약 15% 가량을 미국 채권 등 해외 채권에 투자했다. 이 투자는 현재까지 좋은 성과를 보이고 있다. 2004년 1/4분기에 해외자산을 운용해 벌어들이는 금액이 전해 같은 기간에 비해 3,800억 원 정도 신장된 것이다. 당기순이익은 더 커져 5,000억 원 가량이 늘었다.

현재 삼성생명은 2010년까지 아시아에서 다섯 손가락 안에 드는 대형 종합금융회사로 성장하는 것을 목표로 하고 있다. 이 목표를 달성하려면 자산이 2백조 원, 매출액 47조 원을 기본적으로 달성해야 한다.

1957년 동방생명이라는 이름으로 보험업을 시작한 이후 계속 발전해온 삼성생명의 저력을 보면 이것은 전혀 불가능한 계획은 아닌 듯하다. 실제로 삼성생명은 자산 규모가 100조 원이 넘는 국민은행이나 신한지주보다도 훨씬 발전 가능성이 큰 기업으로 점쳐지고 있다. 미 〈포천〉지에서 삼성생명은 500대 기업 중 생보사 매출액 부문 20위, 순이익 부문 14위에 선정되기도 했다.

2002년을 기준으로 보면, 매출액이 24조에 이르고, 순이익도 1

조 원에 이른다. 계약자 수는 1천만 명을 넘어섰다. 대한민국 국민 대략 4명 중 한 명은 삼성생명을 애용하고 있는 셈이다.

하지만 비관적인 시선이 있는 것도 사실이다. 내수 불경기로 뒷심을 받을 수 없고, 보험 소비가 포화된 상태에서 국내의 다른 경쟁사들의 경쟁이 심화되고 있을 뿐만 아니라 외국의 기업들은 이미 오래 전부터 금융 질서의 세계화로 눈을 돌린 지 오래여서 그 벽을 넘기가 쉽지 않기 때문이다. 이런 상황에서 배정충 사장은 '제2의 삼성생명 건설'이라는 대명제까지 내세우며 의지를 불태우고 있다.

"10에서 1을 빼면 9가 아니라 0이다."

이것은 배정충의 2004년 신년 인사말 중의 한 부분이다. 그의 의지가 얼마나 남다른지를 알 수 있다. 그런가 하면 IMF에 등장했다 사라진 슬로건이 삼성생명 내에서 이미 오래 전에 다시금 등장하기도 했다.

"마른 수건도 다시 짜라."

당시 배정충 사장이 전개했던 운동은 '6시그마' 운동. 이 운동을 통해 배정충 사장은 전사적인 경비 절감 체제를 선언했다. 이것은 목표를 달성하기 위해 허리띠를 졸라매는 듯한 형상이다.

당시 배정충 사장은 무분별한 회식, 고급 유흥주점의 출입, 불필요한 접대 골프 등 업무 외의 사안에 대해서는 경비 처리를 하지 않았다. 음주 문화도 개선시켜 폭탄주를 금지시켰다. 모두가 경비의 낭비를 막고 업무의 집중도를 높이기 위해서였다.

그는 인재 양성과 확보에도 남다른 관심을 기울였다.

"고객이 낸 보험료를 잘 운용할 사람을 뽑으라. 핵심역량을 가진 인재라면 미국에 있건 영국에 있건 국적을 불문하고 영입하라."

이것이 배정충 사장의 간단하면서도 날카로운 인재의 기준이었다. 그 결과 삼성생명에서는 60여 명에 이르는 해외파 자산운용 전문가가 일하고 있다.

철저한 자기관리로 한국 최대·최고의 보험업계의 최고 경영자가 된 그가 어떻게 삼성생명을 글로벌화해갈지는 두고 볼 일이다.

05 SAMSUNG CEO

관리 경영의 대부

배종렬 | 삼성물산 사장

- 1943년 2월 18일 부산 출생
- 1961년 부산고등학교 졸업
- 1965년 서울대학교 무역학과 졸업
- 1969년 한국은행 조사부
- 1976년 삼성물산 기획조정실 과장
- 1983년 삼성물산 LA현지법인 사장
- 1985년 삼성물산 NY현지법인 사장
- 1988년 삼성전자 반도체부문 영업본부장
- 1993년 삼성회장 비서실 차장 겸 홍보팀장 부사장
- 1996년 제일기획 대표이사 부사장
- 1999년 제일기획 대표이사 사장
- 2001년 삼성물산 총괄담당 대표이사 사장

관리 경영의 대부
배종렬
삼성물산 사장

좌 종렬 우 학수

　삼성의 구조조정본부의 파워는 막강하다. 그리고 그 파워만큼 삼성 내에서 많은 역할을 한다. 그들은 삼성 이건희 회장을 보좌하는 역할을 한다. 그런가 하면 독립적으로 경영 판단을 내리기도 하고 조언을 하기도 한다.

　삼성에는 싱크탱크 집단이라는 삼성경제연구소가 있다. 구조본은 이 싱크탱크와 보조를 맞추는가 하면 동시에 그 자체가 하나의 싱크탱크 역할을 하기도 한다. 각 그룹 계열사 CEO들과 경영의 속도를 조율하기도 하고, 그들을 지원하는가 하면 동시에 그 CEO들의 인사를 담당하기도 한다. 한마디로 말해 농구에 있어서 멀티플레이어 역할을 하는 곳이 바로 삼성 구조본인 것이다.

오늘날 삼성 구조본이 이만큼의 포지셔닝을 구축할 수 있었던 데에는 세 가지 배경이 있다. 먼저 이학수라는 걸출한 CEO가 버티고 있었기 때문이다. 그 다음은 구조조정본부가 90년대 외환위기뿐만 아니라 그 이후에도 삼성 전체의 구조조정을 주도하면서 삼성전자를 비롯한 계열사들이 수익을 낼 수 있는 토대를 만들어내는 데 성공했기 때문이다. 많은 전문가들은 구조본이 없었다면 오늘날 삼성이 일류 기업으로 성장하기는 불가능했으리라고 본다.

셋째는 삼성 구조본이 고(故) 이병철 전 회장의 절대적 신임을 받던 삼성 비서실을 그 전신으로 삼고 있다는 것이다. 사실, 삼성 구조본이 출범할 당시만 해도 삼성 비서실에 간판만 바꿔 달았다는 말이 있을 정도였다. 그만큼 비서실의 파워를 고스란히 계승한 곳이 바로 삼성 구조본인 것이다. 하지만 이후 그 역할은 판이하게 달라진다. 과거 삼성 비서실은 회장의 뜻을 해석하고 지원하는 '참모' 역할이 중심이었던 데 반해 삼성 구조본은 하나의 독립된 개별체로서 '토털 경영' 역할이 강하기 때문이다. 그러나 부연하자면, 삼성 비서실이 없었다면 오늘날의 구조본도 없었다는 것은 분명하다.

삼성 비서실과 삼성 구조본에는 여러 가지 공통된 특징이 있다. 그중의 하나는 유능한 인재만을 뽑아 쓰고 또 삼성인으로 길러낸다는 것이다. 실제로 비서실 시절부터 구조본까지 그 안에서 핵심적인 브레인 역할을 했던 인물들은 모두가 오늘날 삼성 신 경영의 주체인 삼성 계열사 사장들이 됐다. 그 수가 무려 20여 명에 이른다.

삼성 각 계열사의 규모를 고려해 볼 때, 그 계열사 CEO는 경영에 관한 한 최고의 전문가가 아니면 안 된다. 삼성의 각 계열사 CEO는 곧 그 분야에서 대한민국의 최고 CEO임을 뜻하는 것이다. 그런 경영의 최고 전문가를 20여 명이나 배출한 곳이 바로 삼성 비서실과 구조본이다.

배동만 제일모직 사장은 홍보팀장을, 이우희 에스원 사장은 인사팀을, 김징완 삼성중공업 사장·이형도 삼성전기 부회장과 송용로 삼성코닝 사장·안복현 삼성 BP화학 사장은 경영진단팀을, 이외에도 이상현 전 삼성전자 사장·양인모 삼성엔지니어링 부회장·고홍식 삼성토탈 사장·김현곤 전 삼성 BP화학 사장·이경우 전 삼성카드 사장·유석렬 삼성카드 사장·최성래 전 삼성석유화학 사장, 정준명 전 삼성전자 일본 본사 사장 등 오늘날 한국 기업에 있어 최고의 CEO들이 모두 이 비서실과 구조본 출신인 것이다.

배종렬 삼성물산 사장은 과거 비서실 출신이다. 그는 비서실 시절부터 이미 그 경영적 재능을 인정받았던 인물 중 한 명이기도 하다.

"좌 종렬 우 학수."

그가 비서실에 근무하던 시절, 삼성 내에서 공공연히 회자되던 말이다. 삼성 이건희의 우측에는 이학수가 포진해 있고, 그 좌측에는 배종렬이 포진해 있다는 뜻이다.

삼성은 그 경영 스타일과 역할상 두 개의 진형으로 나뉜다. 공격형과 수비형이다. 공격형의 선두에는 윤종용 부회장이 있다. 윤종용 부회장은 값싼 전자제품만을 만들고 판다는 기존의 삼성전자의 이미지를 깨끗이 씻어내고 가장 첨단의 일류 회사 중 하나로 자리매김하는 데 가장 큰 역할을 한 사람이다.

당시 그는 이것을 자신만의 특출한 영업 능력과 홍보 활동으로 이루어냈다. 따라서 오늘날에도 삼성의 공식적인 행사나 홍보 자리에는 그의 모습을 어렵지 않게 접할 수 있다.

영업과 홍보는 기업에 있어서 가장 공격적인 영역 중 하나이다. 이러한 윤종용 부회장의 계보를 잇는 사람이 바로 이기태 사장이다. 그는 삼성 사장단 중 가장 공격적인 경영 스타일을 가지고 있다. 그래서 그의 닉네임은 '불도저'이다. 한번 밀어붙이면 기어이 그 끝을 보고 마는 것이다. '애니콜 신화' 역시 그러한 그의 저력이 있었기 때문에 가능한 것이었다.

오늘날 윤종용 부회장이 공격형 경영 스타일을 대변한다면, 이학수 구조본부장은 수비형 경영 스타일을 대변한다. 그는 관리 경영의 대가이다. 그래서 그는 삼성의 골치 아픈 일들을 도맡아 한다. 삼성가의 재무를 담당했던 것도 그였고, 대북 사업이나 대우와의 빅딜에서도 이건희를 대신해 어려운 문제들을 해결했던 사람이 그였다.

삼성의 대대적인 감축 문제에 직면해서도 그가 어려운 문제들을 해결했다. 오늘날 삼성 이건희 회장이 그를 전폭적으로 신뢰하는 것도 그의 관리 능력을 높이 사기 때문이다. 그는 오늘날 이건희의 그림자라고 불리고 있다.

이러한 이학수 구조본부장의 경영 스타일과 궤를 같이하는 사람이 바로 배종렬 삼성물산 사장이다. 두 사람이 "좌 종렬 우 학수"라고 불리는 이유도 여기에 있다. 두 사람 모두 삼성 내에서 관리 경영이라면 둘째 가라면 서러워할 만큼 탁월한 것이다.

실제로 이학수 구조본부장이 오늘날 이건희의 그림자라고 불리기 전, 그를 가장 가까이에서 보좌했던 사람이 바로 배종렬 삼성물산 사장이었다. 한때 언론사의 기자들은 이건희의 깊은 심중을 잘 헤아릴 수 없을 때 배종렬 삼성물산 사장에게 그 뜻을 물어볼 정도였다. 나이는 배종렬 삼성물산 사장이 1943년생, 이학수 본부장이 1946년생으로 배종렬 사장이 3살 많다.

이처럼 삼성의 CEO들은 미세해 보이지만 그 경영 스타일과 역할이 다르다. 한쪽은 공격을 또 한쪽은 수비를 담당하고 있는 것이다. 물론, 그 양자 사이에서 미드필드 역할을 하는 CEO들도 있다. 그 대표적인 인물이 바로 배정충 삼성생명 사장이라고 할 수 있다.

그는 변화를 주도하면서도 그 변화에 가치 경영이나 나눔 경영 등 인간의 향기를 녹여 넣기를 좋아한다. 그가 삼성화재 사장으로 있으면서 밖으로는 시장점유율을 높이고 안으로는 체질개선을 도모할 수 있었던 것도 바로 이러한 경영 스타일이 있었기 때문에 가능했다.

비서실의 두 사람

1994년 삼성의 비서실.

이곳에는 관리 경영에 있어서 삼성의 양대 산맥이 된 두 사람이 있었다.

바로 배종렬과 이학수.

배종렬은 1961년 부산고등학교 졸업 후에 서울대학교 상과대학을 나왔다. 1976년 그는 삼성에 발을 들여놔 1983년 삼성물산의 이사대우를 지내다가, 삼성물산 LA법인 사장, 삼성물산 NY현지법인 사장, 삼성전자 반도체 영업본부장을 거쳐 1993년 10월부터 삼성그룹의 비서실에서 근무했다. 1994년 당시에는 기획전략 홍보팀의 차장이었다.

이학수는 부산상고를 졸업한 후 고려대학교 상학과를 졸업했다. 그는 1971년 공채 12기로 삼성에 발을 들여놓았다. 이후 그는 1985년 비서실 재무팀장을 거쳐 1992년 재무 인사 감사팀의 차장을 맡고 있었다.

이 두 차장은 이건희의 관리 경영에 있어 쌍두마차였다. 그래서 삼성의 사람들은 그들을 "좌 종렬 우 학수"라고 불렀다. 사람들은 이건희가 그들을 오랫동안 곁에 둘 것이라고 예견했다. 그런데, 1994년 이건희 회장은 그 두 사람을 비서실 밖으로 내보냈다. 차장제를 폐지하고 배종렬은 삼성전자 부사장으로, 이학수는 삼성화재

부사장으로 임명한 것이다.

사람들은 의아해했다. 두 쌍두마차를 한꺼번에 밖으로 내보낸 저의가 무엇인지 알지 못했던 것이다. 굳이 내보내야 한다면, 한 명은 가까이 두고 한 명만 내보내도 좋을 것을 이건희는 두 명 모두를 경영 일선으로 배치했던 것이다. 이건희 회장의 심중이 다시 도마에 올랐다.

이건희 회장이 두 사람을 모두 경영 일선으로 배치한 것은 당시 그가 주도하고 있던 신 경영, 즉 삼성의 개혁 작업의 일환이었다. 즉, 두 사람을 모두 경영 일선에 배치해 경영의 체질을 더 강력하게 변화시킨다는 취지였던 것이다.

재미있는 것은 이건희 회장과 함께 이 신 경영의 개혁작업을 주도했던 두 사람이 바로 배종렬과 이학수 본인들이라는 것이다. 당시 이건희 회장이 개혁작업을 주창했던 그들을 전면에 배치한 것은 체질개선에 박차를 가하기 위한 것이었다. 당시 이건희 회장은 일류 기업으로 거듭나는 삼성의 밑그림을 그리고 있었고, 그것은 하루라도 빨리 달성되어야 하는 것이었다.

여기에는 또다른 배경도 있었다.

당시 이건희 회장은 '질 경영'을 중시했다. 매출이 늘더라도 품질이 좋지 않으면 결국 시장에서 퇴출당하기 때문이었다. 당시 그가 삼성의 개혁에 박차를 가했던 것도 이러한 위기의식 때문이었다. 그는 당시 호황을 누리고 있는 삼성을 바라본 것이 아니고 이미

2000년대의 삼성을 바라보고 있었던 것이다.

그의 '질 경영'은 이미 잘 알려진 '선택과 집중'이었다. 처낼 것은 과감히 쳐내고, 살릴 것은 모든 역량을 집중해 살린다는 것이다. 이것은 가장 먼저 조직의 개편을 필요로했다. 그리고 이건희 회장은 과감히 그것을 실행에 옮겼다.

'인사태풍.'

당시 이건희 회장의 인사행정이 얼마나 광범위하게 이루어졌는지를 함축하고 있는 말이다.

각 계열사 전무급의 사장보좌역 임명, 140여 명에 달하는 임원에 대한 CEO 교육 파견 발령, 대규모의 발탁인사와 그에 따른 임원급의 세대교체 등등. 이러한 조치들은 간부급 임원들의 위상을 뒤흔들기에 충분했다. 여기저기서 탄성이 쏟아져나왔다. 특히 오랫동안 삼성인으로 지내온 고참 임원들의 불만이 많았다. 당연히 이러한 상황에서 배종렬과 이학수에 대한 그들의 불만도 많았다. 두 사람이 개혁 세력의 중심이었기 때문이다.

삼성 이건희 회장으로서는 이 고참 임원들의 불만에 대해 귀기울일 필요가 있었다. 어쨌거나 그들은 당시 삼성이 최고의 그룹으로 성장하는 데 초석을 다진 삼성인들이었다. 그들을 무시한 경영이란 있을 수 없었다. 따라서 이건희 회장은 그에 따른 조치들을 취해야 했다. 비서실 운영위에 사장보좌역으로 임명된 임원이나 CEO 교육 입소자 임원들을 등용한 것도 그러한 조치 중 하나였다. 그들을 비서실 안으로 끌어들여 자신의 가까이에 두고 배려를 하기 위한 조치였던 것이다. 이러한 몇몇 조치들 중의 가장 극단의 조치가 바로 '좌 종렬 우 학수'를 비서실 밖으로 내보내는 것이었다. 즉, 어떤 면에서는 고육지책이었던 것이다.

배종렬 사장과 이건희 회장

"좌 종렬 우 학수"라는 말을 들을 만큼 배종렬 사장은 독보적인 사람 중 한 명이었다. 하지만 그가 애초부터 그렇게 주목을 받았던 것은 아니었다.

배종렬 사장의 초기 이력은 매우 이색적이다. 삼성의 다른 CEO들이 삼성에서 첫 직장생활을 시작한 것과 비교해보면 더욱 그렇다. 그가 본래 직장생활을 시작한 곳은 한국은행 조사부였다. 그러다가 그는 청와대 비서실에서 근무했다. 그가 친정 격인 삼성물산에 들어온 것은 1976년이었다.

이것은 어떤 면에서 그에게 불리하게 작용하기 쉬웠다.

고(故) 이병철 회장은 오래 전부터 '인재 제일주의'를 주창해왔고, 그에 따라 최초로 기업 공개채용을 실시했으며, 또 공채로 뽑힌 사원들을 우대했다. 배종렬과 또다른 측면에서 관리 경영의 선두주자로 꼽히는 이학수의 경우도 공채 12기였다.

당시 고(故) 이병철 회장이 공채로 뽑힌 사원들을 우대한 것은 그들을 삼성의 인재로 만들기 위해서였다. 여기에는 '순수한' 삼성인이라는 전제가 있었다. 즉, 처음부터 삼성인으로 발을 들여놔 삼성 안에서 잔뼈가 굵은 인재를 선호했던 것이다.

그런 측면에서 고(故) 이병철 회장에게는 유교주의적 경영의 보수 경영방식이 있었다. 이것은 그가 공개 채용시 면접을 볼 때 사원의 능력보다는 그 소양과 됨됨이를 먼저 살피는 측면에서도 잘 드러난다. 이러한 유교주의적 색채를 과감히 걷어낸 이가 바로 이건희 회장이다.

배종렬 사장이 주목을 받기 시작한 것은 90년대 들어서이다. 더 정확히 말하면 비서실에 들어가 이건희 회장을 가까이에서 보좌하기 시작하면서부터이다. 당시 그가 주목을 받은 이유는 그가 이건희 회장에게 삼성의 '질 경영'과 관련한 많은 이론적 틀을 제공했기 때문이었다.

당시 이건희 회장은 삼성이 일류 기업이 되기를 원했다. 따라서 새로운 경영 방식을 구현할 수 있는 시스템이 필요했다. 삼성은 세계 초일류 기업들을 모델로 연구하기 시작했다. 하지만 그것은 쉽지 않은 일이었다. 수없는 벤치마킹과 시행착오, 그리고 조직에 대한 대수술이 필요했던 것이다. 그러자면, 무엇보다도 선진화된 모델에 대한 풍부한 이론적 틀이 우선시되어야 했다. 그 역할을 담당했던 사람이 바로 배종렬 사장이었다.

그렇다면 어떻게 배종렬 사장은 선진화된 이론적 틀을 제공할 수 있었을까?

그것은 그의 이력에서 찾아볼 수 있다. 그는 1983년부터 1년여간 삼성물산의 LA현지법인 사장을 지냈었다. 그런가 하면 이듬해부터는 뉴욕에서 현지법인 사장을 지냈다. 약 5년간을 미국에서 보냈던 것이다.

특히, 뉴욕에서의 경험은 그에게 선진화된 기업문화를 접할 수 있는 계기가 되었다. 뉴욕은 미국 최대의 도시이자, 세계 최대의 도시 중 하나이다. 인구만 1천 5백만 명을 훌쩍 뛰어넘는다. 이곳에는 영화관, 박물관, 극장 등이 밀집해 있어 문화의 중심지이기도 하고 수많은 대학과 연구소 등이 모여 있는 지식의 도시이기도 하다. 하지만 무엇보다도 이곳은 상업과 무역의 중심지, 즉 경제 도시이다.

특히 뉴욕의 중심지인 맨해튼, 그 맨해튼의 남단에 바로 세계 금융의 중심이라는 월스트리트가 있다. 그런가 하면 이곳의 동쪽 이스트 강가에는 세계 정치의 중심지라는 UN본부가 있다.

세계 문화, 정치, 경제의 중심지인 이곳에서는 다른 데서 쉽게 접해볼 수 없는 다양한 정보들이 수없이 쏟아져 나온다. 기업인에게 이보다 더 좋은 학습장은 없다고 해도 과언이 아니었다.

배종렬 사장은 이곳에서 결코 짧지 않은 기간을 보냈다. 즉, 그는 단순히 도서관 책상 위에서 선진 기업을 체험하는 것이 아니라 세계의 경제 중심지에서 현장의 생생한 선진 기업을 체험할 수 있었다. 그리고 이러한 까닭에 그는 삼성 이건희 회장에게 새로운 경영 체제에 대한 이론을 제공할 수 있었던 것이다. 이것이 '좌 종렬'의 탄생이었다.

배종렬의 관리 경영

"석수화향 심강무성(石壽花香 深江無聲)."
배종렬 사장의 좌우명이다.

그 뜻은 "돌처럼 단단하고 꽃처럼 향기로우나 깊은 강처럼 소리나지 않는다."이다. 그의 이 좌우명은 경영의 스타일에도 그대로 반영되어 있다.

그의 경영은 한마디로 '관리 경영'이다. 따라서 외관상으로는 후퇴적이거나 유지적인 인상을 준다. 하지만 결과를 놓고 보면 소리 없이 혁신을 이끌어냈음을 알 수 있다. 그의 좌우명을 빌자면, 소리 없이 변화하였으나 돌처럼 단단해지고 꽃처럼 향기로운 결과를 가져오는 것이다.

그의 관리 경영은 다시 두 가지로 집약된다. '내실 경영'과 '인간 중심 경영'이 그것이다.

그의 이러한 경영 스타일은 1996년부터 2001년까지 그가 제일기획 사장을 지낼 때 가장 빛을 발했다.

당시 한국의 경제상황은 IMF를 지나 새로운 도약기를 마련하려고 안간힘을 쓰던 시기였다. 대부분의 기업들은 '할 수 있다'는 자신감을 불어넣으며 제2의 전성기 구가를 다짐했다.

이러한 상황에서 경제의 거품이 새로운 형태로 등장했다. 기업들은 더 높은 청사진을 제시했고, 양적인 팽창을 도모했다. 양적으로 쇠퇴하고 또 동시에 그것을 인정하면서도 한편으로는 양적인 팽창을 꾀하는 이율배반적인 현상이 나타났던 것이다.

이때 배종렬 사장은 철저한 내실 경영 쪽에 중점을 두었다. 1998년에 광고취급률을 17%나 낮게 잡았다. 금액으로 따지면 6천억 정도를 포기하는 것이었다.

광고주 수도 대폭 줄였다. 기존에 200개에 달하던 광고주 수를 150여 개로 줄인 것이다. 30억 이상의 중대형 광고주만을 상대하는 쪽으로 회사 역량을 집중했다. 기존의 문어발식 확장을 대폭 개선했던 것이다.

그는 양적인 외형에 치중하기보다는 광고주에 대한 서비스의 질을 높이고, 내부 결속을 다지는 쪽으로 방향을 잡아나갔다.

당시 그의 이러한 내실 경영은 제2의 전성기를 비전으로 제시하는 여타의 기업들에 비해 너무 몸을 움츠리는 경영처럼 느껴졌다. 그가 너무 빨리 현실을 인정하는 것이 아닌가 하는 인상도 주었다.

언뜻 보면 그의 내실 경영은 IMF 한파 이후 기업들의 광고비율이 저하된 데에 따른 '현실 경영'으로 비춰지기도 했다. 하지만 그의 내실 경영은 '현실 경영'이 아니었다. 그의 내실 경영은 철저한 '비전 경영'이었다. 일보 전진을 위한 후퇴, 혹은 일보 후퇴를 통한 전진이 그의 경영의 핵심이었던 것이다. 이는 그가 이러한 내실 경영에 따른 정책들을 속속들이 진행하면서 동시에 '제2의 도약을 준비하는 해'로 규정한 것에서도 잘 드러난다.

그의 내실 경영의 효과는 이듬해인 1999년부터 나타나기 시작한다. 당시 제일기획은 경상이익과 순이익이 각각 3백억대와 2백억대를 넘어섰다. 이는 당시 광고시장의 침체라는 상황을 고려하면 일대도약과 다를 바 없었다. 그런가 하면 신규 취급액이 2천억원대를 넘어섰다. 선택과 집중 경영이 가져온 효과였다.

기존의 고객보다 새로운 고객을 끌어들이는 것이 몇 배는 힘들다는 것은 마케팅 경영의 정설이다. 그런데 제일기획은 이 새로운 시장을 2천억대나 확장했다. 이는 99년 당시 광고 신 발생 물량 8천 2백억 원의 24%에 해당하는 것으로, 새로운 광고주를 2천억 원 이상 유치한 것은 광고업계 사상 처음 있는 일이었다.

또한 이 신규 취급액은 당시까지의 최고 신규 취급액을 갱신한 금액이기도 했다. 당시 최고 신규 취급액은 1996년의 4백 96억 원이었다. 배종렬 당시 제일기획 사장은 만 3년여 만에 그 네 배에 가까운 시장을 확장하며 기록을 갈아치웠다. 그의 내실 경영이 '현실'

이 아니라 '비전'에 맞춰져 있음을 증명하는 단적인 예였다.

이후 제일기획의 2000년 광고 총 수주액은 1조 원에 달했고, 이는 제일기획 설립 이후 사상 최대의 실적이었다. 시장점유율은 17%에 육박했다. 당시 국제 광고 전문지인 〈애드 에이지(Ad Age)〉가 세계의 광고회사들을 상대로 매출액을 조사했는데, 제일기획은 세계 유수의 광고회사들을 제치고 28위에 선정되기도 했다.

그의 내실 경영은 '투명 경영'이기도 하다. 그는 1997년에 말기에 증권감독원에 주간사 계획서를 제출했고, 기업공개를 했으며, 일반인들의 공모주 청약을 받았다. 당시 이러한 기업공개는 광고업계에서 처음 있는 일이었다. 당시 그가 이러한 투명 경영을 결심한 데에는 기업의 건전화를 지향하지 않고서는 궁극적인 내실 경영을 가져올 수 없다는 판단에서였다.

또하나, 그의 관리 경영에 있어 또다른 핵심은 '인간중심 경영'이다.

제일기획 직원들은 한때 '오늘 하루를 위한 메시지'라는 전자메일을 받곤 했다. 아침에 출근해 컴퓨터를 켜면 그 전자메일이 도착해 있는 것이다. 이 전자메일을 보낸 사람은 바로 배종렬 제일기획 사장이다.

메시지 내용은 다양하다. 회사의 경영이 어떠한 방향으로 나아가고 있는지, 또 현 상태는 어떠한지에 대한 것에서부터 인생 선배로서의 인생관까지 담겨 있었다.

전자메일에는 부탁이나 당부도 있었다. 연말이면 이웃들을 위한 관심과 배려를 부탁하고 또 새해가 시작되면 그와 관련된 당부를 하기도 했다. 신입사원이 입사하면 기존 직원들에게 친절과 관심을 부탁하기도 했다. 그는 이처럼 사소한 것에까지 세심하게 배려하는 CEO이다.

그는 일찍이 그의 경영철학을 '사람'이라고 밝힌 바 있다. 따라서 그의 경영 혁신은 근본적으로 사람을 통한 혁신에 그 키워드가 맞춰져 있다. 그가 자율과 협력을 강조하고, 임직원들의 자율권을 상당량 보장해주는 이유도 여기에 있다. 그의 이러한 사고방식에는 앞으로의 시대는 지식 경영의 시대이며 따라서 사람이 가장 큰 생산요소일 수밖에 없다는 판단에서 비롯된다. 이것은 삼성그룹 전체의 인재관과 일맥상통한다.

가장 체계적인 자기 몸 관리

기업의 CEO들은 하루하루 치열한 경쟁 속에서 사는 사람들이다. 또, 그렇게 살아온 사람들이다.

그들은 해외 출장을 가는 비행기 안에서도 서류를 검토해야 하고, 고객과의 대면에서 실수하지 않도록 항상 긴장해야 한다. 차 안에서 토막잠을 자기도 하고, 때로는 원치 않는 술자리에도 참석해야 한다. 공식적인 행사에도 시간을 내어 얼굴을 내비춰야 한다. 밤샘 작업도 많고, 며칠 혹은 몇 주씩 가정과 떨어져 지내야 하기도 한다. 당연히 그들은 스물네 시간이 모자란다.

그들이 가장 밑바닥 신입사원부터 최고의 CEO에까지 오를 수 있었던 것은 남보다 조금 늦게 자고 더 빨리 일어나며, 스물네 시간을 스물다섯 시간처럼 활용했기 때문이다. CEO들의 가장 큰 기본적 재능은 그런 근면과 성실이라고 해도 과언이 아니다.

삼성의 CEO는 말할 것도 없다. 삼성은 한국 최고의 기업이자 세계에서도 인정받는 기업이다. 이러한 기업의 CEO가 된다는 것은 다른 기업의 CEO가 되는 것보다 몇 배의 노력을 필요로한다.

스트레스도 엄청나다. 1등은 쟁취하기도 어렵지만 그것을 지켜내는 일은 더 어렵기 때문이다.

따라서 CEO들은 자기관리가 철저해야 한다. 이것이 뒤따라주지 않으면 아무리 유능한 CEO라도 버텨낼 재간이 없다. 그래서 삼성의 CEO들은 모두 자기 체질과 생활습관에 맞는 자기만의 건강관리 비법이 있다. 그런데, 이러한 삼성의 CEO들 중에서도 건강 관리를 가장 체계적으로 해나가는 CEO가 바로 배종렬 사장이다. 관리 경영에 있어 탁월하듯, 자신의 건강관리에 있어서도 탁월한 것이다.

그는 우선 자신의 건강을 육체적 건강과 정신적 건강으로 구분한다. 그는 전자는 먹는 것과 적당량의 운동으로 지켜낼 수 있으며,

후자는 스트레스 해소로 지켜낼 수 있다고 말한다. 따라서 그의 건강관리는 육체적 건강을 위한 식생활과 운동, 정신적 건강을 위한 마음 관리로 나뉜다.

우선 육체적 건강을 살펴보면, 그는 매일 아침 일어나 냉수 한 컵을 마신다. 아침에 마시는 냉수 한 컵은 우리가 생각하는 것보다 더 많은 효과가 있다. 노폐물을 제거하고 신진대사를 활발하게 해주기 때문이다. 특히 냉수는 물분자가 육각형 형태의 일명 '육각수'인데 이는 보통 물보다 우리 몸에 흡수가 잘 된다.

이렇게 냉수를 마시고 나면 그는 10여 분 정도 맨손체조와 줄넘기를 한다고 한다. 가벼운 운동으로 몸을 푸는 정도인 것이다. 운동이 끝나면 아침식사를 한다. 그의 아침식사는 무척 단출하다. 생두부 한 모와 요구르트 한 개가 고작이다.

그가 이렇게 아침을 간단히 먹는 이유는 무엇보다 이 정도만 먹어도 아침에 필요한 영양분을 충분히 공급해주기 때문이고, 또한 소화가 잘 되어 위에 부담을 주지 않기 때문이다. 아침을 무겁게 먹으면 그만큼 소화에 에너지를 많이 소비하게 되고 당연히 무력감과 식곤증까지 밀려오게 된다. 즉, 아침을 간단히 그러나 영양을 고려해 먹는 것이 하루를 최상의 컨디션에서 시작할 수 있는 지름길인 것이다. 그는 간혹 감식초를 생수에 타서 마시기도 한다.

그는 사무실에 출근해서도 틈이 나면 아령과 트랩을 이용해 팔다리 근육 운동을 해준다. 평일에는 따로 운동할 시간을 낼 만큼 한가

하지 않기 때문이다. 하지만 주말이 되면 가능한 한 등산을 하거나 골프를 한다. 그는 큰 일이 없는 한 주말 운동을 거르지 않는다고 한다.

그의 마음 관리는 항상 긍정적인 마인드를 유지하려는 것에서부터 시작된다. 그가 CEO에 오르기까지 산전수전 다 겪은 만큼 이러한 마인드 컨트롤은 그에게 어려운 것은 아니다. 하지만 때때로 그 자신의 의지만으로도 감당할 수 없을 만큼 우울하거나 화가 날 때도 있다. 그럴 때 그는 심호흡으로 마음을 조절한다고 한다. 심호흡은 간단하면서도 우리의 몸에 산소를 공급해 기분을 전환하는 효과가 있다.

그는 때때로 기분전환을 위해 음악을 듣기도 하는데, 모차르트 음악을 즐겨 듣는다고 한다. 모차르트 음악은 대체로 맑고 경쾌해서 실제 음악을 통한 심리 치료사들도 자주 사용하는 것으로 알려져 있다.

삼성물산에서의 배종렬

2001년 3월. 배종렬 사장은 다시 삼성물산으로 자리를 옮겼다. 삼성물산은 그의 친정집과도 같은 회사이다. 그가 삼성에서 본격적인 활동을 시작했던 곳이 삼성물산이기 때문이다. 당시 그가 삼성물산으로 옮겨온 것은 제일기획 사장으로의 재직 시 그 경영 능력을 인정받았기 때문이다.

당시 삼성물산과 삼성중공업 등 5개의 삼성 계열사에서는 주주총회를 열어 임원인사를 단행했는데, 그 평가 기준에서 가장 크게 반영된 것은 역시 경영 실적이었다. 즉, 성과 중심의 평가 시스템에서 나온 결과를 그대로 인사에 반영시킨 것이다. 또한 주주총회에서는 경영자로서의 자질을 어느 때보다 꼼꼼히 따졌는데 이것은 당시 삼성이 미래 사업을 위한 비전을 재정비하는 차원에서 그만큼 강력한 리더십이 필요했기 때문이다.

그가 취임할 당시 삼성물산은 썩 좋은 분위기는 아니었다. 2001년 당시, 삼성물산의 1/4분기의 매출은 88,900억 원이었고, 순이익은 377억 원이었다. 이것은 연간 목표치의 19% 정도에 해당하는 수준으로 애초에 기대했던 것과는 많은 차이가 있었다.

삼성물산은 1938년 3월 삼성상회라는 이름으로 시작되었다. 이후 10년 뒤인 1948년 11월 삼성물산공사를 설립했는데, 이때 사장이 이건희 회장의 부친 고(故) 이병철 회장이었다. 삼성물산의 역사가 곧 삼성그룹의 역사라는 것은 오늘날 삼성그룹의 수많은 계열사들이 바로 이 삼성물산공사를 그 초석으로 삼고 있기 때문이다.

이후 삼성물산은 70년대 들어 획기적인 발전을 거듭하게 된다. 단순한 종합상사에서 굴지의 최대 기업으로 변모한 시기도 이때이다.

70년대 들어 제일기획, 삼성코닝, 삼성전기, 그리고 삼성중공업과 삼성석유화학 등이 차례로 설립되기 시작한다. 삼성조선과 삼성항공도 이 당시에 설립되었다. 또한 오늘날 삼성의 대명사가 된 반도체 분야도 1977년 12월 한국반도체를 인수하면서 본격적으로 나서게 된다.

이후 80년대 들어 삼성은 한국 최고·최대의 기업으로서 그 위상을 구축하고, 세계 기업으로 발돋움할 수 있는 초석을 마련하게 된다. 그리고 1987년 12월의 추운 날씨 속에 이건희 현 회장이 취임하게 된다.

90년대 들어서도 삼성물산은 계속 발전을 거듭한다. 하지만 90년대 후반에 들어서면서부터 급변하는 국제정세와 IMF의 후유증, 또 수출 환경까지 악화되면서 어려움을 겪게 된다. 이러한 시기에 배종렬 사장이 취임하게 된 것이다. 따라서 배종렬 사장의 삼성물산 배치는 삼성물산의 조직을 재정비하는 한편, 새로운 길찾기를 적극적으로 해나가겠다는 삼성그룹의 의지가 표명된 것이었다.

당시 배종렬 사장을 비롯한 삼성물산의 CEO들이 선택한 출구는 '수출'이었다. 즉, 포화상태와 내수 부진의 영향을 수출을 통해 전환시켜보자는 계획이었다. 이때부터 삼성물산의 수출 총력전이 시작된다.

현명관 회장, 배종렬 사장, 그리고 정우택 사장 등 삼성물산의 최고 경영자들이 중국, 동남아는 물론 유럽까지도 발품을 팔아가며 수출의 판로를 개척했던 것이다. 또한 그들은 아프리카 등의 신흥시장에 대해서도 관심을 기울였다. 화학 전문가를 중국으로 장기 출장 보냈고, 프랑크푸르트 법인과 아프리카 지역에 주재원을 확충하기도 했다. 2002년에는 베트남 백신 생산 플랜트 공사를 수주하기도 했다. 당시 플랜트 공사를 발주한 곳은 베트남 보건부 산하의 국립보건연구소였다.

삼성물산은 카자흐스탄 카작무스 동(銅) 콤비나트에서 40여만 톤의 동을 생산하기도 했다.

이러한 수출 총력전 중에도 배종렬 사장은 관리 경영의 대가답게 내실을 다지는 일을 게을리하지 않았다. 그는 삼성물산만의 윤리 경영을 강조했다.

"상사인의 행동 강령."

삼성물산처럼 종합상사 형태의 회사는 그 업종의 특성상 국내외의 거래가 많을 수밖에 없다. 당연히 향응과 술접대가 뒤따른다. 때에 따라서는 뇌물 수수를 비롯한 대가성 사례가 뒤따를 수도 있다.

배종렬 사장은 상사인의 행동강령을 통해 이러한 내부의 문제를 강력히 통제했다. 당시 그가 생각하는 윤리 경영이란 투명성과 공정성이 기초가 되는 기업활동으로 기업의 가치를 높이는 것이었다. 당연히 그전에 관례적으로 혹은 관습적으로 해오던 모든 비합법적 거래들이 일시에 금지되었다.

당시 그의 이러한 조치들은 동종업계에서는 획기적인 일로 여겨

졌는데, 그것은 그전까지 문제점으로 인식되어왔으나 유야무야 미뤄오던 것을 그가 강령화했고, 또 강력히 통제했기 때문이었다. 그의 관리 경영은 오늘날 삼성뿐만 아니라 외부 기업에까지 영향을 미치고 있다.

06

SAMSUNG CEO

휴대폰 하나로 세계를 개척하다

이기태 | 삼성전자 휴대폰 부문 사장

1948년　10월 6일 대전 출생
1967년　보문고등학교 졸업
1971년　인하대학교 전기공학과 졸업
1973년　삼성전자 입사
1985년　삼성전자 비디오생산부 부장
1999년　삼성전자 무선사업부장 부사장
2004년　삼성전자 정보통신총괄 겸 무선사업부장 사장

휴대폰 하나로 세계를 개척하다
이기태
삼성전자 휴대폰 부문 사장

"이제 휴대폰은 나보다 이 사장이 낫네"

2003년 11월, 서울 한남동 이건희 회장의 집무실, 승지원.
삼성의 사장단 모임이 열렸다. 삼성의 사장단 모임은 이미 삼성의 핵심전략 회의로 알려진 지 오래이다. 이건희 회장은 이곳에서 보고를 받고 자신의 뜻을 전달하는가 하면, 각 계열사의 사장단들도 이곳에서 자신의 의견을 조율한다. 여기서 정해진 방향이 곧 삼성호의 방향이 되는 경우가 비일비재하다.

이 사장단 모임에서 미래의 사업 방향에 대해 브리핑을 하는 사람이 있다. 바로 삼성전자 휴대폰 부문 사장 이기태이다. 그리고 그의 브리핑이 끝났을 때 이건희 회장은 언제나 그렇듯이 거두절미하고 한마디를 툭 던진다.

"이제 휴대폰은 나보다 이 사장이 낫네."

이건희 회장의 성격을 고려했을 때 이 말의 의미는 굉장하다.

이건희 회장은 표정의 변화가 없고, 말수가 적은 사람이다. 그만큼 화가 나 있는지 기분이 좋은지 쉽게 짐작할 수 없다. 그는 아랫사람에 대해 쉽게 화를 내지도 않지만 칭찬하지도 않는다. 표현을 아끼는 것이다. 이런 그가 "나보다 낫다."라고 한 것은 최고의 찬사이다. 실제로 삼성그룹의 CEO 중 이 회장에게 이만한 칭찬을 들은 사람은 손에 꼽을 정도이다.

이기태. 그는 '애니콜의 신화'를 일군 사람이다.

불도저

이기태 사장은 어린 시절부터 축구를 좋아했다. 그런데 축구 경기에서의 그는 정면돌파형이었다. 발재주나 빠른 드리블이 주무기가 아니라 몸으로 밀고 들어가는 것이 특기였던 것이다. 당연히 상대편과의 몸싸움이 빈번할 수밖에 없다. 그래서 대전 보문고에 다닐 때 그의 별명은 불도저였다. 그것도 그냥 불도저가 아니라 '깜빡이가 없는 불도저'였다.

깜빡이가 없는 불도저라는 것은 옆도 뒤도 돌아보지 않고 오직 앞만 보고 돌진하는 불도저를 뜻한다. 그는 그만큼 정면돌파를 즐겼다.

그는 축구 경기에서 몸싸움을 즐기는 것만큼이나 배짱도 두둑했다. 체력도 좋았다. 그래서 그는 동네 주먹패들과 경합을 벌여도 뒤지지 않을 만큼의 싸움 실력도 있었다.

이기태 사장의 어린 시절은 그리 부유하지 못했다고 한다. 통 반바지에 검정고무신, 이것이 어린 시절 축구를 좋아했던 그가 축구 경기를 할 때 입었던 옷과 신발이었다.

그런 까닭에 그는 어린 시절부터 돈을 많이 벌어야겠다는 생각을 했다. 그가 사업가를 꿈꾼 것이나 고등학교 졸업 후 인하대 전기공학과에 입학한 것도 이와 무관하지 않다. 그가 대학에 입학하던 시기는 1960년대 말로 당시에는 산업화 열기로 이공계열로 가면 돈을 잘 벌 수 있다는 분위기가 팽배해져 있던 시절이었다. 그의 인하대 전기공학과로의 진출은 그가 오늘날 휴대폰 사업에서 큰 성공을 이루는 첫 번째 계기가 된다.

두 번째 계기는 군대 입대였다. 그는 대학을 졸업한 후에 ROTC 장교로 군에 입대했다. 당시 그의 보직은 육군통신학교 교관이었다.

그는 육군통신학교에서 근무하면서 무선통신이라는 영역에 일찍 눈을 뜰 수 있었다. 당시 군에는 대학이나 사회에서는 쉽게 접할 수 없는 미국의 선진기술 제품들이 많았다. 또 선박용 무선장비나 아마추어 무선사들이 사용하는 무선장비도 많았다. 그는 교관으로 근무하면서 그러한 장비들을 제일 먼저 뜯어보고 살펴볼 수 있는 기회를 가질 수 있었다. 본격적인 무선통신 공부를 할 수 있었던 것이다. 그는 군에 있던 2년여 동안 그때까지 자신이 배워왔던 전자공학에 관한 모든 것을 정리할 수 있었다. 그 덕분에 육군통신학교에서 그는 명교관으로 이름을 날렸다.

세 번째 계기는 삼성에 입사하면서부터였다. 본래 군 제대 후 그는 군에서 배운 기술을 토대로 일본과 관련한 통신회사에 취직하거나 청계천에 가서 통신 쪽과 관련된 장사를 할 계획이었다. 실제로 그는 일본과 관련된 회사에 입사원서를 넣기도 했고, 또 출근하라는 통지를 받기도 했다. 그런데 그때 육군통신학교로 삼성의 신입사원 채용 통지서가 왔다. 그는 갈등 끝에 방향을 바꿔 삼성으로 입사를 했다.

당시 그가 삼성에 뜻을 둔 것은 큰 뜻이 있어서가 아니라 당장 돈이 궁해서였다. 군 제대 후 그는 결혼을 했다. 삼성에 입사하던 1973년이었다. 하지만 사업 밑천은 고사하고 자그마한 전세방 얻을 돈도 없는 지경이었다.

그는 삼성에서 일단 3년 정도 회사생활을 하면서 일도 배우고, 자기 사업을 하기 위한 목돈도 마련하겠다는 계획을 세웠다. 당시까지만 해도 그는 자신이 영원한 삼성맨이 될 것이며, 더구나 삼성의 최고 CEO 자리까지 오를 것이라는 걸 상상조차 하지 못했다.

그는 삼성에 입사해 라디오 제조 부문을 담당했다. 이것이 그의 네 번째 계기였다. 당시 삼성은 일본의 산요와 합작해 삼성-산요라는 회사를 만들었다. 그는 이곳 라디오과에서 라디오를 만들어 미국의 제니스란 회사에 납품하는 일을 했다.

당시 라디오과는 그리 인기 있는 부서가 아니었다. 그때 인기가 좋았던 곳은 기획실, 개발실, 구매실 등이었다. 또 당시에는 텔레비전이 막 생산 보급되던 시기였던지라 같은 제조 부문에서도 텔레비전 파트가 훨씬 비전이 있었다. 하지만 이기태 사장은 무선을 고수했다.

여기에는 두 가지 이유가 있었다. 하나는 무선 쪽의 기술을 좀더 배우고 싶다는 소망에서였고, 또 하나는 신철순이라는 선임과장을 무척 좋아했기 때문이었다. 어떤 것이든 최고의 CEO가 되겠다거나 무선 사업을 통해 큰 뜻을 이루겠다는 것과는 거리가 있었다. 그저 함께 일하는 사람이 좋고, 기술을 더 배울 수 있다는 게 전부였던 것이다.

실제로 이기태 사장 역시 자신이 끝까지 삼성에 남고, 또 삼성의 CEO가 될 때까지의 과정을 큰 뜻과 꿈에 있었다고 보지 않는다. 그저 남들보다 조금 더 진급이 되고 일이 적성에 맞다 보니 하루하루 더 일하게 되고 그것이 오늘날의 그가 있게 된 계기라는 것이다.

어쩌면 외관상으로는 그의 말이 사실일지도 모른다. 하지만 그 안을 들여다보면 일에 대한 그의 무서운 집념과 열정을 알 수 있다.

겉에서는 태연해 보여도 일에 관한 한 그는 여전히 깜빡이 없는 불도저이다.

그는 삼성 CEO들 중 가장 공격적인 경영 스타일을 구사하는 CEO이다.

삼성 CEO들의 경영 스타일을 공격형과 수비형으로 나눌 때, 그는 윤종용 부회장 계열의 공격형 스타일이다. 하지만 단순한 공격형이 아니라 폭격기 같은 공격형이다. 축구로 따지면 최전방 공격수이고, 그것도 드리블로 상대를 제치고 들어가는 타입이 아니라 몸으로 돌진해 뚫는 타입이다.

그의 이러한 성격은 그의 경영 스타일에 그대로 반영되어 있다.

10년 전만 해도 삼성의 휴대폰 사업은 낙관하기 힘든 상태였다. 삼성에서 만든 휴대전화는 겨우 국내 시장에서만 유통되었고, 그것도 미국의 모토로라에 뒤진 상태였다. 그러나 10년이 지난 후 삼성의 휴대폰 사업은 이제 세계적인 수준에 이르렀다. 국내 시장을 석권한 것은 물론 이제 세계 시장 1위인 노키아를 따라잡으려고 하는 것이다.

10년.

10년이면 강산도 변한다는 말이 있지만, 사업에 있어서 10년은 결코 긴 세월이 아니다. 한 사업을 구상하고 그 시스템을 갖추는 시간만도 10년이 소요될 수 있다. 그런데 그 10년 안에 이기태 사장은 모든 상황을 역전시킨 것이다. 모두 그의 불도저 같은 저력에서 비롯된 것이었다. 옆도 뒤도 안 보고 앞으로만 밀고 가는 불도저.

이기태 사장은 삼성 사장단 중에서도 집념이 강하기로 유명하고, 한번 정해진 목표는 꼭 그 끝을 보는 경영인이다. 실제로 그는 삼성의 휴대폰 사업을 정상에 세우기까지 휴대폰 외에는 아무것도 생각하지 않았다고 한다.

그가 오늘날 삼성그룹이라는 최고의 기업에서 최고의 CEO 자리까지 오를 수 있었던 것도 바로 이러한 목표를 향한 집념과 우직함에 있다. 그의 화술은 투박하고 단도직입적이며 고집스럽다. 그는 윤종용 부회장처럼 미사여구가 없다. 어떤 면에서 그는 앞뒤를 재고 가는 스타일이 아니라 일단 밀어붙이는 스타일이기도 하다.

그가 임원이 돼 골프를 처음 시작하던 시절의 일이다. 그전까지 한 번도 골프를 해보지 않았던 그는 골프 클럽 한번 잡아보지 않고 라운딩에 참가했다. 그가 했던 준비라고는 에티켓과 관련된 골프 교본 한 권 달랑 읽은 정도였다. 연습도 없이 실전에 나선 것이다. 그때 그의 논리는 간단했다. 자신이 축구를 시작할 때 연습장에서 따로 배운 것 없이 바로 공을 찼다는 게 그것이었다. 그에게는 '연습'이 실전의 예비단계가 아니라 실전 그 자체에 포함되어 있는 개념인 것이다.

애니콜 신화

'애니콜 신화.'

삼성의 휴대폰 사업의 성공을 세간에서 칭하는 말이다.

2004년 삼성 휴대폰 '애니콜'은 탄생 10주년을 맞았다. 판매 대수가 1천만 대에 육박하고 이익률이 20%에 다다른다.

오늘날 삼성 휴대폰 사업은 삼성전자 매출의 1/3을 차지할 정도이다. 이윤우 부회장의 메모리 '기적'이 삼성전자의 토대가 되었다면, 애니콜의 '신화'는 성장의 주축이 되었다고 해도 과언이 아닐 정도인 것이다. 실제로 근 몇 년간 세계 시장의 브랜드 가치 측면에서 삼성 휴대폰은 삼성전자의 간판이었다. 소니 하면 워크맨이 떠오르듯 삼성 하면 휴대폰이 떠오르는 것이다. 하지만 10년 전만 해도 사정은 정반대였다. 국내 휴대 시장에서조차 삼성은 홀대를 받았다. 당시 삼성이 만든 휴대전화는 한국에서만 팔렸고, 그것도 미국의 모토로라 다음이었다. 그 격차도 엄청났다.

이러한 상황을 역전시키는 것은 거의 불가능해 보였다. 하지만 10년 만에 그것은 달성됐다. 삼성의 휴대폰 사업을 '애니콜 신화'로 압축해 부르는 이유도 여기에 있다. 그것은 '신화'가 아니면 안 되는 일이었다. 그리고 거기에는 이기태의 불도저 같은 힘, 즉 저돌적이고도 강력한 리더십이 있었다.

휴대폰 방화 사건을 아는가?

1995년 그는 설을 맞아 삼성의 주요 간부들에게 휴대폰을 선물로 돌렸다. 품질에 웬만큼 자신이 있었기 때문이었다. 하지만 휴대폰을 사용해본 간부들의 반응은 신통치가 않았다. 보기만큼 성능이 좋지 않다는 게 그 이유였다. 그는 당장 구미공장으로 내려갔다. 당시 주요 간부들에게 선물로 돌린 휴대폰 모델이 15만 대 정도 생산되어 있는 상태였다. 그는 그 휴대폰들을 구미공장 공터 한가운데에 쌓아놓게 했다. 그리고 2,000여 명의 직원들이 지켜보는 가운데 불을 놓았다. 당시 가격으로 5백억 원에 이르는 엄청난 물량이었다. 웬만한 CEO라면 그것을 덤핑 처리하거나 결정적인 결점이 없는 만큼 시장에 유통시킬 수도 있었다. 하지만 이기태 사장은 달랐다. 그는 '그렇다'와 '그렇지 않다'가 분명했다. '그렇다'이면 죽어도 그것을 달성하는 것이고, 그렇지 않으면 한발짝도 움직이지 않는 것이다. 그에게는 타협이 없다.

　그는 직원들이 새로운 휴대폰을 만들어 오면 그것을 벽에 던지고 밟고 밟고 심지어는 자동차로 깔아뭉개기도 했다. 그렇게 해야 직성이 풀리는 것이다.

　그가 휴대폰과 첫 인연을 맺게 된 것은 1989년 정보통신 사업 담당 이사로 발령을 받으면서부터였다. 당시 삼성의 휴대폰 기술은 이윤우 삼성전자 부회장이 반도체 기술에 처음 발을 들여놓을 때와 다를 바 없는 상태였다. 한마디로 황무지였던 것. 이런 상황에서 그는 작은 일에도 직접 소매를 걷어붙이고 나서야 했다. 휴대폰 기술 국내 도입과 관련해 러시아 기술자들을 채용하기 위해 러시아까지 직접 달려가는 것은 물론, 제품의 디자인·마케팅 전략·비전 수립 등 그의 손을 거치지 않는 것이 없었다. 오늘날 애니콜 하면 곧 이기태라는 등식이 성립하게 된 것도 그가 초기 개발 단계부터 지금까지 모든 일에 공을 들이지 않은 것이 없기 때문이다.

이기태 사장이 애니콜을 시장에 출시한 것은 1994년 10월 무렵이었다. 아날로그 방식의 이동전화 단말기 SH-770모델이 그것이었다. 하지만 당시 삼성은 모토로라의 스타텍 휴대폰에 밀려 고전을 면치 못하고 있었다. 95년 초까지의 시장점유율은 모토로라가 53%대, 애니콜이 35%대였다. 이때 이기태 사장이 구사한 마케팅 전략은 애니콜이 한국형 휴대폰이라는 것이었다. 즉, 그 유명한 광고 카피 "한국지형에 강한 휴대폰, 애니콜"이 등장한 것이다.

이것은 서서히 한국인들의 관심을 불러일으켰다. 휴대폰 시장에서의 시장점유율은 조금씩 넓어져갔다. 그리고 출시 1년 후 삼성은 거의 불가능해 보이던 모토로라의 벽을 뛰어넘었다. 한국 1위의 휴대폰이 된 것이다. 그리고 이때부터 서서히 '애니콜 신화'라는 말이 회자되기 시작했다.

이기태 사장은 이에 만족하지 않고 기술력에 박차를 가했다. 공격보다 수성이 어렵다는 것을 잘 알기 때문이었다. 그 결과 1996년 3월에 SCH-100모델을 선보였다. 일명 부호분할다중접속(CDMA) 방식의 단말기였다. 부호분할다중접속이란 기존의 아날로그 방식을 혁신한 디지털 이동통신 방식의 하나이다. 곳곳에 있는 다수의 무선기지국이 통신 전송로를 분할하여 접속을 이루게 하는 방식이다. 오늘날 휴대폰의 무선기지국은 이 부호분할다중접속 방식이 상용화되면서 등장한 것이다.

이 휴대폰의 등장으로 삼성은 이제 모토로라와의 격차를 더 벌일 수 있었다. 독주 시대에 접어든 것이다. 이후 삼성의 휴대폰은 음성인식기능이 장착된 SCH-350과 개인휴대통신(PCS) 단말기 등을 내놓으며 국내 최고의 휴대폰으로 그 위치를 굳혔다. 특히, 1998년 9월에 출시된 애니콜 폴더는 '제2의 애니콜 신화'로 불릴 정도로 폭발적인 인기를 누렸다. 출시된 지 10개월 만에 1백만 대 정도가 팔렸다. 이후 듀얼폴더 역시 인기를 누렸다. 1999년 1/4분기의 국내 시장점유율은 50%대를 넘어섰다. 한국인 두 명 중 한 명은 삼성의 애니콜로 통화를 하는 것이다. 누가 봐도 기적과 같은 일이었다. 하지만 이기태라는 불도저는 거기서 멈추지 않았다. 그에게는 더 큰 목표가 있었다. 바로 세계 시장 점령이 그것이었다.

그는 삼성 애니콜이 국내 1위에 등극하던 1995년부터 세계 시장으로 진출을 노려왔었다. 당시 그의 세계 진출 방식 역시 불도저 방식이었다.

초기 삼성이 세계 휴대폰 시장에 진출할 때였다. 당시 국내에서는 꽤 이름값이 높았지만 해외에서는 삼성의 휴대폰이 거의 알려져 있지 않았다. 당연히 해외의 바이어들은 삼성의 휴대폰에 대해 의

구심을 가질 수밖에 없었다. 그러한 때, 이기태 사장은 말로 성능을 설명하지 않았다. 그는 휴대폰을 바닥에 내던진 후 다 망가져 보이는 휴대폰을 들고 통화 버튼을 눌렀다. 백마디 말보다 실제로 그 성능을 경험하게 해주는 것, 이것이 그의 스타일에 맞는 영업전략이었던 것이다. 다소 무식해 보이는 방식이었지만 결과는 대성공이었다. 애니콜은 점차로 세계 시장에서 두각을 나타내기 시작했다. 운도 따라주었다. 1997년 국제올림픽위원회에서 올림픽 공식 파트너로 삼성전자 애니콜을 선택한 것이다.

1998년 삼성의 애니콜은 210만 대 정도를 판매했다. 무명에 가까웠던 삼성 애니콜은 2000년 미국 시장점유율 6위(5.0%)로 뛰어올랐다. 당시 미국 휴대폰 시장점유율은 1위 노키아(30.6%), 2위 모토로라(14.6%), 3위 에릭슨(10.0%), 4위 지멘스(6.5%), 5위 파나소닉(5.2%)이었다.

삼성전자의 휴대폰은 지속적인 성장을 이어갔다. 2004년에는 미국에서만 2천 4백만 대를 팔아 98년에 비해 14.8% 성장한 19.8%의 점유율로 미국 시장점유율 3위로 올라섰다. 매출액은 37억 달러에 달해 매출액으로 보았을 때는 모토로라를 앞질렀다. 사실상 2위에 올라선 것이다.

1998년 애니콜의 상표가치는 4억 달러를 넘어섰다. 당시 영국 최고 자동차인 롤스로이스의 브랜드 가치가 1억 달러인 것을 감안하면 그야말로 센세이션이었다. 이것은 애니콜이 출시될 1994년만

하더라도 그 누구도 예상치 못한 결과였다. 미국 시장의 판도 변화는 세계 시장의 판도 변화로 이어졌다. 2000년대에 들어 삼성전자는 이른바 '빅 스리(big three) 진입'에 성공한 것이다.

2004년 말 현재, 삼성전자의 휴대폰은 세계 시장점유율 3위, 매출액 규모 2위, 이익률 1위의 놀라운 기록을 세웠다.

신화를 넘어

애니콜 신화는 이기태 사장이 삼성 내 최고의 CEO로 자리매김하는 데 결정적인 계기가 되었다. 애니콜의 신화로 당시 무선사업부장이던 이기태 전무는 정보통신 총괄 대표이사 부사장으로 발탁될 수 있었다. 그리고 얼마 지나지 않아 그는 사장이 되었다. 상복도 많았다. 1998년에는 국가 품질경영대회 동탑 산업훈장을, 99년에는 생산혁신 대통령상을, 이듬해에는 품질경영 대통령상을, 그리고 2001년에는 한국품질경영학회로부터 '한국품질경영인 대상'을 수상하기도 했다. 또, 2002년에는 미국 경제 주간지 〈비즈니스위크〉지가 선정한 '아시아의 별 25인' 중 한 명에 선정되기도 했다. 모두가 그의 불도저 같은 저력이 불러온 결과였다.

하지만 그에게 위기가 없었던 것은 아니었다. 사실 그는 삼성의 현 CEO들 가운데 가장 많이 사표를 제출한 CEO이기도 하다.

그는 깜빡이 없는 불도저답게 누군가에게 간섭받는 것을 싫어한다. 그는 '예'와 '아니오'가 분명하다. 말은 직설적이고, 성격도 불같다. 공식회의에서도 길고 장황하게 설명하기보다는 핵심적인 것을 곧바로 찌르기를 좋아한다. 언뜻 보면 윤종용 부회장과 닮았다. 하지만 그는 최고의 공격수답게 한발 더 나간다. 조직이 자신의 생각과 뜻을 조여오면 견디지 못하는 것이다.

그의 이러한 기질은 그가 경영에 본격적으로 나서기 전부터 있어 왔다. 1985년 당시 그는 비디오 사업부장을 맡고 있었는데 20여 일 동안 강원도에 들어가 회사에 출근하지 않았다. 당시 그의 직속 상사는 윤종용 부회장이었다. 당시 그는 이사를 맡고 있었는데 그때에도 깐깐하고 불 같은 성격으로 맹위를 떨치고 있었다. 이런 성격을 잘 아는 이기태 사장은 지금까지도 그를 두려워한다고 한다. 하지만, 그것은 어디까지나 평소의 관계에서이다. 이기태 사장이 아니다 싶을 때면 윤종용 부회장도 어쩌지를 못한다. 강원도 두문불출 사건 때에도 윤종용 부회장은 그저 기다리는 것 외에는 손써볼 여지가 없었다.

이기태 사장은 사장이 된 후에도 사표를 낸 적이 있었다. 2001년도 무렵이었다.

당시 이기태 사장은 본사 총괄사업부의 모 부장의 능력을 높이 사고 있었다. 그래서 그와 보조를 맞춰 일하고 싶었기 때문에 그를 임원으로 끌어올리려고 했다. 이기태 사장은 본사의 인사팀 쪽에 발탁 요청을 했다. 하지만 인사팀은 규정을 내세워 그의 요청을 거절했다. 깜빡이 없는 불도저는 자신의 요청이 거절되자 화가 났다. 임원 한 사람도 자기 마음대로 승진시키지 못하는 사장이 무슨 사장이냐는 게 그 이유였다. 다른 CEO 같다면 화가 나더라도 다른 방식을 모색하던지, 아니면 조직의 규정에 따르며 기다렸을 것이다. 하지만 이기태 사장은 곧바로 사표였다.

이 이야기는 곧 이건희 회장에게도 전해졌다. 한 그룹을 대표하는 회장의 입장에서 보자면 참 발칙한 일임에 분명했다. 특히나 삼성그룹의 CEO라면 이미 자신의 혼자 몸이 아니다. 그가 책임져야 할 경영의 규모가 다른 것이다. 그러나 이건희는 이건희였다. 그는 그 이야기를 전해 듣고 그저 빙그레 웃었다고 한다. 그리고 얼마 지나지 않아 인사팀은 모 부장을 승진시켰고, 이기태 사장은 업무에 복귀했다.

그의 이러한 독불장군 같은 모습 때문에 가장 괴로워하는 이는 이기태 사장 자신이다. 이기태 사장은 그의 저돌적인 성격과 조직의 규정과 절차를 따지지 않는 행동 때문에 애를 많이 먹는다. 실제로 그는 직장생활을 해오면서 가장 큰 스트레스가 된 것이 바로 인간관계였다고 한다.

이것은 분명 그에게 단점이 될 수도 있다. 하지만 반대 입장에서 보자면 이런 그이기에 삼성 CEO들 중 가장 창의적이며 동시에 파워풀한 리더십을 발휘하는 CEO로 평가받고 있는 것이다.

실제로 현장에 대한 그의 사고방식은 남다르다.

그가 라디오과에 근무하던 시절의 일이다. 그가 모시던 신철순 과장이 차장으로 승진을 하고 그 빈자리를 다른 과장이 채우게 되었다. 신임 과장은 신철순 전 과장과는 성격이 판이하게 다른 사람이었다. 한마디로 말해 깐깐한 사람이었다. 이기태 사장은 당시를 '시집살이'라고 표현했다. 하루는 이 신임 과장이 이기태 사장에게 《워크 팩터》라는 책을 주며 현장을 파악해보라고 했다. 그 책자에는 제품을 조립할 때의 동작을 초단위로 분석한 계수가 적혀 있었다.

그날 이후 이기태 사장은 책과 스톱워치를 들고 매일 현장에 나가 현장 직원들의 동작을 초 단위로 분석했다. 그는 이것을 통해서 많은 것을 익힐 수 있었다. 즉, 현장의 전체적인 패턴을 익힐 수 있었던 것이다. 더 나아가 그는 많은 문제점도 발견했다. 그런데 그는 단순히 기계적인 동작에서의 문제만을 발견한 것은 아니었다. 바로 인간적인 측면에서의 문제점, 즉 책에 감정계수가 없다는 것을 발견한 것이다. 그는 현장에서 일하는 사람들의 감정이나 기분, 컨디션에 따라 작업의 효율이 결정된다는 것을 발견한 것이다. 그는 후에 자신만의 감정계수 기준을 정해 감정계수를 넣어 보고했다. 그러자 당연히 위에서 불만의 목소리가 나왔다. 왜 쓸데없는 항목을 넣었냐는 것이었다.

"이건 제 팩터입니다."

그는 상관의 말을 일축했다.

그만큼 그의 행동과 사고는 독특했다. 삼성 이건희 회장이 그를 삼성 사장단으로 받아들인 이유도 그의 이러한 능력을 십분 이해했기 때문이었다. 실제로 이기태 사장의 경영감각이 빛을 본 것은 삼성 이건희 회장의 신 경영 주창이 있고 난 후였다.

2005년 현재 삼성 휴대폰 사업의 목표는 2010년까지 세계 1위를 차지하고 있는 노키아를 따라잡는 것이다. 현재 노키아의 세계 시장점유율은 35%대, 이에 반해 삼성은 15%대이다. 시장점유율이 하루아침에 뒤바뀌지 않는다는 것을 고려할 때 이것은 거의 어불성설에 가까워 보인다. 하지만 지난 10년간의 발전을 감안하면 그저 꿈 같은 소리만은 아니다.

삼성전자는 2001년 5월에 중국내 CDMA시스템 공급업체로 선정됐다. 한국 업체로서는 유일했다. 그런가 하면 2002년에는 미국의 이동통신 사업체인 스프린트 사에 cdma2000 1x 모델 단말기를 다년계약으로 공급하기도 했다. 이 공급 총 금액은 8조 원 안팎으로, 이것은 전례에 보기 드문 단말기 최대 규모의 공급 계약이었다.

이렇듯 삼성은 휴대폰 사업에 있어서 약진을 계속하고 있다. 그리고 그 약진 뒤에는 여전히 이기태라는 거대한 불도저가 서 있다. 불도저의 엔진이 꺼지지 않는 한 삼성 휴대폰의 약진은 계속될 것이다.

07 SAMSUNG CEO

소리없이 강하다

송용로 | 삼성코닝 사장

- 1945년 4월 23일 충북 옥천 출생
- 1964년 용산고등학교 졸업
- 1971년 성균관대학교 경영학과 졸업
- 1971년 제일모직 입사 / 삼성그룹 비서실 부장 / 삼성물산 부장
- 1984년 삼성전자 이사
- 1995년 삼성전자 정보통신본부장 부사장
- 1997년 삼성전자 전략기획총괄 대표이사 부사장
- 1998년 삼성코닝 대표이사 부사장
- 1999년 삼성전관(현 삼성SDI) 대표이사부사장
- 2000년 삼성물산 건설부문 대표이사 사장
- 2002년 삼성코닝 대표이사 사장

소리없이 강하다
송용로
삼성코닝 사장

삼성코닝이 변하고 있다

브라운관 하면 떠오르는 회사, 바로 삼성코닝이다.

삼성코닝은 30여 년 전 미국의 코닝사와 삼성이 합작하여 만든 회사이다. 지분율은 5:5.

당시 5:5의 이 팽팽한 지분율 때문에 말이 많기도 했었다. 지분율이 5:5인 만큼 어느 한쪽도 주도권을 줄 수 없고, 주도권 싸움이라도 일어나면 회사가 오래 갈 수 있겠느냐는 우려 때문이었다. 하지만 30여 년간 삼성코닝은 이렇다할 문제를 일으키지 않고 성장을 거듭해왔다. 최근에는 외국 기업과 국내 기업 간의 가장 이상적인 합작회사의 모델로 거론될 정도이다.

본래 삼성코닝은 흑백 TV의 브라운관을 생산하기 위해 설립된 회사였다. 1973년 12월이었다. 이후 1977년에는 흑백 브라운관용 용해 공장을 수원에 설립하면서 발전을 거듭해왔다. 80년대 들어서는 컬러TV 브라운관을 생산해냈다. 특히 구미공장을 준공하면서 유리의 질과 종류를 다양화하고 2천만 개에 육박하는 유리를 생산하는 체제를 갖추었다. 이 당시 이미 삼성코닝은 브라운관에 관한 한 세계 3대 메이커 중의 하나가 되었고, 국내에서는 브라운관 하면 곧 삼성코닝을 떠올리게 되었다.

90년대 들어서는 삼성의 다른 계열사들처럼 글로벌 경영을 펼치게 된다. 말레이시아, 독일, 멕시코, 중국 등 브라운관용 유리의 현지화·세계화를 추진하는 한편, 사업을 다각화했다. ITO 코팅유리와 로터리 트랜스포머 등의 제품이 출시된 것도 이때이다.

이런 삼성코닝이 2000년대 들어 다시 변화하고 있다. 전자정보 소재 기업으로의 변화를 꾀하고 있는 것이다. 이것은 90년대 사업 다각화를 기반으로 새로운 첨단 소재 업체로 역량을 집중한다는 것을 뜻한다.

이러한 삼성코닝의 변화는 2002년 송용로가 삼성코닝 사장을 맡으면서 더욱더 가속화되고 있다.

삼발이 경영론

송용로 사장은 최근 삼성코닝을 브라운관(CRT) 중심의 사업에서 PDP, TFT LCD 등의 소재 사업으로 그 체제 자체를 변화시키는 데 주력하고 있다. 삼성코닝의 변화의 중심에 그가 서 있는 것이다.

사실 그는 삼성의 최고 경영자들 중에서 썩 유명한 CEO는 아니다. 여기에는 세 가지 이유가 있다.

우선, 그 스스로가 눈에 띄지 않는 성격이다. 그는 내성적이며, 동시에 보수적인 성격이다. 매사에 이성적이며 냉철하다. 한마디로 말해 쇼맨십이 강하지 않다.

둘째는 그의 성격만큼이나 그의 경영 스타일도 눈에 띄지 않는다. 그의 경영은 굳이 말하자면 관리 경영 쪽에 가깝다. 하지만 좀더 세밀하게 들여다본다면 안정 경영이다. 실제로 그는 '삼발이 경영론'을 주창한 바 있다. 이는 배정충 사장이 "10에서 1을 빼면 9가 아니라 0이다."라고 하는 것과 대조적이며, 이기태 사장의 '깜빡이 없는 불도저' 식 경영과도 다르다. 당연히 그의 경영은 소리없이 움직이는 경영이다.

마지막으로 다른 CEO에 비한다면 그는 자신만의 등식이 없다. '애니콜 하면 이기태', '보험 하면 배정충' 하는 등식이 없는 것이다. 물론, 다른 CEO들도 그런 면이 없는 것은 아니지만 그는 그중에서도 유난히 이런 등식이 성립되지 않는다.

이런 까닭에 그는 소위 유명세가 떨어진다고도 할 수 있다. 그런데, 그런 그가 어떻게 삼성 최고의 CEO에까지 오를 수 있었을까?

삼성은 성과주의와 신상필벌이 단호한 것으로 유명하다. 특히, 이건희 회장이 집권하면서 이러한 경향은 더욱더 강화되었다. 신경영 주창 이후 삼성 최고 경영자들의 기준도 이에 따른 것이었다. 즉, 결과가 좋으면 그만큼 보상을 해주고 다음에는 더 큰 책임을 맡기지만 그렇지 못하면 반드시 책임을 묻고 유임된다. 이러한 삼성에서 최고 경영자까지 오른다는 것은 자신만의 경영 스타일과 경영철학이 있지 않고는 힘이 든다. 그저 연공서열식으로 주어지는 자리가 아니라는 것이다. 당연히, 송용로 사장에게도 무엇인가가 있다.

그는 삼성의 멀티플레이어다. 그의 경영 스타일이 다른 최고 경영자들의 경영 스타일보다 도드라져 보이지 않는 것도, 또 그만의 등식이 없는 것도 그가 삼성 내에서 '외길'보다는 '갈래 길'을 걸어왔기 때문이다.

안정 경영

송용로 사장은 경영학과 출신이다. 1963년에 용산고등학교를 졸업하고, 성균관대학교 경영학과에 들어갔다.

말하자면 인문계 출신이다. 인문계 출신 CEO는 삼성의 CEO 중에는 드물다. 삼성은 한때 임원진 70% 이상이 이공계열일 정도로 '기술' 삼성을 어필해왔기 때문이다.

오늘날 삼성이 최고의 기술을 소유한 그룹으로 성장할 수 있었던 것도 이와 무관하지 않다.

삼성이 '기술' 삼성을 표방하면서, 적어도 기술력이 요구되는 계열이나 기술력으로 승부를 봐야 하는 계열에는 대체로 이공계열의 최고 경영자들이 포진하게 된다. 그리고 이들의 임무는 대체로 시장의 확대, 새로운 시장의 개척이라는 임무가 맡겨진다. 이에 반해, 재무나 인사 쪽에 비중이 큰 곳에는 대체로 이공계열 외의 계열 CEO들을 배치한다.

그리고 그들은 대체로 관리 업무를 맡게 된다. 이것은 칼로 무 자르듯 단순히 도식화시킬 수는 없지만 대체적인 지형도는 이에 가깝다. 따라서 송용로 사장의 관리 경영, 더 나아가서 안정 경영은 그의 스타일이기 이전에 삼성 내에서 위치지어진 스타일일 수도 있다.

그의 안정 경영은 후퇴나 유지의 개념이 아니다. 그것은 개척을 위한 탐색 경영, 혹은 준비 경영이라고 할 수 있다.

그의 이런 안정 경영은 그의 삼발이 경영론에서도 잘 나타난다.

"사업 구조를 외발이에서 삼발이로 바꿔야 산다."

이 말은 송용로 사장이 삼성전관 대표이사 부사장을 지낼 때 했던 말이다. 당시 그가 이 말을 주창했던 이유는 삼성전관이 브라운관에 치우친 사업 구조에서 벗어나지 못한 데에 따른 것이다. 그는 이 때문에 브라운관뿐만 아니라 미래를 위해 새로운 영상디스플레이 사업 영역을 개척할 수 있는 준비작업을 해야 한다고 주장했고, 이것을 외발이와 삼발이로 비유해 말했던 것이다.

그의 안정 경영이 가장 빛을 발한 것은 그가 삼성전자에 몸담고 있을 때이다. 그가 삼성전자의 경영에 직간접적으로 참여할 수 있었던 시기는 1992년부터이다. 1992년 그는 삼성전자의 경영관리실장이었다.

이후 1995년에 삼성전자 정보통신본부장 부사장, 1997년에 삼성전자 전략기획실장 대표이사 부사장을 지내고 1998년에는 전략기획총괄 대표이사 부사장이 되었다. 이후 1998년 8월에 삼성코닝으로 옮기면서 삼성전자에서 떠나왔다. 그의 이력을 잘 살펴보면, 그가 삼성전자의 핵심부서를 거쳐왔음을 알 수 있다.

그리고 또 하나 그가 삼성전자에 몸담고 있던 1995년부터 1998년까지 삼성전자는 획기적인 발전을 거듭했다는 것 역시 알 수 있다. 사실 2000년대 들어 삼성이 또 한번의 전성기를 구가하고 세계 기업들과 어깨를 나란히할 수 있는 경쟁력을 확보한 것도 바로 이 시기가 있었기 때문이었다. 그의 재직 기간과 삼성전자의 발전은 결코 우연히 맞아떨어진 것이 아니다.

실제로 그는 1992년 삼성전자 경영관리실장 시절에 4개의 사업 부문을 통합하는 데 결정적인 역할을 했다. 또, 이윤우 부회장의 반도체 기적이나 이기태 사장의 애니콜 신화에도 큰 역할을 했다. 어쩌면 그의 지원이 없었다면 불가능했을지도 모른다. 따라서 이를 잘 아는 전문가들은 그를 삼성전자를 세계적인 기업으로 끌어올린 탁월한 경영 능력의 소유자로 평가한다.

그의 이러한 안정 경영은 삼성코닝이나 삼성전관(삼성 SDI)에 옮겨가서도 계속됐다. 그는 2002년 삼성코닝의 CEO로 부임하기 이전에 1998년 8월 삼성코닝의 CEO를 잠깐 역임한 바 있다. 당시 그는 짧은 기간이었지만 과감한 구조조정과 조직의 혁신으로 삼성코닝이 경쟁력 있는 회사로 거듭나는 데 결정적인 역할을 했다. 즉, 그가 삼성코닝의 시장점유율을 높이거나 신제품 개발을 통한 새로운 시장 개척을 하지는 않았지만 그것을 할 수 있는 토대를 마련한 것이다.

삼성전관에 가서도 새로운 기업문화를 구축하고, 경영 체질을 개선하는 데 앞장섰으며 2차전지 사업 착수와 PDP 사업 추진을 위한 기반을 구축하기도 했다. 이는 기존의 브라운관 중심의 삼성전관의 사업 체계를 첨단기술 사업으로 다각화할 수 있는 체계의 기초를 다져준 것이었다.

그는 삼성물산 건설 부문의 대표이사로 부임했을 때에도 새로운 비전을 제시하고 역시 경영 체질을 개선했는가 하면 수익과 내실을 갖출 수 있는 건설회사로 성장할 수 있는 기반을 다졌었다.

이처럼 그의 경영은 성장 그 자체보다도 성장을 위한 준비, 혹은 탐색에 그 초점이 맞춰져 있다. 때문에 그의 성과는 쉽게 눈에 띄지 않는다. 또, 기적과 신화와 같은 등식이 없다. 그러나 다른 측면에서 보자면 그는 삼성에 없어서는 안 될 CEO이다. 그와 같은 CEO가 없다면 전성기를 구가할 수 있는 CEO도 없기 때문이다.

나는 할 수 있다

"나는 할 수 있다."

송용로 사장에게는 특별한 좌우명이나 생활신조가 없다. 대신 그는 하루에도 수없이 이 말을 반복한다.

"나는 할 수 있다." 이 말 속에는 여러 가지 의미가 담겨 있다. 이 말은 그가 그만큼 자신 스스로를 마인드 컨트롤하며 혁신하고 있다는 의미가 있으며, 또 그렇게 그 말을 반복해야 할 만큼 삼성 CEO의 자리가 힘겹다는 것을 의미하기도 한다. 하지만 여기에서 가장 크게 엿볼 수 있는 의미는, 그가 대단히 도전적인 사람이라는 것이다.

"나는 할 수 있다."

이 말은 항상 목표라는 고지를 눈앞에 둔 사람만이 하는 말이다.

실제로 그는 언젠가 이런 말을 했다.

"1루에서 발을 떼지 않으면 2루까지 도루를 할 수 없다. 지금 바로 도전하라. 이는 곧 나와 조직이 살아 있다는 증거다."

역시 그의 도전정신이 살아 숨쉬는 말이다.

그의 이러한 도전정신은 안정 경영의 근원이기도 하다. 그는 눈에 띄지 않는 경영 스타일에도 불구하고 삼성 내에서 추진력 있는 CEO로 평가받는다.

이것은 그의 개인적인 성품이 '외유내강'인 것과도 관계가 있다. 그는 일상에서 직원들에게 온화하고 소탈한 성격으로 신뢰를 받는 CEO이다. 하지만 일에 관한 한 그는 냉철하고 치밀하기로 정평이 나 있다. 그는 눈물이 많은 감성적인 성격의 소유자이지만 동시에 하루에도 몇 번씩 '나는 할 수 있다'를 마음 속으로 중얼거리면서 의지를 다지는 강한 의지의 소유자이기도 하다.

그래서인지, 그는 도전정신이 강한 부하직원을 좋아하고, 또 그들이 역량을 발휘할 수 있게끔 재량권을 주는 것으로도 유명하다. 그가 삼성전관 대표이사 부사장 시절 '삼발이론'과 함께 주창했던 것이 간부사원의 '프론티어' 정신이다.

그는 한 인터뷰에서 가장 좋아하는 부하직원상으로 스스로 일을 알아서 처리하는 부하직원을 꼽기도 했다. 즉 개척자 정신을 가지고 자신의 업무를 신대륙처럼 개척해나가는 사원을 선호하는 것이다.

그는 경영에 있어서 사람을 가장 중요시한다. 그가 생각하는 기업은 창의적이고 자발적이며 사명감에 불타오르는 사람들의 집합이다. 그는 기업의 비전과 성장이 자산이나 제품이 아니라 그 조직을 구성하고 있는 사람들의 크기에 따라 결정된다고 확신한다.

그는 사람을 믿고 일을 맡기는 만큼이나 사람을 보는 재주도 남다르다. 그는 '꼭 있어야 하는 사람'과 '있어도 되고 없어도 되는 사람', '없어도 되는 사람'을 기가 막히게 구분해낸다. 그래서 붙여진 별명이 '인간 족집게'이다.

인간 족집게는 그의 이력과 무관하지 않다. 그는 1971년 제일모직으로 입사했다. 오늘날 제일모직 출신들의 CEO들이 많기 때문에 한때 제일모직은 CEO사관학교라는 별칭까지 얻었었다. 그는 이후 1974년에 비서실 인사팀으로 옮겨갔다.

그리고 1981년에 삼성물산에 몸담았다가 1984년에 임원으로 뽑혔는데, 당시 그는 인사담당과 경영관리실장을 맡았다. 즉, 삼성에서의 젊은 시절을 대부분 인사와 관련된 일을 해온 것이다. 그러니 당연히 인재를 선별하고 배치하는 데 탁월한 감각을 지닐 수밖에 없다.

그가 삼성코닝에 옮겨 가서도 오랫동안 공들인 일 중의 하나가 직원들의 자발성과 단합성을 끌어내는 것이었다.

이것은 삼성코닝의 창립 31주년 기념해에 발간한 사보에서도 잘 나타난다.

그는 '가족앨범'이라는 컨셉트로 특별한 사보를 발간했다. 이 사보에는 서울, 수원, 구미 등 국내 사업장뿐만 아니라 독일, 말레이시아, 중국 공장 주재원 등의 임직원 511명의 가족들이 참여했다. 테마는 '가족의 힘'.

이 사보는 '닮은꼴 열전', '엽기 퍼니 가족' 등 6개의 섹션으로 나뉘어 있었는데, 가족에 대한 애잔한 사연과 미담들이 담겼다. 이 사보는 당시 발간되자마자 사원들이 앞다투어 가져갈 정도로 대 인기를 누렸다.

당시 송용로 사장이 이 사보를 발간한 것은 직원들의 참여를 통한 자발성과 일체감 형성을 통한 단합된 힘, 그리고 직원들의 가족까지 어우르면서 회사와 직원 간의 친밀감을 높이기 위해서였다.

삼성코닝의 미래

2003년, 삼성코닝은 창립 30주년을 맞았다. 사람의 나이로 따지면 서른이 된 것이다.

30주년을 맞아 송용로 사장은 삼성코닝의 대대적인 변화를 선언했다. 삼성코닝의 틀 전체를 바꾸기로 한 것이다. 디지털 전자정보 소재업체로 거듭나는 것.

그는 2007년까지 총 5천 억을 투자해 PDP소재부품과 TFT-LCD 소재부품 등 전자정보소재 사업분야를 확대해 매출을 1조 원대 이상으로 끌어올리겠다고 했다. 당시 전자정보소재 사업분야의 매출은 2천억대였다. 2001년에는 1천 426억 원이었고, 2002년에는 1천 921억 원이었다.

쉽지 않은 일을 시작한 것이다. 지난 30년 동안 삼성코닝의 주력 사업은 브라운관용 유리였다.

만약, 송용로 사장의 안정 경영이 말 그대로 안정 경영이라면 중국의 시장을 확대해나가는 것만으로도 충분할 것이다. 하지만 그의 안정 경영은 도전정신이 담겨 있는 안정 경영이다. 그래서 그는 중국을 통한 브라운관 유리의 확대보다 한발 더 앞으로 나아갔다. 지금 당장의 수익이 아니라 미래를 위한 수익 사업을 도모하는 것이다.

사실, 최근 중국의 기술력은 한국과 급격히 좁아지고 있다. 한국의 기업들은 새로운 시장 모색을 위해 중국에 나서면서 동시에 한국의 기술도 그들에게 하나둘 노출되고 있다.

중국은 한국, 일본, 그리고 세계의 유수 회사로부터 기술을 흡수하고 있다. 현재까지는 노동집약적 사업들이 주를 이루고 있는 것이 사실이지만 향후 10년, 혹은 20년 후에는 상황이 어떻게 달라질지 알 수 없다. 그렇게 되면 한국의 기술산업은 미래가 불투명하다. 하지만 첨단산업이라면 이야기가 달라진다. 첨단산업은 쉽게 흉내

낼 수 없기 때문이다. 오늘날 우리가 일본의 경제를 쉽게 따라잡을 수 없는 이유도 전체적으로 그들의 핵심, 첨단기술이 우리보다 앞서기 때문이다.

이러한 그의 안정 경영은 그가 국내 기업이나 일본, 미국 등의 전자재료 업체와도 차별화되는 전자재료를 발굴해내고 집중 육성하겠다는 계획에서도 잘 드러난다.

삼성코닝은 디지털 전자정보소재 업체로 거듭나기 위해 4대 신규 사업분야를 정했다. PDP소재부품, TFT-LCD소재부품, 반도체 연마재용 나노 파우더, 갈륨나이트라이드 등의 광소재 사업 등이 그것이다.

이 모두가 다른 기업에서 쉽게 발을 들여놓을 수 없는 분야이다. 특히 갈륨나이트라이드 사업의 경우에는 국내에서는 처음으로 개발을 시도하는 것이다.

그의 이러한 계획은 언뜻 무리수를 두는 것으로 비춰질 수도 있다. 하지만 전체적인 맥락에서 보면 그가 말 그대로 안정 경영을 하고 있다는 것을 알 수 있다. 도전정신이 담겨져 있지만 무리수가 없는 경영, 이것이 바로 그의 안정 경영의 핵심인 것이다.

그는 한 발은 미래 사업 육성에 두고 있지만, 또 한 발은 현재의 기반 확보에 두고 있다. 현재 주력 사업인 브라운관용 유리를 포기하는 것이 아니라 중국의 거점을 더 확보해가는 쪽으로 방향을 잡고 있는 것이다.

이것은 미래 사업이 본궤도에 오를 때까지 그 발판을 놓지 않겠다는 뜻이다.

또 하나의 발은 삼성전자와 삼성SDI 등의 삼성 계열사 간의 신뢰와 90년대 후반 사업 다각화를 통해 축적해온 삼성코닝의 기술력에 두고 있다.

그는 반도체와 디스플레이(LCD, PDP) 등에서 발군의 기술력을 보유한 삼성전자, 2차전지업체인 삼성 SDI와 유기적인 협력을 하면 시너지 효과를 낼 수 있다고 믿고 있다. 여기에 삼성종합기술원과도 협력을 하여 기술 개발에 따른 시행착오도 줄일 수 있다. 또한 그는 90년대 말 ITO코팅유리로 시장점유율을 50%까지 끌어올린 삼성코닝의 경험도 믿고 있다.

삼성코닝의 기술력도 이미 충분하다. PDP의 핵심소재인 PDP 필터를 독자개발했고, 반도체 웨이퍼 연마용 차세대 제품인 세리아 나노파우더를 개발하기도 했다.

이처럼, 그는 그의 삼발이 경영론에 따라 '세 발'을 모두 굳건한 발판 위에 얹고 미래 사업을 추진하고 있는 것이다.

2004년 11월, 송용로 사장은 삼성코닝 정밀유리의 이석재 사장과 하와이 동반 출장을 다녀왔다. 삼성과 미국 코닝사와의 ECM (Executive Committee Meeting)을 위해서였다. ECM은 매년 봄과 가을에 개최되는 삼성과 미국 코닝의 정기적인 최고 경영자 회의이다.

이 회의에서는 통상 1년을 결산하고, 다음해 1년을 준비하는 회의가 주를 이룬다. 최근 이 회의에서 미래 사업에 대한 계획과 목표, 그리고 진행 상황 등이 더욱더 활발하게 논의되고 있다. 송용로 사장의 안정 경영과 '나는 할 수 있다'는 의지가 이번에도 빛을 발할 수 있을지 지켜볼 일이다.

08
SAMSUNG CEO

삼성그룹 최장수 CEO

허태학 | 삼성석유화학 사장

1944년 4월 17일 경남 고성 출생
1963년 진주농림고등학교 졸업
1967년 경상대학교 농학과 졸업
1982년 미국 코넬대학교 호텔경영학 수료
1969년 중앙개발(현 삼성에버랜드) 입사
1971년 호텔신라 총무과장, 인사과장
1981년 호텔신라 부총지배인
1989년 제주신라호텔 총지배인
1997년 삼성 에버랜드 대표이사 사장
2002년 호텔신라 대표이사 사장
2003년 삼성석유화학 대표이사 사장

삼성그룹 최장수 CEO
허 태 학
삼성석유화학 사장

가장 존경하는 CEO

인재 최고주의를 지향하는 삼성은 그만큼 신입사원에 대한 평가가 까다롭다.

창의성, 자발적인 태도와 글로벌화된 마인드, 그리고 탁월한 리더십과 능력, 인간적인 됨됨이까지 갖춰야만 삼성의 사원이 될 수 있다.

신입사원이 이 정도이면 최고 경영자는 말할 것도 없다. 삼성은 오늘날 한국의 기업들 중에서 최고 경영자 선택 기준이 가장 까다롭기로 유명하다. 삼성은 자체 평가 시스템을 두고 있다.

이런 삼성에서 가장 오랫동안 최고 경영자 자리를 지키고 있는 사람이 있다. 바로 허태학 삼성석유화학 사장이다.

　그는 삼성그룹 내에서 최장수 CEO라는 이유만으로도 그의 탁월한 능력을 증명하고 있는 셈이다. 실제로 오늘날 한국의 크고 작은 기업의 CEO들은 그를 가장 존경하고 닮고 싶은 CEO 중 한 명으로 꼽는다.

서비스 마술사

　'서비스 마술사', '서비스 닥터', '서비스 CEO', '서비스 전도사', '서비스 마스터'.
　모두가 허태학 사장의 닉네임이다. 이 닉네임의 공통점은 모두가 '서비스'라는 것과 접목되어 있다는 것이다.
　그가 이러한 닉네임을 얻게 된 데에는 두 가지 이유가 있다. 첫째는 그가 오랫동안 서비스업에 종사해왔기 때문이다.
　그는 1944년 경남 고성에서 출생했다. 1967년에 경상대 농학과를 졸업했고, 1969년에 삼성그룹의 중앙개발에 입사했다.
　이후 그는 1981년 호텔신라 부총지배인, 1989년 제주신라 총지배인 등 서비스업의 최전선에 서 있었다. 그가 2003년 삼성석유화학 대표이사 사장으로 옮겨 오기 전까지 근무했던 곳도 삼성에버랜드와 호텔신라였다. 두 곳 모두 서비스정신과 떼려야 뗄 수 없는 곳이다.

특이한 것은 그가 삼성에버랜드 사장을 지내면서 동시에 호텔신라 사장을 지냈다는 것이다. 한 CEO가 두 사업장을 경영하는 것은 보기 드문 현상이다. 이것은 그가 그만큼 서비스업에 관한 한 베테랑임을 증명하는 것이기도 하다.

둘째는 그 자신 스스로가 서비스정신으로 똘똘 뭉쳐 있기 때문이다. 그는 스스로를 '서비스맨'으로 자부한다. 깨끗한 옷차림, 바른 태도와 공손한 말씨, 상대방까지 마음 편하게 하는 웃음 등. 그를 만나는 사람들도 그를 한결같이 '서비스정신'이 투철한 사람이라고 말한다.

그는 서비스정신이 투철한 만큼 세상에 대한 해석도 남다르다. 가령, 그는 세종대왕을 최고의 서비스맨 중의 한 명으로 꼽는다. '나랏말싸미 중국과 달아'로 시작되는 세종대왕의 위민정신이야말로 서비스정신의 극치라는 것이다.

그의 이러한 서비스정신은 그가 경영한 에버랜드와 신라호텔에 그대로 투영되어 있다. 일명 서비스 경영.

그는 에버랜드를 경영할 당시 전화 예절, 인사, 용모, 복장, 보행 등 5대 친절항목을 선정하여 추진하였다. 직원들에게 추상적인 친절을 강요한 것이 아니라 구체적이고 실질적인 친절을 이끌어낸 것이다.

그는 이것을 정착시키기 위해 직원들의 친절도를 측정하고 평가해 매월 서비스 스타(Service Star)를 뽑아 그에 상응하는 포상을 하기도 했다. 또한 실천 우수자에게는 과감한 인센티브를 주었다.

그의 작은 것에서부터의 친절 서비스는 오늘날 에버랜드가 세계 5위의 테마파크로 성장하는 데 큰 기여를 했다. 뿐만 아니라 CS전국대회 5회 연속 대상을 수상하고, KCSI 7년 연속 레저 부문 1위 기업으로 선정되기도 했다. 99년도에는 IAAPA 서비스 대상을 수상했으며, 2001년도에는 한국 서비스 대상을 수상하기도 했다. 현재 서비스 부문에 관한 한 에버랜드는 월트 디즈니보다 낫다는 평가까지 받고 있다.

허태학 사장은 이러한 서비스 경영의 성과를 바탕으로 서비스 아카데미도 만들었다. 에버랜드의 고객만족 경영을 국내 유수 기업은 물론 공기업들과도 공유하기 위해서였다.

신라호텔 역시 마찬가지였다. 오늘날 신라호텔이 세계적인 수준의 호텔로 성장할 수 있었던 것은 그의 서비스 경영이 밑바탕되었기 때문이었다.

그는 당시 신라호텔만의 맞춤 서비스를 적극 추진했다. 여기서 맞춤 서비스란 손님 한명 한명의 기호에 적합한 서비스를 제공하는 것을 뜻한다. 특히 VIP의 경우에는 모든 분야에 걸쳐 전담팀이 구성될 정도였다.

요리의 경우, 3개월 전부터 호텔 조리팀이 꾸려진다. 이 경우 VIP

의 기호는 직접 물어서 알아내는 것이 아니라 측근이나 주변 사람들, 책자, 인터넷 등 모든 정보망을 통해 알아내게 된다. 그런 과정을 거쳐 요리가 만들어지면 요리 전문가와 호텔 총지배인이 서너 차례의 시식을 해서 최종 메뉴를 선택한다. 그만큼 맞춤 서비스가 확실한 것이다.

그런 이유로 마이클 잭슨이나 안소니 퀸, 알 왈리드 사우디 왕자, 제임스 울펜손 세계은행 총재, 장 크레티엥 총리 등이 이 호텔을 이용하게 할 수 있었다.

서비스정신에 깔려 있는 유교정신

그가 오늘날 서비스 경영을 하는 서비스 CEO로서 이름을 얻게 된 것은 그의 할아버지로부터 비롯되었다.

에버랜드와 신라호텔 모두 엔터테인먼트 비즈니스적 성격이 강하다. 서비스정신이 사업의 근간이 될 수 있었던 이유도 여기에 있다. 그래서 많은 사람들은 그의 단정한 옷차림과 깔끔한 매너, 상대방을 배려하는 마음 등을 이런 사업에 오랫동안 종사했기 때문에 자연스럽게 터득한 것으로 여긴다. 물론, 그것을 부정할 수는 없다.

하지만 그 근간은 유교정신에 있다.

"그의 매너에는 남다른 데가 있다."

허태학 사장과 단 몇 분만이라도 대화를 나눠본 사람들은 한결같이 이런 말을 한다.

그의 매너가 남다르다는 것은 서구적이지 않다는 뜻이다. 거기에는 동양적인 은은함과 중후한 인간적 체취가 있다. 사람들은 그를 '신사 CEO'라고 부르지만 엄밀히 말한다면 그것은 유교적인 예절에 바탕을 둔 신사의 모습이다. 이것은 그가 할아버지의 영향을 받으면서 성장했기 때문이다.

허태학 사장과 그의 할아버지가 '진학' 문제를 두고 신경전을 벌인 에피소드는 유명하다.

허태학 사장은 진주농림고등학교를 졸업한 후에 경상대학교 농과대에 들어간다. 그가 농림고등학교와 농과대에 들어간 것은 그의 할아버지의 영향이 크다.

어린 시절의 그는 무척 총명한 아이였다. 학교 성적은 반에서 항상 1, 2등을 하였고 반장과 회장도 여러 차례 하였다. 전교생 앞에서 학생 대표로 송사와 답사를 읽은 이도 그였다. 그는 웅변, 글짓기, 글씨 쓰기에서도 발군의 실력을 보였다.

그런 그가 중학교 진학을 앞두고 큰 갈등을 겪어야 했다. 할아버지의 반대 때문이었다.

그의 할아버지는 주변 사람들 사이에서 인망이 높은 한학자였다. 그는 평생 한 번도 한복을 벗은 적이 없었고, 눈을 감을 때에도 상투를 튼 채였다고 한다. 전형적인 선비였던 셈이다. 그리고 허태학은 그런 집안의 6대 종손이었다.

당시 전형적인 할아버지에게 있어 학문이란 곧 한학을 뜻했다. 당연히 할아버지는 6대 종손에게 세상 공부를 시키려 하지 않고 자신이 직접 한학과 예의 법도를 가르치려 했다. 할아버지의 기준에서 보면 그것이 세상의 공부보다 더 큰 공부였기 때문이었다.

그는 어린 허태학 사장에게 중학교에는 진학할 수 없으며, 대신 사랑방에서 자신에게 한학을 배우고 집에 찾아오는 어른들을 모시라고 하였다. 학교 교장과 담임 선생까지 다녀갔으나 헛수고였다.

어린 허태학 사장은 결국 할아버지를 설득하기 위해 단식에 들어갔다. 첫날에는 할아버지도 못본 척하더니 이틀째 되는 날에는 그를 사랑방으로 불렀다.

그는 어린 허태학 사장 앞에 직접 각서를 써서 넘겨주고는 그 밑에 이름을 기록하라고 했다. 그 각서의 내용인즉슨, 중학교 졸업 후에는 무조건 자신의 밑으로 들어와 유가생활을 배우고 익혀야 한다는 것이었다.

당시 허태학 사장은 일단 3년은 벌어놓고 보자는 생각에 냉큼 이름을 써 넣었다.

이후 그는 3년 동안 읍에 있는 중학교에 다닐 수 있었다. 하지만 3년 뒤 또다시 고등학교 진학을 두고 할아버지와 신경전을 벌여야 했다.

당시 그는 몇 개월 동안 할아버지를 설득할 만한 명분을 찾았다. 그가 찾은 길은 '이농치국(以農治國)'이었다.

다행히 당시 한국은 전국적으로 4H운동을 벌이는 등 농촌 잘살기 운동이 한창이었다. 이번에도 할아버지는 손자에게 설득을 당했다. 하지만 단서를 달았다. 꼭 고성에 있는 농업고등학교에 진학해야 한다는 것이었다. 당시 전국에서 가장 좋은 농림고등학교는 진주농림고등학교였다.

허태학 사장은 어차피 농업고등학교에 가야 한다면 그곳에 가고 싶었다. 그래서 다시 할아버지를 수없이 설득했고, 간신히 허락을 받아낼 수 있었다.

사정이 이렇고 보니, 대학은 언감생심이었다. 그것도 서울에 있는 대학으로 간다는 말은 입도 뻥긋 못할 노릇이었다. 그는 물론이고, 그의 부친과 모친까지도 할아버지와 그 사이에서 안절부절 못했다.

결국 그는 고등학교에서 지척 거리에 있는 경상대학교에 진학했다.

이 에피소드에서 드러나는 것처럼, 허태학 사장은 할아버지의 절대적인 영향력 하에서 성장했다. 때때로 그것은 그에게 짐이 되기도 했지만, 결국 그는 할아버지를 통해 유교적 예의범절과 전통적 정신을 직간접적으로 익힐 수 있었다.

실제로 허태학 사장 역시 '자신의 인생에서 가장 좋은 면으로 영향력을 주신 분'으로 할아버지를 꼽았다. 절제·근검절약하는 생활, 전통을 존중할 줄 아는 마음과 상대방을 배려하는 마음 등을 모두 할아버지에게서 배웠다는 것이다.

숨어 있는 도전정신

그는 오늘날 학문을 소중히 여기고, 책을 가까이하며 틈틈이 글을 쓰는 생활을 하는 것도 할아버지의 영향 때문이라고 했다. 한학자였으며 선비였던 할아버지의 밑에서 이러한 생활 태도는 어쩌면 너무도 당연한 것일지도 모른다.

그래서인지 그는 대학 시절, 시에 빠져 보냈다. 문학 동인회를 만들고, 시화전을 하고, 개천예술제와 함께 시작 활동을 했던 것이다.

"20대는 종교와 예술에 미치는 시대."

그가 자신의 젊은 시절을 회고할 때마다 즐겨 쓰는 표현이다. 그만큼 그는 시가 주는 고귀함과 열정, 그리고 예술혼에 깊이 빠져 있었다.

그러나 그가 백면서생이었던 것은 아니다. 오히려 그 반대였다. 그는 20대 시절을 그 누구보다도 활기차고 패기 있게 보냈다.

그는 농촌계몽운동에도 앞장을 섰고, 야간학교를 설치하여 운영하기도 했다. 그는 할아버지에게 말했던 '이농치국'을 실제로 실천했던 것이다.

당시 그가 이 같은 활동을 할 수 있었던 것은 농촌의 부활과 선진화를 이뤄낸 덴마크에 대한 동경 때문이었다. 그의 표현을 빌면 당시 덴마크의 모습이 그의 "머릿속에 꽉 차 있었다". 이는 그가 누구보다도 진취적인 젊은이였다는 것을 뜻한다.

실제로 그는 덴마크의 달가스나 그룬트비히 같은 사회개혁적 인물이 되고 싶어했다.

그의 이러한 진취성은 그의 군대생활에서 잘 드러난다. 당시 그가 군생활에 뜻을 둔 것은 리더의 자질을 기르기 위해서였다. 그는 대학교 3, 4학년 때 ROTC 교육훈련을 받는다. 그리고 포병부대의 소위로 임관한다.

당시 그에게 맡겨진 일은 수송관이었다. 그런데 이 수송관은 소위급이 맡아서 할 일이 아니었다. 본래는 대위급에서 하는 일이었다. 그가 당시 소위의 계급으로 수송관을 맡은 것은 부대장의 간곡한 청 때문이었다.

당시 수송은 군부대에서 관리하기 힘든 부서 중 하나였다. 수송요원들을 관리하는 것은 물론 차량의 연료와 부품, 기타 자재들까지 관리해야 했기 때문이었다. 사고도 많고 탈도 많은 곳 중의 하나였다. 당연히 지원자가 없었다.

그의 ROTC 선배들은 그를 극구 만류했다. 하지만 허태학 당시 소위는 그 일을 맡기로 했다. 부대장의 간곡한 청을 부하로서 거절할 수 없었기 때문이다.

일단 그는 2년간 휴가를 반납했다. 원활한 관리를 위해 본부중대와 3개의 중대, 그리고 수송부를 통합한 수송부를 만들기도 했다. 사병만 150명에 달했고, 하사관이 12명이었다. 그는 열과 성을 다해서 뛰었다.

그의 리더십이 빛을 발하는 순간이었다. 그는 까다로운 수송부를 이끌어 우수 수송부 표창을 여러 차례 수상했을 뿐 아니라 중위 진급도 쉽게 하게 되었다.

당연히 군에서는 그에게 눈독을 들일 수밖에 없었다. 제대를 얼마 남겨두지 않고 부대장의 특별 면담과 선배들의 개인 면담을 끊임없이 받아야 했다. 그들의 면담 내용은 한결같았다. 장기 복무를 해달라는 것이었다. 그러나 그는 군에 뜻이 없었다. 그는 사회로 나가 새로운 분야에 도전해보고 싶었다.

제대 후 그는 삼성을 택했다.

삼성에 입사한 그는 불행인지 다행인지 신규 프로젝트 추진팀에 줄곧 배치를 받았다. 신규 프로젝트와 관련된 일은 기존의 일을 관리하는 것보다 통상적으로 더 큰 열정과 노력을 필요로 하기 마련이다.

당시 그가 참여한 프로젝트는 서울 장충동에 위치한 신라호텔을 오픈하는 것이었다. 신라호텔 오픈 후에 면세점을 입점시키는 것,

제주도에 신라호텔을 오픈하는 것, 호텔업계 최초로 외식산업을 도입하는 것 등등 이후로도 그는 줄곧 새로운 프로젝트만을 맡아왔다.

사회 초년병인 그로서는 무척 힘겨운 일이 아닐 수 없었다. 하지만 그는 물러서지 않았다. 굳센 도전정신으로 당시의 힘겨운 상황을 정면돌파했다.

그는 당시 목욕탕에서 알몸 미팅을 한 일이라든가, 함께 일하는 동료들과 촛불을 켜놓고 어깨를 얼싸안은 채 '선구자'를 부르던 일들을 오늘날의 밑천으로 삼고 있다. 그 당시의 그런 열정이 없었다면 오늘의 그도 없을 것이기 때문이다. 그래서인지 그의 십팔번은 지금도 '선구자'이다.

글을 아는 CEO

새벽 3시. 허태학 사장은 눈을 뜬다. 하지만 잠자리에서 곧바로 일어나지는 않는다. 그는 잠자리에서 하루를 계획하거나 미래를 구상한다. 자기 결심도 다진다. 그러면서 슬슬 몸과 마음을 가다듬는다.

잠자리에서 일어나면 그는 출근 준비를 한다. 아침식사도 한다. 아침식사의 메뉴는 선죽과 과일이다. 그는 20여 년 동안 줄곧 그렇게 간단히 아침을 해결했다.

7시에 출근한다. 그리고 회사에 도착하면 8시경까지 신문과 잡지를 읽으면서 세상의 일과 기업들의 새로운 경영 상황을 점검한다. 이렇게 모든 준비가 끝나면 비즈니스 미팅이나 업무 협의 등 하루 일과를 시작한다.

그가 하루 일과 중 가장 중요시하는 순간은 현장을 방문하여 직원들과 스스럼없는 대화를 나누는 것이다. 현장의 직원들을 통해 회사의 문제점들을 파악하고 회사의 경영이 어떻게 현장에 반영되고 있는지 등을 점검한다. 보고서보다 현장 직원들의 말을 더 신뢰한다.

퇴근 시간이 되면 피트니스 클럽에 간다. 그곳에서 1시간 이상 운동을 한다.

삼성 CEO들은 자신들만의 건강 비법이 있다. 그중에는 공통점도 적지 않다. 아침식사를 간단히 한다는 것, 그리고 아무리 바쁜 시간에도 일정량의 운동시간을 갖는다는 것이 그것이다.

운동을 마친 후에는 저녁식사를 한다. 그의 저녁식사는 업무의 연장이라고 볼 수 있다. 외부 인사와의 식사가 대부분이기 때문이다.

최고 경영자에게 있어 개인적인 만남은 그것이 아무리 사소할지라도 개인적일 수만은 없다. 그것은 인간관계의 인프라와 관련된 것이기 때문이다.

그의 이러한 하루 일과는 그리 특별한 것이 없어 보인다. 특별한 것이 있다면 누구보다도 일찍 눈을 떠 하루를 계획하고 더 나아가 사업의 미래를 구상한다는 것이다. 하지만 그의 하루 일과를 좀더 면밀히 살펴보면 그가 다른 CEO들과 조금 다른 면이 있다는 것을 알 수 있다.

그는 하루 일과를 삼성의 다른 계열사 사장들과 마찬가지로 침착하고도 활기차게 보내면서도 동시에 틈틈이 짬을 내어 독서를 하고 글을 쓴다.

글을 쓰는 CEO.

서비스 CEO로서는 이미 기업인들 사이에 명성이 자자하지만, 그가 글을 쓰는 CEO라는 것은 잘 알려져 있지 않다.

그는 오랫동안 사내보, 사외보를 비롯해 그의 이름이 걸린 글이라면 자신이 직접 집필하는 것을 원칙으로 삼고 있다. 그래서인지 그의 글은 다른 CEO들의 글처럼 딱딱하지 않다. 오랜 세월 동안의 글쓰기를 통해 자신의 생각과 감정을 명확히 전달하는 것은 물론 문장을 다듬는 힘이 있는 것이다.

그의 이런 글솜씨는 그의 과거 이력과 깊은 관련이 있다. 우선 그는 한학자였던 할아버지의 영향을 받아 글의 힘과 유용함, 그리고 향기를 일찍 깨우쳤다. 다음으로는 그가 젊은 시절 열렬한 시인 지망생이었다는 것을 들 수 있다.

그가 글쓰는 작업을 게을리하지 않는 것은 글을 쓰면서 자신을 성찰할 시간을 가질 수 있기 때문이다. 또한 자신의 생각을 체계적으로 정리하거나 머릿속으로만 생각해서는 얻을 수 없는 혜안을 얻을 수도 있기 때문이다.

그의 서비스 경영의 철학이 남다른 것도 이러한 글쓰기를 통해서 가능해질 수 있었다.

공장을 호텔로 바꾸는 석유화학맨

2003년 삼성석유화학은 창사 이래 최대의 매출을 기록했다. 금액으로 따지면 1조 원에 육박했으며 이는 전년보다 무려 20% 정도 증가한 수치였다.

전문가들은 이러한 성과를 허태학 사장의 도전정신과 서비스정신이 이뤄낸 혁신 때문에 가능했다고 평가한다.

2003년 1월, 허태학 사장은 삼성석유화학으로 옮겨 온다. 당시 그가 석유화학으로 옮겨 올 때만 해도 낙관보다는 우려가 더 많았던 것도 사실이다.

그는 '서비스 CEO'로 알려질 만큼 엔터테인먼트 비즈니스 사업에서 잔뼈가 굵은 CEO였다. 그런 그가 제조업 쪽으로 옮겨 왔으니 그러한 우려는 당연했다. 하지만 그는 보란 듯이 삼성석유화학을 성공으로 이끌었다.

그는 2003년 삼성석유화학의 설비 가동률을 100% 가까이 끌어올렸다. 그 결과 고순도 테레프탈산(PTA) 생산 능력도 연간 1백만 톤이던 것이 1백 5만 톤으로 늘어났다.

그의 도전정신은 강력한 리더십을 통한 혁신 경영으로 나타났다. 그리고 그의 서비스정신은 삼성석유화학 직원들과 고객만족실현이라는 서비스 경영으로 나타났다.

허태학 사장은 일찍이 혁신기업의 3가지 원칙을 제시한 바 있다.

첫째, 경영자의 강력한 리더십.

허태학 사장은 기업이 변화하기 위해서는 먼저 경영자가 발벗고 나서야 한다고 했다. 경영자가 적극적으로 나서지 않으면서 아랫사람만 탓하거나 독촉해서는 기업이 변화하지 않는다는 것이다.

둘째, 우수 인력을 확보하고 전면에 배치하는 것을 들었다. 실제로 그는 석유화학 사장으로 취임하고 난 후 각 부서의 우수 인력들을 자신이 직접 지명해서 뽑았고, 그들을 경영 일선에 배치했다.

셋째, 적극적인 지원 체제를 갖추는 것이 중요하다고 했다. 여기서 적극적인 지원 체제라는 것은 예기치 못한 비상시에도 어떻게든 인적, 물적, 자본적인 지원을 할 수 있는 체제를 말한다. 단지 사업계획에 빠져 있다고 해서 지원이 되지 않으면 그것은 적극적인 지원 체제라 할 수 없으며, 그러한 상태에서 아무리 CEO와 인재들이 발벗고 나서도 혁신 활동은 요원할 수밖에 없다는 것이다.

이중에서도 허태학 사장은 CEO의 강력한 리더십을 가장 중요한 요소로 꼽았다. 실제로 삼성석유화학은 허태학 사장 취임 이후 100여 개 부문에서 6시그마 운동을 실시해 1백억 원대의 비용을 절감했는데, 이 역시 허태학 사장의 강력한 리더십이 아니면 불가능한 일이었다.

그는 이처럼 강력한 리더십을 통해 조직을 혁신해가면서도 동시에 서비스 경영을 잊지 않았다. 그는 우선 직원들에 대한 서비스 경영부터 나섰다.

여기에는 그가 서비스 사업을 이끌면서 얻었던 교훈들이 큰 밑거름이 되었다. 그에게 있어 서비스는 일방적으로 주거나 혹은 받는다고 이뤄지는 것이 아니었다. 그것은 쌍방향 커뮤니케이션의 방식으로 달성될 수 있는 것이었다. 그런데, 이 경우 직원들의 업무 여건이 좋지 않으면 그만큼 쌍방향 커뮤니케이션은 원활하게 이뤄질 수 없다.

그는 직원들의 업무 여건을 향상시킬 때, 곧 직원들도 고객들에게 친절할 수 있다는 것을 이미 체득한 바 있었다. 따라서 그는 석유화학 사장에 취임하고 나서, 직원들을 외부고객과 똑같은 내부고객으로 대접했다.

그는 취임하자마자 울산과 서산의 공장에서 근무하는 직원들의 유니폼을 산뜻한 색으로 바꿔주었다. 피트니스 센터와 샤워장이 멀리 떨어져 있는 울산공장도 한 건물로 합쳤다. 좀더 많은 현장의 직원들이 복지시설을 편리하고 쉽게 이용할 수 있게 하려는 배려였다.

그는 주방시설을 리모델링하기도 했다. 사무실 분위기도 밝은 느낌으로 바꿨다. 더 나아가 그는 협력업체 직원들이 식사할 수 있는 식당까지도 만들어주었다. 이외에도 그가 내부고객을 위해 한 일은 여러 가지가 있다.

그는 어느 날 한 직원으로부터 아침을 거르고 출근하는 사람들이 많다는 소리를 들었다. 그 이야기를 듣고 허태학 사장은 곧바로 일명 'breakfast communication(아침의 대화)'이라는 시간을 마련했다. 별도의 방을 만들어주는 것은 물론 간단한 식사까지 제공한 것이었다. 아침을 굶고 출근한 직원들은 일을 시작하기 전 회사에서 제공한 간단한 식사를 하면서 대화를 나눌 수 있었다.

이외에도 그는 매월마다 하루씩 호프(생맥주)데이와 영화관람 등 다양한 문화 이벤트를 제공했다. 여기에는 결코 적지 않은 돈이 들어갔다.

하지만 허태학 사장은 그것이 '비용'이 아니라 '투자'라고 생각한다. 그는 직원들이 즐거우면 당연히 생산성도 높아지며 따라서 그것은 내부고객을 위한 당연한 절차라는 것이다. 그의 철저한 서비스 경영을 엿볼 수 있는 대목이다.

2004년 들어 삼성석유화학은 또 한번 창사 이래 최고의 실적을 올렸다. 매출액이 1조 1천억을 넘어선 것은 물론 수익도 창사 이래 최고의 성과를 거둔 것이다.

오늘날 이러한 삼성석유화학의 발전은 허태학 사장만의 서비스 경영을 통한 혁신이 있었기 때문에 가능한 것이었다.

'공장을 호텔로 바꾸는 석유화학맨.'

오늘날 그가 듣고 있는 새로운 닉네임이다. 여기에는 제조업에 서비스정신을 새롭게 접목시켜 시너지 효과를 창출한 그만의 독특한 경영이 담겨 있다.

09 SAMSUNG CEO

영원한 반도체 유목민

황창규 | 삼성전자 사장

1953년	1월 23일 부산 출생
1972년	부산고등학교 졸업
1976년	서울대학교 전기공학과 졸업
1978년	서울대학교 대학원 전기공학 석사
1985년	미국 MIT 전자공학 박사
1978년	해군사관학교 교관
1985년	미국 스탠포드대 전기공학과 책임연구원
1987년	미국 인텔사 자문
1989년	16MD 소자 개발팀장
1992년	삼성전자 반도체 연구소 이사
1994년	세계최초 256MD 개발 성공
1999년	삼성전자 반도체총괄 반도체연구소장 부사장
2000년	삼성전자 메모리사업부장 대표이사 부사장
2004년	삼성전자 반도체총괄 겸 메모리사업부장 사장

영원한 반도체 유목민
황 창 규
삼성전자 사장

삼성의 반도체 삼총사

2001년 10월, 미국의 마이크로소프트사는 홈네트워크 파트너로 삼성전자를 택했다. 마이크로소프트사는 대중들에게는 윈도우 운용 시스템으로 잘 알려진 세계적인 IT기업이다. 마이크로소프트를 경영하는 사람은 이미 너무도 잘 알려진 빌 게이츠 회장. 빌 게이츠 회장은 세계 최고의 갑부이기도 하다.

한때 재미난 수수께끼가 떠돌았다. 만약 빌 게이츠 회장이 길을 걷다가 우연히 1,000원짜리 지폐를 발견했는데 가던 길을 멈추고 허리를 숙여 그 1,000원짜리 지폐를 집는 게 이익이겠는가 아니면 그냥 지나쳐 가는 게 이익이겠는가 하는 것이었다. 답은 그냥 지나쳐 가는 게 훨씬 큰 이익이라는 것이었다. 빌 게이츠의 연수입을 고려할 때 잠깐 멈춰 서서 돈을 집는 몇 초간의 시간이 1,000원 이상의 값어치가 있다는 계산에서였다.

이런 빌 게이츠가 삼성전자를 파트너로 택해 제휴를 맺었다는 것은 의미가 크다. 그것은 삼성전자가 세계 유수의 기업과 어깨를 나란히 할 수 있는 기업으로 평가받고 있다는 것을 뜻하기 때문이다. 바야흐로, '월드 경영'에 접어든 것이다.

실제로 당시 한 기자가 빌 게이츠에게 왜 소니나 필립스 같은 세계적 전자업체들 대신 삼성전자를 택했느냐고 질문했을 때, 빌 게이츠 회장은 "강한 회사이기 때문이다."라고 대답했다.

삼성전자의 제품들은 이미 세계적인 수준으로 대접받고 있다.

최근 삼성전자의 새로운 핵으로 떠오르고 있는 휴대폰 사업만 보더라도 이미 세계적인 수준이다. 2010년까지 세계 1위를 차지하고 있는 노키아를 따라잡겠노라고 의지를 불태울 정도이다.

VCR, DVD플레이어, LCD, 모니터 등도 마찬가지이다.

무엇보다도 D램과 S램으로 대변되는 메모리 반도체 분야에서는 오랫동안 세계 1위를 지켜왔고, 이제 부동의 위치를 굳혔다고 해도 과언이 아니다. 특히, 메모리 반도체 분야는 다른 제품들에 비해 의미가 남다른데, 오늘날 삼성전자가 세계적인 기업으로 성장할 수 있는 초석이 된 사업이 바로 메모리 반도체 분야이기 때문이다.

이 메모리 반도체 분야에서는 이윤우 부회장이 잘 알려져 있다.

그는 메모리 반도체 분야의 개척자이자 산 증인으로 불리기도 한다. 그런데, 사실 삼성전자에는 이윤우 부회장에 못지 않은 메모리 반도체 분야의 개척자와 산 증인이 두 명이나 더 있다. 바로 진대제와 황창규이다. 그들은 서울대학교 선후배 사이로 같은 스탠포드대 출신이기도 하다. 그들은 이윤우와 더불어 삼성전자의 반도체 삼총사라고 할 수 있다. 그리고 오늘의 삼성전자의 초석은 이 반도체 삼총사에 의해 그 발걸음을 시작했다고 해도 과언이 아니다.

진대제는 4MD램과 16MD램을 개발하여 일본의 메모리 반도체를 뒤흔들었던 인물이다. 그는 '국보급 박사'라고 불린다. 그만큼 그의 반도체 관련 기술이 세계적이기 때문이다. 실제로 그의 이론은 대학 반도체 교재에 등장하기도 한다.

이런 '국보급 박사'에 결코 뒤지지 않는 사람이 바로 삼성전자의 황창규 사장이다. 그는 256KD램을 개발했던 이윤우 부회장과 16MD램을 개발했던 진대제 사장의 뒤를 이어 256MD램을 개발했다. 이윤우 부회장이 256KD램으로 메모리 반도체 분야의 초석을 닦고, 진대제 사장이 MD램으로의 가교적 역할을 했다면, 황창규 사장은 256MD램의 상용화로 오늘날의 전성기를 이끈 것이다.

반도체 유목민(semiconductor nomad)

'반도체 유목민.'

황창규 사장의 닉네임이다.

삼성전자의 반도체 삼총사는 그 유명세만큼이나 각자의 닉네임을 가지고 있다. 이윤우 부회장은 '반도체의 산 증인'으로 불린다. 그런가 하면 진대제 사장은 '국보급 박사'이다.

'반도체 유목민'이라는 닉네임에는 황창규 사장의 반도체 기술과 관련한 인생의 이력이 그대로 드러나 있다. 그는 반도체 유목민답게 한곳에 안주하지 않고 끊임없이 좀더 나은 반도체 기술을 찾아 길을 떠나왔다.

황창규 사장의 본래 꿈은 물리학자였다. 그는 고등학생이던 시절 그 꿈을 가졌는데, 그것은 당시 미국과 소련이 우주선 경쟁을 벌였고, 물리학이야말로 우주선 개발 계획에 있어 핵심적인 학문 분야 중 하나였기 때문이었다. 그러다가 대학에 진학할 무렵에는 실용물리에 흥미를 가지게 되었고, 그것이 점차 발전하여 서울대의 전기공학과에 진학하게 되었다. 당시 그의 집안에서는 그의 행보에 크게 실망했는데, 왜냐하면 그가 의대에 갈 것을 희망했기 때문이었다.

그는 집안의 반대를 무릅쓰고, 전기공학과에 입학했지만 그때까지 뚜렷한 길을 찾았던 것은 아니었다. 그는 그때까지만 해도 그저 열심히 공부하는 공학도에 불과했다. 그러다가 그는 대학교 3학년 시절 반도체에 뜻을 두게 된다.

《Physics of Semicondutor Device》

1975년, 대학교 3학년 시절, 공부벌레에 가까웠던 황창규 사장은 우연히 도서관에서 이 책을 보게된다. 인텔의 창업자 앤디 그로브가 쓴 반도체 이론서였다. '반도체의 물리와 기술'. 그는 이 책을 읽고 자신의 인생에 대한 큰 영감을 받는다. 그 책을 읽으면서 반도체가 고도화된 산업사회의 미래라는 것을 강하게 깨닫는다. 이후 그는 반도체를 공부하는 것으로 인생의 항로를 결정하고, 대학원에도 진학하게 된다.

그는 대학원에 가서도 쉬지 않고 공부했다. 하지만 그는 반도체를 공부해야 된다는 것 외에 다른 길을 발견하지 못했다. 당시 그는 자신이 습득한 반도체 기술을 어떻게 활용할 수 있을지조차 정확히 감을 잡고 있지 못했다. 반도체 유목민으로서의 첫 번째 길떠남이었지만, 아직 정확한 길을 발견하지는 못했던 것이다. 그는 길이 없는 초원을 걷고 있는 유목민에 불과했다. 그러다가 1977년 또다른 계기가 찾아왔다.

윌리엄 쇼클리가 한국을 방문한 것이다. 윌리엄 쇼클리는 세계 최초로 트랜지스터를 개발한 인물이다. 윌리엄 쇼클리의 내한을 보며, 황창규 사장은 드디어 미래상을 확실히 다져간다. 윌리엄 쇼클리처럼 세상 사람들 모두가 인정하는 반도체 엔지니어가 되겠다는 것을 목표로 설정한 것이다.

　1981년 그는 미국 유학길에 올랐다. 해군사관학교에서 대위로 전역한 뒤였다.

　당시 그가 유학길에 오를 수밖에 없었던 것은 한국의 반도체 기술이 미천했기 때문이었다. 이것이 그의 두 번째 유목이었다. 이후 그는 4년여의 정진 끝에 1985년 매사추세츠 주립대학에서 공학박사 학위를 받았다.

　그가 박사학위를 마치고 나자 IBM이나 텍사스 인스트루먼트 같은 세계적인 기업들의 스카웃 제의가 잇따랐다. 생활을 생각하면 더없이 좋은 기회였다. 소위 '높은 연봉과 안정된 직장'이 보장되었기 때문이다. 하지만 그는 그 제의를 뿌리쳤다. 반도체에 관해 더 많은 공부를 하고, 더 많은 실험을 해보고 싶었기 때문이었다. 그는 스탠포드 대학의 전기공학과 책임연구원으로 갔다. 반도체 유목민으로서의 세 번째 선택이었다.

　스탠포드 대학의 책임 연구원을 지내면서 그는 반도체 분야와 관련한 다양한 경험을 할 수 있었다. 그는 무엇보다도 그곳에서 윌리엄 쇼클리를 만날 수 있었다. 당시 쇼클리는 76세였고, 명예교수를 지내고 있었다. 자신을 반도체 분야로 접어들게 했던 데 결정적인 영향력을 미친 윌리엄 쇼클리와의 만남은 그에게는 평생 몇 안 되는 소중한 기억 중의 하나가 되었다. 실제로 훗날 그는 그와의 만남을 "진정 가슴 떨리는 일이었다."고 회고한 바 있다.

그는 책임연구원 시절 좀더 실질적인 반도체의 연구에 힘썼다. 그의 이러한 노력은 곧 수많은 논문 발표로 이어졌다. 교수진들도 깜짝 놀랄 정도였다.

스탠포드는 그의 이러한 열정이 좀더 큰 무대에서 펼쳐질 수 있도록 배려하는 것을 잊지 않았다. 그는 연구원 생활을 하면서 인텔사의 자문역을 맡을 수 있었다.

1987년이었다. 당시 그는 또 한 명의 반도체 분야의 거장을 만난다. 인텔의 앤디 그로브 회장을 직접 만나게 된 것이다. 훗날 그는 앤디 그로브 회장과 가족동반으로 함께 식사를 할 정도로 가까운 사이가 되었다. 그로 인해 당시 세계 최고의 기술력을 보유한 인텔을 통해 견문을 넓힐 수 있었다.

황창규는 일본의 반도체 업체들을 통해서도 견문을 넓혔다. 당시 일본의 반도체 관련 기술은 세계 최고 수준이었다. 세계 최고 수준의 전자소재 관련 심포지엄이라는 전자소재학회 IEDM의 심포지엄도 일본어로 진행될 정도였다. 실제로 일본은 강했다. 당시 일본 반도체 업체들 중에서도 최고의 기업으로 평가받는 NEC나 히타치 같은 기업을 둘러보고 충격을 받았다. 그 기술력이 대단했던 것이다.

그는 당시 일본을 뛰어넘지 않고는 영원히 2등일 수밖에 없다는 것을 느꼈다. 또 동시에 일본을 뛰어넘고 싶다는 생각을 했다. 그러다가 우연치 않게 그에게 기회가 왔다. 바로 삼성전자에서의 입사 제의였다.

삼성전자가 반도체 진출에 관심을 가진 것은 이건희 회장이 한국 반도체 부천공장을 인수하면서부터였다. 이후 1983년 고(故) 이병철 전 회장은 도쿄 선언을 통해 반도체 진출을 본격화한다. 하지만 당시 반도체 기술의 황무지와 다름 없던 한국에서 이는 결코 쉬운 일이 아니었다.

1980년대 초반, 이윤우 당시 개발실장은 신사유람단이라는 기술 연수원을 이끌고 미국과 일본 등에 선진기술을 배우러 가지만 설움만 겪고 돌아왔을 뿐이었다.

이후 이를 발판삼아 64KD램과 256KD램 등을 개발하기에 이른다. 하지만 이때에도 일본 반도체 업체들의 덤핑 공세와 미국 반도체 업체들의 견제 등으로 많은 어려움을 겪어야 했다. 그런 와중에서도 삼성전자는 1988년 들어 4MD램을 개발하는 등 반도체 기술의 혁신에 박차를 가하고 있었다. 이러한 삼성에게 그는 꼭 필요한 인재였다.

황창규는 삼성의 제의를 받아들여 1984년 4월 따뜻한 봄에 귀국했다. 이는 결코 쉽지 않은 결단이었다. 그는 근 5년 만의 스탠포드 연구원 생활을 통해 미국 현지에서 막 자리를 잡아가던 중이었다. 그는 그것을 박차고 반도체 유목민으로서의 새로운 도전을 위해 귀국한 것이다. 그에게 있어 한국으로의 입국은 귀국이 아니라 유목민으로서의 새로운 길떠남이었다.

삼성전자에 입사한 그는 '담당'이라는 직함으로 일을 맡게 된다. 애초에 삼성전자는 그보다 높은 '임원급'을 제의했었지만, 그는 처음부터 높은 자리에 오르는 것은 예의에 맞지 않는 것 같아 거절했다.

유목민인 그에게 일종의 정착생활인 직장생활은 호락호락하지 않았다. 이미 그는 오랜 해외생활을 통해 서구인들의 조직문화에 익숙해져 있었다. 하지만 삼성전자는 유교식 조직문화였다. 게다가, 애초에 그에게 임원급 제의를 했던 삼성전자는 2년이 지나도록 그를 임원으로 승진시키지도 않았고, 또 그에 합당한 일을 주지도 않았다.

그는 갈등을 많이 했다. 하지만 그는 그때마다 초심으로 돌아가 견뎠다. 그가 귀국한 것은 돈이나 사회적 신분이 탐나서가 아니었다. 그는 자신만의 반도체 기술을 실험해보고 싶었고, 그를 통해 이미 반도체 기술의 종주국이 된 일본을 앞지르고 싶었다.

그는 이런 마음 고생 끝에, 1991년 말 이사가 되었다. 그리고 동시에 256M D램 개발 책임도 맡겨졌다. 그는 다른 개발자들과 무수히 토의를 하고 또 실험을 했다. 그리고 1994년 8월, 256M D램을 개발해내는 데 성공했다. 세계 최초의 성공이었다.

그의 반도체 유목민으로서의 삶이 결실을 거둔 것이다.

그뒤 그는 1994년 상무, 1998년에는 전무, 1999년에는 부사장을 거쳐 2000년에는 대표이사를 겸한 메모리 사업부장이 되었다. 그리고 2004년 1월 드디어 반도체 총괄사장이 되었다. 한국 최고의

CEO 중 한 명이 된 것이다.

그는 아직도 반도체 유목민으로서 남기를 희망한다. 전에 반도체의 최고의 기술과 그 분야의 거장들을 쫓아 유목민 생활을 했던 것처럼 오늘도 삼성전자의 반도체 기술의 세계 시장 진출을 위해 유목민 생활을 하고 있다.

단적인 예로 그는 1년에 150일 이상을 해외 출장으로 보낸다. 그래서인지 그가 좋아하는 격언도 색다르다.

"성을 쌓고 사는 자는 반드시 망할 것이며 끊임없이 이동하는 자만이 살아남을 것이다."

이는 옛 돌궐제국의 장수였던 톤유쿠크의 비문이다.

그는 자신의 후배들에게도 이러한 삶을 강조한다. 황창규 사장은 대학 강의를 나가고 있다. 자신의 모교인 서울대학교이다. 당연히 강의를 듣는 제자들은 그의 후배들이다.

그가 대학에 강의를 나가는 이유는 자신의 후배들에게 반도체 산업과 관련한 비전과 꿈을 제시하고 용기를 주기 위해서이다. 그의 대학 강의는 이번이 처음은 아니다. 몇 년 전에는 케임브리지 대학과 스탠포드 대학에서 강의한 경험이 있었다. 모두가 세계에서 내로라하는 명문 대학들이다. 그는 이 대학들에서 폭발적인 인기를 얻은 바 있다.

그의 대학 강의는 매번 인기가 높다. 그의 강의에는 이론뿐만 아니라 세계 반도체 시장과 관련한 현장이 녹아들어 있기 때문이다. 또한 그의 강의는 딱딱하지 않다. 그는 유머를 곧잘 구사하기도 한다.

하지만 자신의 강의를 듣는 후배들이 안타까울 때도 있다. 외국의 학생들은 반도체 기술에 대한 열정이 대단한 데 반해 자신의 후배들은 미래의 안정적인 생활 등 현실적인 것에 더 관심을 갖는 것처럼 보이기 때문이다.

그래서 그는 후배들에게 도전정신과 패기, 그리고 모험심과 용기를 이야기한다. 그것은 어쩌면 그가 젊은 시절을 반도체 유목민으로서 살아왔기에 가능한 것인지도 모른다.

도전정신과 보헤미안 정신

황창규 사장은 '반도체 유목민'이다.

유목민. 이것은 반도체에 대한 그의 끊임없는 자기 혁신을 의미한다. 또, 목표를 향한 그의 집념의 표현이기도 하다. 그래서 그의 유목생활은 도전정신으로 충만해 있다. 하지만 이것은 그의 보헤미안 정신의 표현이기도 하다.

황창규 사장은 성격이 매우 섬세한 것으로 알려져 있다. 실제로 그는 음악과 미술 등 예술 전반에 걸쳐 조예가 깊다. 예술은 섬세한 성격이 아니면 그 깊이를 제대로 음미할 수 없다.

황창규 사장은 음악에 대한 이해가 풍부하다. 특히 클래식 음악에 관해서는 해박한 지식을 가지고 있다.

이에 관한 에피소드가 하나 있다.

80년대 황창규 사장이 아내와 처음 맞선을 보던 날이었다. 그의 아내 정혜욱 씨는 연세대 음대 출신이었다. 아내는 그날 내심 공통 화제가 없지 않을까 무척 걱정했다 한다. 그도 그럴 것이, 황창규 사장은 이공계 출신에 해군장교 출신이라 음악과는 거리가 멀어 보였던 것이다. 하지만 막상 맞선 자리에 나온 황창규는 사장은 그녀보다 훨씬 많은 음악적 지식을 늘어놓아 그녀를 놀라게 했다고 한다.

그는 음악을 좋아하는 것만큼 고등학교 시절에는 합창반 활동을 했었다. 또 대학시절에는 클래식 연주회나 콘서트 등을 찾아다녔는데, 국립극장에서 가장 싼 C석 입장권을 구하기 위해 공릉동에서 장충동까지 여러번 버스를 갈아 타야 하는 수고를 마다하지 않았다 한다.

그는 대중가요도 다소 클래식적인 요소가 강한 '향수'라는 곡을 좋아한다. 그런가 하면 연예인이나 배우가 아니라 첼로 연주가 장한나를 좋아한다. 그는 미술과 서예 등 회화 쪽에도 조예가 깊은 것으로 알려져 있다.

그가 이렇듯 예술 전반에 걸쳐 해박한 지식을 지니고 있고, 또 좋아하는 것에는 할아버지의 유전적 요소가 있지 않겠느냐는 게 주변 지인들의 말이다. 그의 할아버지는 '황매선'. 구한말 화원화가로서 사군자 매화 부분에 있어서만큼은 최고라는 평을 듣는 동양화의 대가이다.

그는 자유로운 성격의 소유자이기도 하다. 오랫동안 해외에서 생활했기 때문에 한국식 유교주의와는 다른 자유분방함이 몸에 배었기 때문이다. 그가 삼성에 입사해 다른 사람들과 잘 융화할 수 없었던 것도 이러한 자유분방한 성격 때문이었다.

그는 자유로운 만큼 권위의식도 적다. 또 잘 웃고, 감정표현도 솔직하다. 그의 이러한 자유로움은 인간적인 친화력으로 나타난다. 그는 대학 강단에서 후배들을 가르칠 때에도 시종일관 무거운 이야기나 충고만 하는 것이 아니라 간간히 농담을 섞고 재치있는 행동으로 긴장을 풀어주는 여유가 있다. 그 자신 스스로가 먼저 자유롭지 않고는 힘든 일이다.

그의 자유로운 정신은 도전과 연결된다. 그의 자유로움은 그가 창의적인 발상을 할 때에나 혹은 해외의 기업설명회 때 외국 대주주들로부터 좋은 호응을 이끌어내는 원동력이다.

이처럼, 황창규 사장에게는 단순히 도전정신만 있는 것이 아니라 섬세함, 예술, 그리고 자유로움으로 대변되는 보헤미안 정신이 있다. 그가 메모리 집적도가 1년 6개월마다 2배씩 늘어난다는 '무어의 법칙'을 깨뜨린 것은 그런 면에서 당연한 일일지도 모른다. 보헤미안 정신은 기존의 법칙에 대한 항거에서 시작되기 때문이다.

'황의 법칙'

"메모리 집적도는 1년에 2배씩 증가한다."

2002년 2월, 반도체의 올림픽이라 불리는 국제반도체학회(ISSCC) 총회에서 황 사장은 폭탄 같은 발언을 했다.

그때까지 암암리에 정설로 되어 있던 무어의 법칙을 깨뜨리고 새로운 법칙, 즉 메모리의 신 성장론을 발표했기 때문이다. 이것이 그 유명한 '황의 법칙'이었다. 여기서 '황'은 그의 성을 딴 것이다. 메모리의 집적도란 쉽게 말해 메모리의 용량을 뜻한다.

당시 무어의 법칙은 PC시장의 성장에 그 기반을 둔 법칙이었다. 이에 반해 황의 법칙은 휴대전화로 대표되는 모바일 기기와 디지털 가전제품 등의 보급·확산에 따른 메모리 집적도가 더 짧은 시간에 두 배로 커진다는 것을 법칙으로 내세웠다.

2002년 2월만 해도 반도체 관련 업체들과 전문가들의 반응은 미덥지 못하다는 시선이 적지 않았다. 사실 황창규 사장은 99년부터 당시까지 이 황의 법칙을 실현해왔다. 하지만 당시만 해도 일종의 예외 없는 법칙이 없다는 식이었고, 앞으로는 어려울 것이라는 의

견이 지배적이었다. 하지만 황창규 사장은 '황의 법칙'을 선언한 이후 2004년까지 줄곧 이 법칙을 증명해왔다.

2004년 9월 20일, 신라호텔은 반도체 역사의 새로운 법칙이 옳았음을 증명하는 자리였다. 이 자리에서 황창규 사장은 60나노 공정을 이용해 8기가 낸드플래시 메모리를 세계 최초로 개발했다고 발표했다. 이는 반도체 회로선의 폭이 60나노미터로, 머리카락의 2천 분의 1에 불과한 제품이다. 1나노미터(nm)는 10억 분의 1m를 뜻한다. 이 제품을 이용한 메모리 카드는 책 2만 권, 음악파일 4천여 곡, 최고급 화질의 영화 10여 편을 저장할 수 있다. 이는 세계 최고의 기술력을 보유했다는 인텔이나 마이크론, 인피니온보다 무려 1년 이상이나 앞선 것이다. 최첨단 기업들에게 1년은 결코 짧지 않은 시간이다. 이 자리에서 황창규 사장은 80나노 공정의 2기가 DDRD램과 세계 최고속인 667MHz 모바일 CPU 역시 세계 최초로 개발했음을 발표하기도 했다.

현재 메모리 분야의 선두주자는 인텔.

하지만 이 속도라면 삼성전자가 인텔을 따라잡을 날도 멀지 않았다는 전문가들의 평이다. 여기에는 그만한 근거가 있다. 오랫동안 삼성전자와 인텔을 비교했을 때, 전체 매출은 인텔이 앞서는 것이 사실이다. 하지만 성장률과 이익률은 삼성이 높다. 인텔이 덩치는 더 크지만, 실속은 삼성이 더 많다는 것을 뜻한다. 또한 삼성의 제품들이 인텔의 제품보다 훨씬 부가가치가 높다는 것을 의미하기도 한다. 하지만 가장 큰 근거는 황창규 사장이 삼성전자를 이끌고 있다는 것이다.

황창규 사장은 90년대 이후 메모리 반도체 혁신의 기술 현장과 함께 해왔다. 128MD, 256MD, 512MD램은 물론 1GD램과 2GD램 등이 개발되어 출시되는 현장에는 항상 그가 있었다. 2002년 2월 황의 법칙을 선언할 수 있었던 것도 그가 90년대 이후 삼성전자의 메모리 반도체의 기술력을 꿰고 있었기 때문이다.

그래서 사람들은 그를 '반도체 유목민'이라고 부르는 동시에 'Mr. 반도체'라고도 부른다. 그가 현 이윤우 부회장의 뒤를 이어 반도체 총괄사장의 직함을 맡을 수 있었던 것도 이러한 까닭이다. 하지만 최근 그의 관심사는 단순히 메모리 반도체에만 국한되어 있지 않다.

그는 최근 일명 '시너지 회의'라는 것을 주재하고 있다. 이 시너지 회의는 단기적으로는 메모리 사업부와 시스템 LSI 사업부 간의 시너지 효과를 극대화하기 위한 회의이다. 하지만 장기적으로 보면 메모리와 비메모리 분야의 상호작용을 통해 제품개발의 영역을 확장해가고 그 로드맵을 정착시켜가는 데 있다. 이를 통해 첨단 산업을 주도해가려는 것이다.

이 회의에는 황창규 사장은 물론 시스템 LSI 사업부장인 권오현 사장과 각 사업부의 임원들이 모인다. 회의는 한 달에 한 번 꼴로 열린다.

사실, 이러한 메모리 분야와 비메모리 분야의 경계 파괴는 이미 2002년 2월 황의 법칙을 선언하면서 계획된 것이었다. 당시에도 황창규 사장은 IT환경이 상호간에 융화·복합화되고 모바일화가 급속도로 진행되며 LCD 모니터나 텔레비전 등이 무서운 속도로 개발되고 있으며 메모리 반도체 분야의 성장 역시 기존의 단순 PC시장의 성장보다는 이러한 비메모리 반도체 분야의 성장과 함께 지속될 것이라고 전망했었다. 그때 이미 그는 메모리 분야와 비메모리 분야, 더 나아가서는 반도체와 비반도체의 동반 성장을 꾀하고 있었던 것이다.

실제로 당시부터 2년여 동안 사업성 검토를 거쳐 삼성의 기흥 사업장에서는 비메모리 반도체 라인의 골격이 갖춰지고 있다. 알명 'S라인'이라 칭해지는 이것은 삼성전자의 비메모리 반도체 전용 라인이다. S라인은 2005년 하반기부터 반도체를 생산하게 된다. 소요된 금액만 2조 5천억에 달한다.

황창규 사장의 이러한 동반 성장론에는 두 가지 의미가 포함되어 있다.

하나는 삼성전자가 메모리 반도체 중심에서 벗어나는 수익구조를 창출하기 시작했다는 의미가 있다. 사실 세계 반도체 시장에서 메모리 반도체의 비중은 2% 수준이다. 따라서 삼성전자가 메모리 반도체를 거의 독점한다 해도 그 수익구조상 한계가 명확하다.

실제로, 정부에서 최근 추진하고 있는 차세대 미래형 산업에도 메모리 반도체 사업보다는 LCD나 PDP 같은 디스플레이 산업 쪽에 더 비중을 두고 있는데, 이는 반도체 시장의 전체적인 수익구조와 무관하지 않다. 따라서 삼성전자가 반도체와 관련해 최고의 기업으로 성장하려면 비메모리 반도체 영역에 관한 도전이 필수불가결한 것이다. 그런데 메모리 반도체 분야와 비메모리 반도체 분야, 반도체분야와 비반도체 분야는 서로 결코 무관하지 않다. 가령, TFT-LCD나 디지털 TV에도 메모리가 수십 개 쓰인다. 휴대전화도 마찬가지이다. 모바일화가 진행될수록 메모리의 영향력도 커지게 된다. 즉, 기존의 메모리의 영향력이 10이었다면 향후에는 그 두 배, 세 배가 되는 것이다.

이것은 삼성전자에게 크나큰 행운이 아닐 수 없다. 메모리 사업과 관련해 적어도 삼성전자는 세계 최고의 경쟁력을 보유하고 있기 때문이다. 사실, 황창규 사장이 그 삼성전자의 역량을 비메모리 분야에까지 확장할 수 있는 것도 메모리 분야가 톡톡히 효자 노릇을 해주었기에 가능한 것이었다.

현재, 황창규 사장은 모바일화와 디지털화 등 첨단 멀티화되어가는 환경 속에서 삼성전자를 세계에서 가장 강력한 종합 반도체 회사로 키워갈 생각이다. 따라서 그는 이미 세계 1위인 D램, S램, 플래시, DDI(디스플레이 구동칩)는 물론이고 휴대폰의 내장품인 MCP와 CIS(CMOS 이미지센서), 옵티컬 플레이어 시스템 온 칩, 스마트카드 칩, 모바일 CPU 등도 세계 1위로 육성하기 위한 의지를 다지고 있다.

  그는 '반도체 유목민'이다. 유목민의 삶은 끊임없이 좀더 나은 것을 찾아 떠나는 삶이며, 도전하는 삶이다. 그것은 필연적으로 경계와 한계를 뛰어넘는 삶이기도 하다. 그는 이제 새로운 유목민의 삶으로 접어들었다.

10 SAMSUNG CEO

든든한 지원사격 대장

최도석 | 삼성전자 경영지원 총괄사장

- **1949년** 5월 3일 서울 출생
- **1968년** 마산고등학교 졸업
- **1975년** 연세대학교 경영학과 졸업
- **1975년** 제일모직 경리과 과장
- **1980년** 삼성전자 경리부장
- **1999년** 삼성전자 경영지원실장 부사장
- **2001년** 삼성전자 경영지원총괄 담당 사장

든든한 지원사격 대장
최도석
삼성전자 경영지원 총괄사장

삼성 본관 25층

삼성전자의 맏형 격인 윤종용 부회장에게는 그 직책만큼이나 대내외적으로 일이 많다. 그는 삼성전자의 전체적인 비전과 방향을 제시해야 하는가 하면, 때에 따라서는 실질적인 관리 업무에도 나서야 한다. 공식적인 행사나 이벤트에도 얼굴마담 역할을 해야 하고 홍보활동도 해야 한다. 이외에도 그에게는 또다른 주요 업무가 있다. 바로 삼성의 인재를 발굴하는 것과 해외로 IR(기업설명회)을 다녀야 하는 것이다.

그는 삼성의 예비 인재들을 발굴하는 데 진두지휘권을 가지고 있다. 그는 실제로 서울대 경영대와 공대 등에서 강의를 하기도 했었다. 그의 이러한 인재 발굴 정책에 행보를 같이하는 사람이 황창규 반도체 총괄사장이다. 그 역시 서울대학교에서 강의를 하는 한편, 뛰어난 인재들을 물색하는 데 적극적이다.

윤종용 부회장이 해외로 기업설명회를 다닐 때 행보를 같이하는 사람도 있다. 바로 최도석 경영지원 총괄사장이다.

삼성전자의 맏형 격인 윤종용 부회장과 행보를 같이한다는 측면에서 이미 최도석 사장의 위상이 어느 정도인지는 능히 짐작할 수 있다.

그의 위상은 그의 사무실 위치에서도 잘 드러난다. 그의 사무실은 서울 태평로 삼성 본관 25층에 자리잡고 있다. 25층은 삼성의 핵심 전략지이다. 25층의 회의실에서 삼성그룹은 물론 삼성의 가장 대표적인 계열사인 삼성전자를 비롯한 수많은 계열사들의 경영 전략회의가 수시로 열리기 때문이다. 이 때문에 이건희 회장의 아들인 이재용 씨의 사무실도 이 25층에 마련되어 있다. 25층에 있다 보면 자연스레 25층을 드나드는 수많은 그룹의 핵심 인사들과 마주치게 되고 따라서 경영의 전체적인 흐름은 물론 삼성의 주요 인물들까지도 쉽게 파악할 수 있기 때문이다. 그런데, 이 이재용 씨의 사무실이 바로 윤종용 부회장과 최도석 사장의 가운데에 위치해 있다.

그의 위상은 삼성의 주요 전략회의에서 그의 이름을 어렵지 않게 찾아볼 수 있다는 데에서도 드러난다.

2000년 11월 27일과 28일, 이건희 삼성 회장은 삼성전자 사장단

회의를 열었다. '디지털 e 컴퍼니' 실현을 구체화하기 위한 회의였다. 이 회의는 IMF 위기를 마무리해가는 동시에 2000년대 들어 삼성이 일류 기업으로 도약하는 과정에서 갖는 중요한 회의였다. 이 자리에는 삼성의 굵직굵직한 CEO들이 참석했다. 윤종용 부회장은 물론, 이학수 삼성그룹 구조조정본부장과 이윤우 당시 반도체 총괄사장, 진대제 당시 디지털 미디어 사장, 황창규 현 반도체 총괄사장과 이기태 정보통신 사장 등이 참석한 것이다. 그리고 그중에는 최도석 사장도 포함되어 있었다.

 이러한 위상에도 불구하고 최도석 사장은 사실 삼성 외부에 그리 알려져 있지 않다. 특히, 삼성의 다른 CEO들에 비교해볼 때 그렇다. 위상은 높으나 잘 알려져 있지 않은 CEO가 바로 최도석 사장인 것이다. 여기에는 그만한 이유가 있다.

 위상은 높은데 겉으로 잘 드러나지 않는 CEO 중에는 송용로 삼성코닝 사장이 있다. 그가 겉으로 잘 드러나지 않는 것은 개인적인 성격이나 경영 스타일 외에도 그가 삼성의 멀티플레이어이기 때문이라는 점을 이야기했다. 멀티플레이어는 자의든 타의든 한 가지 색깔을 고집할 수 없다. 공격수가 지치면, 공격수의 역할을 해줘야 하고 어시스트가 부족하면 어시스터로서의 역할을 해줘야 하는가 하면 때로는 수비수의 역할도 해야 한다. 만약 멀티플레이어가 한 가지 색깔을 고집하게 되면 그 팀은 불협화음에 시달리게 된다. 따라서 멀티플레이어는 개인적인 특색은 없어 보이지만 팀 차원에서 보면 없어서는 안 될 선수이다. 삼성그룹에 있어서 송용로 삼성코닝 사장의 위상은 거기에서 찾아볼 수 있었다.

이학수 구조조정본부장은 이건희의 그림자라고 불릴 만큼 '실세 경영'이 있다. 윤종용 부회장은 '기술 마법사'나 '이단아'로 대변되는 '혁신 경영'이 있다. 배종렬 사장은 관리 경영의 대부로 불리며, 배정충 사장은 따뜻하고 인간적인 내실 경영으로 유명하다. 그런가 하면 이윤우 부회장은 특유의 기술력과 인간적인 매력으로 종합형 경영을 추구하는가 하면, 이기태 사장은 불도저로 대변되는 초강력 공격형 경영으로 알려져 있다. 황창규 사장은 특유의 창의력을 밑바탕으로 하는 유목민 경영으로 반도체의 경계를 허물어가고 있다. 이에 반해 송용로 코닝 사장은 삼성의 멀티플레이어답게 '삼발이 관리 경영'을 가지고 있다.

그렇다면, 최도석 사장 역시 삼성의 멀티플레이어일까? 그렇지 않다. 그는 경영에 직접 나서지 않으면서도 경쟁이라는 전장에서는 최전선에 있는 것과 마찬가지인 역할을 맡고 있다. 바로 송용로 코닝 사장을 비롯한 모든 CEO들의 지원사격의 위치가 그것이다.

GBM 체제의 감독

GBM. 이것은 'Global Business Management'의 약자이다.

삼성에서 세계 일류 기업으로 도약하기 위해 기존에 한국에서는 찾아볼 수 없는 글로벌화된 기업 시스템을 구축한 것의 명칭이다.

이 GBM의 탄생은 1998년 여름까지 거슬러 올라간다. 이 시절은 삼성에게 있어 절망과 새로운 희망이 교차하는 시기였다. 이 시기에 바로 윤종용 부회장의 그 유명한 O, X 구조조정이 있었기 때문이다. 이는 삼성전자 최대의 구조조정이었다.

이로 인해 삼성전자는 구조 다이어트에 성공할 수 있었다. 그리고 2000년 삼성전자는 새로운 기업 시스템으로 GBM을 구축했다.

기존의 삼성 전자의 기업 시스템은 사업부제에 그 바탕을 두고 있었다. 제품에 따라 사업부를 구별지었던 것이다. 따라서 생산하는 사람, 관리하는 사람, 판매하는 사람, 그리고 영업하는 사람의 책임자가 각각 다를 수밖에 없었다. 이는 **빠른 통제**와 **빠른 보고**에 능숙하지 못한 체제였다. 책임자가 다르니 회의 시간도 길어질 수밖에 없고, 또 중앙의 통제가 하부에 미치는 데에도 오랜 시간이 지체되었던 것이다. 일사분란한 일처리는 더더욱 기대할 수 없었다. 더 큰 문제는 서로가 책임은 지려 하지 않고 공은 자기 것으로 돌리려 하는 소집단 이기주의가 팽배했다는 것이다. 예를 들어, 한 제품의 판매가 잘 이루어지지 않는다. 당연히 창고에 재고가 많이 쌓이게 된다. 중앙 부서에서는 이를 추궁하기 시작한다. 그러면 영업 쪽 책임자는 제조 쪽 핑계를 대며 자신들이 아무리 열심히 영업을 다녀도 제품이 좋지 않기 때문에 팔리지 않는 것이라고 회피를 한다. 제조 쪽에서는 그 반대로 자신들이 아무리 좋은 제품을 만들어도 영업 쪽의 영업 능력이 좋지 않기 때문이라며 책임을 회피한다. 결국 재고가 쌓이고 적자가 나는 상황에서 책임을 질 사람은 아무도 없는 것이다.

결국, 당시 '이단아'이자 '카오스 메이커'였던 윤종용 부회장은 제품에 초점을 맞춘 사업부제를 모조리 뒤엎는다. 그리고 그는 동시에 사업의 시작부터 완결까지의 모든 과정을 책임지는 제도를 도입했다. 그것이 바로 GBM이었다.

당시 삼성전자는 모든 사업부를 16개의 GBM으로 나누었다. 그리고 각 GBM에 장을 두었다. 이 때문에 GBM을 소사장제라고도 칭한다. 몇 개의 사업부를 관리하는 사장 밑의 사장이라는 뜻이다.

이 GBM장들의 권위와 권력은 실제 웬만한 중견기업의 사장 못지 않다. 그들은 경영에 필요한 모든 예산과 인력 등을 자체적으로 편성할 수 있고, 활용할 수 있다. 하지만 그것에 따른 책임도 져야 한다. 말 그대로 무한 책임제인 것이다.

이들은 매월 초에 경영 활동의 결과를 통보받게 된다. 여기에는 매출과 순이익은 물론 재고, 재무상태, 인건비와 구매비 비율 등이 세세하게 정리되어 있다. 여기에서 좋은 성과를 거두면 위로 승진할 수도 있지만 그렇지 못하고 적자가 누적되면 그만큼의 불이익을 당해야 한다.

당연히 GBM장들은 자신들이 동원할 수 있는 모든 역량을 동원해 이익을 내려고 한다. 이 과정에서 그들은 선의의 경쟁만 할 수 있는 것은 아니다. 그들은 유망한 신규 사업을 먼저 따내기 위해 경쟁을 벌이는가 하면 자기 사업부의 실적만을 위해 무리한 홍보비용을 사용하기도 한다. 또 그들은 짧은 시간에 실적을 올리는 것이 절대적일 수밖에 없기 때문에 장기적인 전략이나 비전을 수립해나갈 수는 없다. 때문에 이러한 GBM장들의 상호 견제로 인한 마찰과 실적 위주의 무리한 정책집행으로 인한 자본 출혈을 막아주는 한편 그들을 대신해 장기적인 전략과 비전을 제시해주는 그 위의 사장들이 있다. 그들이 바로 '총괄사장'들이다. 오늘날 삼성에서 볼 수 있는 '총괄사장'이라는 직함의 탄생이 여기에 있다.

총괄사장들은 GBM 소사장들의 의견을 조율하는가 하면, 정책의 우선 순위를 결정하고, 때로는 강력한 통제를 하기도 한다. 또한 거시적인 입장에서의 경영을 책임져 전략과 비전을 제시하고, 투자 효율의 극대화 방안을 제시하는가 하면 고용, 사업부 간의 시너지 등을 고려한다.

이러한 총괄사장들을 다시 조율하는 사람으로는 윤종용 부회장 같은 CEO들이 있다. 따라서 윤종용 부회장을 경영에 있어 오케스트라 지휘자에 비유하곤 한다. 각 총괄사장들을 통해 전체적인 경영 정책을 조율하기 때문이다. 그는 경영 일선에 민감하면서도 동시에 다소 거리가 있는 일들을 처리하는 이중적인 위치에 서 있다. 그가 삼성전자의 경영에 있어 막대한 영향력을 행사할 수 있으면서도 동시에 현장에 관한 한 총괄사장들의 의견에 맡겨두는 것도 이러한 이유이다.

그런데, 윤종용 부회장이 오케스트라 지휘자에 비유될 때 감독에 비유되는 사람이 있다. 바로 최도석 사장이다.

최도석 사장이 감독에 비유되는 이유는 그 역시 윤종용 부회장처럼 경영 일선에 참여하지 않으면서도 동시에 각 사업장의 경영에 있어 절대적인 영향력을 행사하기 때문이다. 실제로 그는 윤종용 부회장과 함께 GBM 시스템을 전체적으로 관리하는 위치이다. 단, 윤종용 부회장이 궁극적으로 경영 그 자체에 몸담고 있다면, 그는 경영지원 쪽에 가깝다. 그래서 그의 직함도 경영지원 총괄사장이다. 그것은 음악회에서 지휘자는 각 파트를 담당하는 연주자들과 함께 무대 위에 서지만, 감독은 무대 뒤편에서 끊임없이 음악회가 매끄럽게 진행되도록 신경쓰는 것과 같은 이치이다.

최도석 경영지원 총괄사장은 한마디로 삼성전자의 지원사격 대장이라 할 수 있다. 각 사업장의 경영자들이 원활하게 경영을 이끌어갈 수 있도록 돈과 인력, 그리고 시스템까지 지원하기 때문이다. 따라서 그의 업무는 이것이다라고 쉽게 잘라 말할 수 없다. 업무의 영역 자체가 무척 광범위하기 때문이다. 업무 면에서만 보자면 그 역시 송용로 코닝 사장처럼 멀티플레이어라고 할 수 있다. 그는 재무에 신경을 써야 하는가 하면 경영 관리, 각 사업장의 자금 지원, 심지어는 윤종용 회장과 기업 설명회를 갖거나 주주총회를 할 때에도 동석하곤 한다. 또 삼성전자의 대 사회적 정책을 통해 삼성전자의 이미지를 제고시키는 것도 그의 몫이다.

최근 그는 삼성전자가 단순한 자선 중심 활동에서 전략적 사회투자 활동으로 대사회적 정책을 변화시켜가는 데 주도적 역할을 하고 있다. 이를 위해 그는 사회 공헌 추진 3대 방향을 제시하기도 했다. 지역사회의 요구와 수요층의 필요에 집중하며, NGO와 NPO 등의 시민단체들과 파트너십을 맺어 전문인력을 양성하며, 지역사회 봉사활동을 지속적으로 전개해나갈 수 있는 상생 경영과 나눔 경영을 추진해나가겠다는 것이 그 골자였다. 당시 최도석 사장은 사회복지에 1천 1백억 원, 학술 교육에 1천 6백억 원, 문화예술에 750억에 달하는 돈을 지원할 계획이라고 했다.

경영혁신의 사령탑

그는 조직의 혁신에도 큰 역할을 해왔다. 조직의 혁신은 기업 인프라의 재정비 차원이라는 측면에서 지원 경영 중 한 부분이기 때문이다. 경영의 혁신은 곧 조직의 혁신으로부터 탄력을 받는 것이 정설이다. 오늘날 유명한 CEO들이 경영의 혁신을 꾀할 때마다 조직을 재정비하는 것도 이러한 이유 때문이다.

그의 조직 혁신은 특히 1998년 여름 이후 윤종용 부회장과 줄곧 보조를 맞춰왔다. 따라서 당시 대대적인 구조조정과 이후 GBM의 정착에서도 그는 핵심적인 역할을 담당했다. 실제로 당시 그는 경영지원 총괄 인사팀을 주도했다. 따라서 삼성전자에서 종합 사령탑의 꼭대기에 있는 인물로 이학수 구조조정본부장을 꼽지만, 경영혁신의 사령탑으로는 윤종용 부회장과 최도석 경영지원 총괄사장을 꼽는 것이다.

삼성전자의 경영 혁신은 크게 3단계로 나뉜다.

프로세스 중심의 혁신 단계, 프로세스 중심에서 제품과 조직·인력으로의 혁신 확장 단계, 그리고 마케팅과 개발 등 공격적인 경영전략 중심의 혁신 단계가 그것이다.

1단계는 대략 경영 혁신이 시작된 94년부터 96년까지를 들 수 있다. 당시 삼성전자의 경영 혁신은 내부 프로세스의 혁신에 그 초점이 맞춰져 있었다. 빠른 의사결정, 현장과 관리분야의 밀착, 경영진의 빠른 판단과 하부의 즉각적인 반응, 군더더기형 의사 절차 제거를 통한 내부 비용의 절감 등이 내부 프로세스 혁신을 통해 삼성전자가 얻고자 하는 것이었다.

이를 위해 삼성전자는 ERP(전사적 자원관리) 등의 인프라 구축 작업을 벌였다. 이것은 훗날 2단계 프로세스 혁신에서 SCM의 인프라 구축 작업으로 이어진다.

ERP를 통해 삼성전자는 기존에 대비하여 15%의 비용을 절감할 수 있었다. 또한 부품코드도 상당히 줄였다. 41만 개의 부품코드를 15만 개까지 줄인 것이다. 스피드 경영도 서서히 정립되어갔다.

2단계는 1단계의 프로세스 혁신뿐만 아니라 제품, 인력, 그리고 조직의 체제 전반에 걸쳐 혁신의 범위가 확장된 단계라고 볼 수 있다. 이 시기는 대략 1997년부터 1999년에 해당된다. 이 시기에는 ERP에 이어 SCM이 덧붙여지면서 전사 차원의 총체적 경영 혁신 활동이 본격화되는 시기이기도 하다. 이 시기에 대대적인 구조조정도 잇따랐다. 삼성전자의 가장 큰 구조조정이 있었던 1998년도 이 시기에 포함된다. 이 시기의 특징은 IMF 이후 삼성전자가 새로운 위기의식을 느꼈고, 경영 혁신을 가속화시키는 동시에 세계 초일류 기업으로 성장하기 위한 발판을 마련하기 위해 노력했다는 것이다. 이 시기에는 경영 혁신에 재무, 회계 부문이 확장되었다. 실제로 당시 삼성전자의 '재무통'이라는 임직원들이 대거 등장한 시기도 이때였다.

3단계는 2000년 이후라고 볼 수 있다.

이 시기의 특징은 비용절감 경영과 스피드 경영을 넘어 초일류 기업으로의 위상을 굳히기 위한 공격적 경영 혁신의 형태가 두드러진다는 것이다. 실제로 1단계와 2단계의 경영 혁신이 내부적인 요소, 즉 생산과 판매·물류 등에 초점이 맞춰져 있었다면 3단계에서는 마케팅과 개발에 초점이 맞춰져 있다. '고객'이 경영 혁신의 최고 가치로 완전히 자리매김한 것이다. 따라서 얼마나 고객의 요구에 발빠르게 대응하고 또 얼마나 고객으로부터 신뢰받을 수 있는 경영을 이뤄내느냐가 주요 관심사였다. 실시간 납기 약속이 가능해진 것도 이 시기의 경영 혁신을 통해서였다. 일명 공급망 프로세스에 변화를 가져온 것도 주목할 만하다. 3단계의 경영 혁신을 통해 삼성전자는 고객이 원하는 제품을 원하는 때에 정확히 전달할 수 있는 경영 체제를 갖춘 것이다.

이 시기에는 글로벌 경영으로의 전환이 꾀해지는 시기이기도 했다. 삼성전자의 경영 정책에 '월드 경영'이라는 말이 붙기 시작한 것도 이즈음이었다.

또 이 시기는 비용절감 경영이나 스피드 경영이 완전히 자리매김을 한 때이기도 하다. 가령, 2단계 경영 혁신의 시기인 1997년에는 국내 결산이 11일 만에 이루어졌지만 3단계 경영 혁신 이후에는 단 4일 만에 모든 국내 결산이 이루어졌다. 글로벌 결산의 경우에는 기존에는 대략 석 달이 걸렸지만 3단계 경영 혁신 후에는 단 10일 만에 모두 해결되고 있다.

이렇듯, 3단계의 경영 혁신이 이뤄지는 동안 최도석 사장은 음으로 양으로 그 혁신의 핵심 위치에 서 있었다. 당시 그의 경영 혁신의 특징은 크게 네 가지로 나눠볼 수 있다.

첫째, 그는 일시적인 혁신 활동을 지양하고 지속적이고 단계적인 혁신 활동을 전개해왔다. IMF 이후 많은 기업들이 경영혁신 활동을 전개했다. 하지만 그것은 외부의 환경 변화에 따른 일시적인 경영혁신에 머무르는 경우가 많았다. 삼성은 오히려 IMF 한파가 끝난 이후에 더 강하게 경영혁신을 추진했으며, 최도석 사장 역시 이에 더 많은 노력을 기울였다.

둘째는 혁신을 지시하는 것이 아니라 몸소 보여주었다는 것이다. 즉, 기업의 CEO들이 직접 현장을 챙기고 혁신을 주도할 수 있는 분위기를 조성한 것이다. 또, 혁신을 주도할 수 있는 CEO들을 전면배치하기도 했다.

셋째는 사업부 간 선의의 경쟁을 할 수 있는 시스템을 마련하여 혁신을 가속화시켰다는 것이다. 가령, 혁신 프로젝트를 추진할 때 시범 사업부를 선정하고 각 사업부가 이 사업부를 벤치마킹할 수 있도록 했으며, 이를 평가하고 그에 합당한 보상을 했던 것이다.

넷째는 경영 혁신과 관련한 물적, 인적, 그리고 금전적 인프라를 다른 어떠한 사업 사안보다 우선시하고 전면적으로 지원했다는 것이다.

최도석 사장의 이러한 경영 혁신의 의지가 오늘날 삼성전자의 글로벌 경영을 가능케 했으며, 이것이 곧 삼성그룹 전체 이익의 절반 이상을 만들어낼 수 있는 삼성전자의 저력이 되었다는 것이 전문가들의 평이다.

이학수와 최도석

'삼성 사관학교.'

삼성그룹 내의 제일모직을 일컫는 말이다.

이 말은 한때 삼성에서 주요 임직원이 되려면 제일모직을 거쳐야 한다는 의미를 담고 있었다. 제일모직 출신들이 삼성의 주요 직책들을 맡게 되면서 생긴 말이다.

이 삼성 사관학교 출신들은 전통적으로 관리, 특히 그중에서도 재무 분야에 강점을 가진 것으로 유명하다. 따라서 제일모직이 삼성 사관학교로 불리는 것은 그만큼 삼성이 '관리' 위주의 경영을 중시해왔음을 뜻한다.

전통적으로 삼성은 기술과 관리라는 두 측면을 중요시해왔다. 오늘날 삼성이 '기술' 삼성, '관리' 삼성으로 불리는 이유도 여기에 있다.

이러한 전통을 세운 사람은 고(故) 이병철 회장이다.

"기술은 돈보다 중요하다."

1981년 이병철 회장이 일본 경제 주간지 〈다이아몬드〉와의 회견에서 던진 말은 유명하다. 오늘날 삼성그룹의 효자 노릇을 톡톡히 하고 있는 삼성전자의 기술력도 이러한 전통 속에서 가능한 것이었다.

이병철 회장은 관리 경영에도 남달랐다. 우선 그 누구보다도 그 스스로가 꼼꼼하고 세심한 성격의 소유자였다. 그는 삼성 본관을 새로 지을 때 대리석 타일의 색상은 물론 기둥과 기둥의 간격 등에까지 무려 150여 개의 지침을 내렸다. 신라호텔 안의 일식당인 아리아케에는 노인들이 신발을 신을 때 몸의 균형을 유지할 수 있도록 손잡이를 달라는 지시를 했고, 구둣주걱의 길이까지도 맞춰놓게 했다.

그는 무척 근검절약하는 성격이어서 국제전화를 걸기 전에는 미리 메모를 해서 상대방에게 간단명료한 메시지를 전달했다고 한다. 국제전화요금을 아끼기 위해서였다.

또 그는 일본 방문 시에 오쿠라 호텔의 505호를 자주 이용했는데, 그 방은 일반 고객들이 이용하는 수준의 방이었다. 또 그는 생전에 골프를 즐겨 쳤는데, 티가 다 깨지고 망가질 때까지 사용했다고 한다.

그의 이러한 성격은 훗날 삼성이 비용절감 경영이나 내실 경영을 실천하는 데 시발점이 되었다. 그의 성격이 그의 경영 스타일에 그대로 투영되었기 때문이다.

이는 재무에서도 튼튼한 삼성을 지향하는 밑거름이 되었다. 당시 그가 재무관리에서 무척 뛰어날 수 있었던 것은 그의 꼼꼼하고도 섬세한 성격에 뛰어난 이재술이 더해졌기 때문이었다. 이재술이 뛰어난 사람은 수치 계산이 남다르다. 실제로 그는 와세다 대학 시절 수학에 관해서는 타의 추종을 불허할 정도로 뛰어났다 한다.

이렇듯, 이병철 회장으로부터 비롯된 '기술'과 '관리'의 삼성은 이건희 회장이 질 위주의 신 경영 추진과 함께 새롭게 두각을 나타내게 된다. 이공계 계열의 CEO와 제일모직 출신의 재무계통 CEO의 대거 등용이 그것이다.

당시 제일모직 출신의 일명 재무통들이 주요 임직원으로 등용된 데에는 IMF의 영향도 적지 않았다.

1990년대 들어 삼성은 사업 확장을 꾀하고 있었다. 당연히 당시에는 재무 계열보다는 신규 사업 추진과 관련된 기획 계열이 빛을 발했다. 하지만 IMF가 발발하자 삼성은 사업 확장보다는 글로벌 환경에 적합한 경영 위주로 전반적인 경영 시스템을 재편하게 된다. 이 과정에서 구조조정과 재무구조 개선이 큰 과제로 등장했다. 구조조정과 재무구조가 개선되지 않은 경영 시스템 전환은 불가능하기 때문이다. 결국 이건희 회장은 재무통들을 대거 등용해 이 난제를 정면 돌파하고자 한다. 이학수 구조조정본부장이 두각을 나타낸 시기도 이 시기였다. 그리고 이때에 최도석 사장도 능력을 발휘하게 된다.

최도석 사장은 70년대에 제일모직에서 재무관리 기법을 배웠다. 그는 삼성 사관학교라는 제일모직 경리과장 출신이다. 그에게 재무관리 비법을 가르쳐준 사람은 오늘날 삼성그룹의 2인자라는 이학수 구조조정본부장이었다.

당시 이학수 구조조정본부장은 최도석 사장 외에 제진훈 삼성캐피탈 사장에게도 재무관리 기법을 가르쳤다. 두 사람 모두 삼성그룹에 있어서 소문난 재무통들이다. 호랑이가 호랑이 새끼를 낳듯이 최고의 재무통이 그에 버금가는 재무통들을 기른 것이다. 그래서 이학수와 최도석은 삼성그룹의 전통적인 재무통 라인으로 평가받는다.

한국 최고의 CFO

최도석 사장은 적어도 삼성전자 내에서는 가장 독특한 이력의 소유자임에 틀림없다.

삼성전자는 그 사업분야의 특성상 기술 중시 삼성의 상징이 된 곳이다. 그런 그곳에서 그는 재무 계열로 최고의 주가를 올리고 있다.

47,388주.

2001년 당시 삼성전자의 사장으로 승진한 다섯 명의 스톡옵션이다. 삼성전자는 회사의 기여도에 따라 임직원에게 그에 상응하는 스톡옵션을 부여해왔다. 그런데 2001년 당시 삼성전자의 사장으로 승진한 다섯 명의 스톡옵션이 모두 똑같았던 것이다.

당시 다섯 명은 모두가 삼성전자 최고의 CEO들로서 손색이 없는 사람들이었다. 이름만으로도 세계적으로 명성이 자자한 사람들. 그래서 2001년 당시 그들이 사장으로 승진했을 때 사람들은 그들을 다섯 용의 등극이라고 했었다.

그 다섯 용은 반도체의 황창규 사장, 시스템 LSI의 임형규 사장, LCD의 이상완 사장, 정보통신의 이기태 사장, 그리고 바로 최도석 사장이었다. 그런데 최도석 사장을 제외한 네 명은 모두 CTO 출신의 CEO들이다. CTO는 최고 기술관리자라는 뜻이다. 이에 반해 최도석 사장만은 CFO, 즉 최고 재무관리자이다.

기술이 중시되는 삼성전자에서 CFO 출신의 CEO가 CTO 출신의 CEO들과 어깨를 나란히 한다는 것은 그가 삼성전자 내에서 얼마나 막강한 영향력을 보유하고 있는지를 잘 보여준다.

실제로 제일모직에서 이학수 구조조정본부장에게 재무관리를 배웠던 최도석 사장이 재무관리 능력을 십분 발휘한 곳은 삼성전자였다. 그는 유상증자와 회사채 발행에서부터 부천 비메모리 공장과 미국 AST 지분 등을 매각하는 데에 주도적인 역할을 했다. 윤종용 부회장을 도와 삼성전자의 경영혁신을 주도하기도 했다. 그런가 하면 국내는 물론 해외의 기업설명회에서 주주들로부터 높은 호응도를 이끌어내기도 했다.

이러한 결과로 그는 2003년 홍콩의 금융 전문지 〈파이낸스 아시아〉지가 선정한 한국을 대표하는 최우수 CFO로 뽑혔다. 2002년 부채비율을 42%로 낮추고 현금을 7조 4천억까지 확보하여 삼성전자를 튼튼한 회사로 거듭나게 하는 한편 1조 5천억 원의 자사주를 매입하고 적극적인 기업설명회 활동으로 주주들로부터 높은 평가를 받았기 때문이다.

  그는 현재 윤종용 부회장과 보조를 맞춰 정보 공개, 재무의 투명화, 주주들에 대한 고배당 등 삼성전자를 초우량 기업으로 키우기에 여념이 없다.

11 SAMSUNG CEO

흔들면 기획이 쏟아진다

김순택 | 삼성 SDI 사장

1949년 7월 17일 대구 출생
1969년 경북고등학교 졸업
1972년 제일합섬 입사
1973년 경북대학교 경제학과 졸업
1986년 삼성회장 비서실 운영팀 이사
1991년 삼성회장 비서실 비서팀장
1992년 삼성회장 비서실 경영관리팀장 전무
1993년 삼성전관 기획관리본부장
1994년 삼성회장 비서실 실장보좌역 부사장
1997년 삼성 미주본사 대표이사
1999년 삼성SDI 대표이사 부사장 취임
2001년 현 삼성SDI 대표이사 사장

흔들면 기획이 쏟아진다
김 순 택
삼성 SDI 사장

삼성 SDI의 길찾기

새로운 세기로 접어드는 2000년. 삼성 SDI의 본사 사무실 분위기는 어둡기만 했다.

당시 외부의 시선으로는 이러한 침울한 분위기를 이해할 수 없었다. 2000년에 들어서기 바로 전까지 삼성 SDI는 세계 최고이자 최대의 브라운관 업체로 성장했기 때문이다. 특히나 90년대 들어 삼성 SDI의 성장은 눈부실 정도였다. 밖에서 보자면 삼성 SDI는 성장일로를 걷는 기업 중 하나였다.

하지만 당시 삼성 SDI의 속사정은 그렇게 좋지 않았다. 과거의 화려한 행진에도 불구하고 미래가 보이지 않았기 때문이다. 2000

년 들어 디스플레이 시장은 급변하는 분위기였다. 혹자는 그것을 디스플레이 시장의 '회오리'에 비유하기도 했다.

　삼성 SDI의 주력 사업은 브라운관 사업이다. 1999년 회사 매출 가운데 브라운관의 비중이 80%를 넘어선 것에서도 이는 잘 드러난다. 문제는 이러한 브라운관 산업이 과포화 상태, 즉 한계에 직면해 있다는 것이었다. 일례로 브라운관 사업에 있어 가장 중요한 판매 원인 컬러 TV용 브라운관(CPT)의 수요가 정체 상태에 머무르고 있었다. 게다가 평판 디스플레이의 등장으로 기존 브라운관 사업은 위축될 수밖에 없었다. 그나마 인터넷의 보급이 성황을 이루면서 모니터용 브라운관(CDT) 수요로 명맥을 유지하는 게 당시의 상황이었다.

　삼성 SDI는 기존의 브라운관 사업을 대체할 만한 새로운 사업을 물색해야 했다. 여기에는 80%를 넘어서는 브라운관 사업을 대체할 만한 길찾기가 쉽지 않다는 것 외에 또다른 고민거리가 있었다. 삼성 SDI에 대한 디스플레이 인식이 낡은 기업으로 자리매김하고 있다는 것이었다. 시장에 있어 인식의 포지셔닝은 그 기업의 사활을 좌우할 정도로 중요하다. 가령, 아무리 좋은 기업에서 좋은 제품을 내놓아도 소비자들의 인식 속에 자기 잇속만 챙기는 기업이라는 선입견이 자리잡고 있다면 그 기업은 암암리에 시장에서 외면당하게 된다. 또, 아무리 첨단 제품을 내놓아도 기업의 이미지가 굴뚝 기업으로 낙인찍혀 있다면 낭패를 보기 십상이다. 오늘날 많은 기업들이 기업문화의 갱신과 새로운 홍보전략을 끊임없이 추구하는 것도 바로 소비자들의 인식에 좋은 기업, 새로운 기업으로 남고자 하는 의도가 강하다. 그것이 당장은 매출에 영향을 미치지 않을지라도 장기적으로 볼 때에는 기업의 선호도를 높이고, 먼 훗날 실제 구매력으로 나타나기 때문이다. 사실 이 부분에 있어 가장 성공한 기업 중의 하나가 삼성이다. 삼성이 오늘날 깨끗한 기업, 엘리트 기업, 대한민국 대표 기업으로 자리매김할 수 있었던 것은 끊임없는 기업문화의 혁신과 새로운 홍보 전략이 있었기에 가능했다.

때문에, 삼성 SDI는 새로운 사업을 모색하는 동시에 신선한 기업의 이미지 변화를 꾀해야 했다. 하지만 이는 생각처럼 쉬운 일이 아니었다. 1990년대의 고속 성장으로 세계 최고, 최대의 브라운관 업체가 되었으면서도 2000년을 맞이하는 분위기가 밝을 수 없는 이유가 여기에 있었다. 바로 그해, 김순택 사장이 SDI 사장으로 취임했다.

기획형 CEO

'평균 주가 상승률 44%.'
이는 김순택 사장이 2000년 삼성 SDI에 취임한 이후 달성한 기록이다. 이것은 삼성 SDI 역사상 전무후무한 일이었다. 그렇다면 무엇이 이것을 가능케 했을까?

2000년 디스플레이 시장의 변화에 직면해 암울했던 삼성 SDI가 어떻게 그 이후로도 줄곧 성공가도를 달릴 수 있었을까? 정답은 간단하다. 김순택 사장은 1983년 비서실 감사팀장, 1986년 비서실 운영 1팀 담당, 1990년 비서실 경영지도팀장 등 이미 비서실에서부터 기획에 관한 한 최고의 코스를 밟아온 사람 중의 한 명이다.

기획은 사업에 있어 개척자인 동시에 정찰병이며, 나침반이기도 하다. 따라서 신규 사업을 진행할 때에는 으레 기획부서에 파워가 막강해지는 것이다. 실제로 삼성도 90년대 초반 신규 사업을 진행할 때, 재무관리보다는 기획 쪽에 더 많은 무게를 두었다.

기획의 궁극적인 업무는 굳이 비유하자면 '길찾기'라고 할 수 있다. 기획은 새로운 사업의 영역을 구상해내고, 그것의 방향을 결정하며, 결과를 예상하고 더 나아가 그것의 시스템을 갖출 수 있도록 지원한다. 따라서 기획에 능통하다는 것은 새로운 사업을 발견하고, 방향을 정하며, 그것의 결과를 예측하는 능력이 탁월하다는 것을 뜻한다. 따라서 당시 불투명한 미래에 직면해 있던 삼성 SDI에 있어 김순택 사장이야말로 가장 적합한 CEO였던 것이다.

실제로 김순택 사장은 SDI 사장에 취임하자마자 회사의 미래를 책임질 사업분야부터 새롭게 정립했다. 플라즈마 디스플레이 패널(PDP), 유기발광다이오드(OLED), 2차전지 등이 그것이다.

당시 그의 이러한 기획에 사내에서는 적지 않은 반발이 있었다. 브라운관에 주력해온 삼성 SDI에게 낯선 분야였을 뿐만 아니라 투자비만도 수천억대에 이를 정도로 어마어마했기 때문이다. 만약 이 대체 사업이 실패할 시에는 그것을 만회하기가 쉽지 않았다.

하지만 김순택 사장은 자신의 선택을 믿었다. 김순택 사장은 치밀하고 신중하며 덕장이라고 불릴 정도로 감성 경영의 선두주자이지만 동시에 한번 확신한 일은 물러서지 않는 뚝심이 있었다. 그리고 2004년, 결국 그가 옳았음이 입증되었다. 김순택 사장은 취임 이후 4년 연속 최대의 경영 실적을 올렸던 것이다.

그는 2004년 미국 경제 주간지 〈비즈니스 위크〉의 '아시아의 스타 25인'에 선정되기도 했다. 취임 4년 만에 기존 브라운관 사업에만 의존하던 삼성 SDI의 사업 구조를 첨단 고도화한 공을 인정받은 것이다.

밀착 경영

2000년 초, 김순택 사장이 삼성 SDI의 새로운 길을 3가지 선택했을 때, 주위에서는 반대하는 목소리가 많았다. 그것은 무엇보다도 생소한 사업분야에 대한 두려움과 실패 시 겪게 될 위험부담 때문이었다.

그리고 또다른 이유가 있었다. 그것은 혹 새로운 사업분야의 제품들을 개발하는 데 성공한다 해도 일본이 이미 구축해놓은 시장을 점유할 수는 없을 것이라는 비관론 때문이었다.

일본 업체들은 김순택 사장이 애써 기획해놓은 사업분야들을 삼성 SDI보다 한발 앞서서 사업화시켜놓고 있었다. PDP의 경우 약 5년 정도가 앞섰고, OLED는 3년 정도, 그리고 2차 전지 사업의 경우에는 무려 10년 정도를 앞서고 있었다. 첨단 사업에 있어서 1년의 차이는 어마어마한 것이다. 게다가 개발과 생산 시스템 구축, 그리고 생산과 시장 판매까지 고려했을 때 삼성 SDI는 일본보다 더 오랜 시간이 필요할 수도 있었다. 하지만 김순택 사장은 새로운 분야에 발을 들여놓은 지 3년여 만에 이 모든 것을 극복하고 새로운 분야의 메이저 업체로 위상을 굳혔다.

당시 그가 이렇게 빠른 성장을 꾀할 수 있었던 것은 그의 기획력이 상당히 크게 좌우한 것도 사실이지만, 그것과는 별도로 그의 경영력 때문이기도 했다. 기획 경영은 실질적인 생산과 판매, 그리고 시장점유에 있어서는 한계가 있기 마련이다. 정찰병이 아무리 정찰을 잘했다 해도 반드시 본대가 승리하는 것은 아닌 것과 같은 이치이다.

그가 빠른 속도로 3개의 분야에서 정상에 설 수 있었던 것은 그의 밀착 경영이 한몫을 했다. 밀착 경영이란 현장 경영의 일종이지만,

현장 경영과는 양상이 조금 다르다고 할 수 있다.

현장 경영은 CEO 자신이 현장에서 성장한 경우에 가능하다. 예를 들어 CEO 자신이 과거에 벽돌짐을 져보고, 기계를 만져보고, 현장에서 땀을 흘려보았어야 현장 경영이 가능한 것이다. 대표적인 CEO로는 정주영 현대 전 회장이 이에 속한다. 대부분 CTO들이 현장 경영파 CEO들인 것은 이러한 까닭이다. 따라서 삼성전자에는 현장 경영을 펴는 CEO들이 많다. 이기태 정보통신 부문 사장이며, 이윤우 부회장, 황창규 메모리 총괄사장 등도 모두 현장 경영파들이다.

이에 반해 밀착 경영은 현장에서 성장하지 않은 CEO 출신들의 현장 경영이라고 할 수 있다. 당연히 기술 현장보다는 재무나 관리직 출신들의 CEO가 이러한 밀착 경영파라고 할 수 있다. 최도석 경영지원 총괄사장도 대표적인 밀착 경영파이다. 현장에서는 멀리 떨어져 있지만 현장을 꿰뚫고 있는 것이다.

김순택 사장도 현장에서 성장한 CEO는 아니다. 실제로 그는 경북고를 졸업한 후에 경북대 경제학과를 나오고 1972년 제일합섬 경리과에서 첫 삼성 생활을 시작했다. 이후 그는 삼성 비서실에서 오랫동안 기획과 관리를 도맡아 했다. 그는 어떤 면에서 재무나 기획, 관리 경영 쪽이 더 어울린다. 하지만 그는 삼성 SDI 사장이 된 후 누구보다도 밀착 경영을 몸소 실천했다.

그가 생산라인 직원에까지 찾아가 직접 얘기를 듣는 CEO라고 알려진 것도 이 밀착 경영 때문이다.

그는 심지어 집에 최신 PDP와 OLED 제품을 두고 자사 제품과 타사 제품을 비교하는가 하면, 제품에 대해 직접 엔지니어들에게 자문을 구하기도 했다. 그 정도로 그는 밀착 경영에 관한 한 가장 지독한 CEO였다. PDP, OLED, 2차 전지 사업이 막 첫걸음을 떼던 2002년에는 약 120일 가량을 국내외 생산현장과 판매현장을 방문하는 데 할애했다. 1년 중 3분의 1일을 현장 파악에 보낸 것이다. 2003년에도 거의 마찬가지였다.

이러한 그의 밀착 경영은 일에 대한 열정과 성실함이 밑받침되었기에 가능한 것이기도 했다.

삼성 CEO들은 자타가 공인하는 일벌레들이다. 이기태 사장의 경우에는 취미가 일이라고 할 정도이다. 김순택 사장 역시 만만치가 않다. 그도 젊은 시절부터 일에 푹 빠져 살았다. 실제로 그는 야근과 출장 때문에 가정일을 살필 겨를이 없을 정도였다 한다. 실제로 그는 딸이 태어났을 때에도 지방 출장에 나가 한달 동안 딸의 얼굴을 보지 못했다. 그외에도 그의 일에 대한 열정과 성실함이 어느 정도인지 보여주는 일화가 있다.

1979년 당시 김순택 사장은 삼성그룹 비서실의 과장을 맡고 있었다. 하루는 그의 부인 김해숙 씨에게 옆집 할머니가 충고를 한마디 했다.

"아직 나이도 어리고 배운 것도 많은 것 같은데, 언제까지 그렇게 살 거야?"

당시 이십대였던 부인은 옆집 할머니의 충고를 처음에는 이해하지 못했다. 나중에 알고 보니 할머니는 그녀가 첩살이를 하고 있다고 생각했던 것이었다. 즉 아직 나이도 젊고, 배운 것도 많으니 첩 생활은 접고 새로운 삶을 살라고 충고해줬던 것이다.

당시 옆집 할머니가 그렇게 오해를 했던 것은 김순택 사장이 일반 남편들처럼 정상적으로 출퇴근하지 않고, 며칠 걸러 한 번씩 들어갔기 때문이었다. 할머니가 부인에게 그런 충고를 할 때에도 그는 20여 일이나 집을 비운 상태였다. 또, 그는 어쩌다 귀가를 해도 퇴근 시간에 맞춰서 하는 것이 아니라 모두가 잠든 한밤중이나 새벽에 하는 것이 예사였다. 옆집 할머니 입장에서 보면 두 사람의 관계를 의심할 만도 했다. 이것은 젊은 시절부터 김순택 사장이 얼마나 일에 몰두해 살아왔는지를 보여주는 일화이다.

김순택 사장은 아직도 그 당시 사용하던 수첩을 보관하고 있는데, 그 수첩에는 그해 1년 중 183일을 집에 못 들어갔다고 기록되어 있다 한다. 6개월은 집에서, 또 6개월은 회사에서 보낸 셈이다. 일반인들로서는 상상을 초월하는 장기 외박이다.

감동 경영

　김순택 사장은 삼성의 많은 CEO들 중에서도 대표적인 '덕장'으로 손꼽힌다. 위엄과 권위로 회사를 이끌어가는 것이 아니라 후덕한 인정과 배려로 이끌어가는 것이다.
　삼성 SDI에는 '도시락 쿠키 간담회'라는 것이 있다. 김순택 사장이 매달 한 차례 혹은 두 차례씩 현장의 직원들과 도시락을 함께 먹으며 이야기를 나누는 시간이다. 그는 이 시간에 직원들로부터 직접 현장의 불만사항을 듣는가 하면 자신의 경영철학을 이야기하기도 하고, 또 경영 실적을 솔직하게 털어놓기도 한다.
　이는 그의 밀착 경영의 한 일환이지만, 그 방식이 너무도 소탈하고 서민적이다. 이 자리에는 CEO로서의 권위나 위엄이 없다. 한 회사를 더 좋은 회사로 만들기 위해 함께 노력하는 동료애가 있을 뿐이다.
　그의 이러한 경영은 '감성' 혹은 '감동' 경영이라 말할 수 있다. 그의 감동 경영은 밀착 경영과 더불어 그의 경영 스타일의 핵심 축을 이루는 것이다.
　삼성 SDI에 입사하는 직원들은 신입사원 시절부터 이러한 감동 경영을 경험할 수 있다.
　"최선을 다해 보살피겠습니다."
　김순택 SDI 사장은 해마다 SDI에 입사한 새내기 사원들의 가족들에게 비디오 테이프를 보낸다. 이 비디오 테이프에는 신입사원들의 합숙교육 장면은 물론 회사 소개와 김순택 사장의 인사말 등이 담겨 있다. 비디오 테이프의 요지는 자식을 훌륭하게 키워 삼성SDI에 보내주신 것에 감사하고, 앞으로 삼성 SDI가 최선을 다해 보살피겠다는 내용이다. 가족들은 회사 사장이 직접 인사말을 전하는 이 비디오 테이프를 보며 안심을 하게 되고 신입사원들은 자신이 멋진 회사에 입사한 것에 대해 자부심을 느끼게 된다.

이러한 그의 감동 경영은 허태학 사장의 서비스 경영과 크게 다르지 않다. 허태학 사장의 서비스 경영은 직원을 회사에서 일하는 사람이 아니라 내부고객으로 접근하는 데 그 본질이 있다. 그가 울산, 서산공장의 직원들 유니폼을 산뜻한 색으로 바꿔준다거나 주방을 리모델링해준다거나 하는 것들이 모두 직원을 외부고객처럼 소중한 내부고객으로 여기기 때문이다.

김순택 사장의 감동 경영 역시 본질적으로는 이와 같다. 하지만 대상 설정에는 미세한 차이가 있다. 허태학 사장이 직원을 '내부고객'으로 설정한 데 반해 김순택 사장은 '동료'로서 설정하고 있는 것이다. 때문에 허태학 사장은 아침을 함께 먹는 시간과 장소를 마련해주지만 김순택 사장은 직접 도시락을 가지고 가서 함께 먹으며 이야기를 나눈다. 이러한 감동 경영의 본질은 그의 노사협의회에 대한 인식에서도 잘 드러난다.

삼성그룹은 노동조합이 없는 기업으로 유명하다. 이것은 이병철 전 회장의 경영철학 때문이다.

이병철 회장은 평소 직원들을 일류로 대접해야 한다는 경영철학을 가지고 있었다. 그의 이러한 철학은 이미 1970년대 직원들의 월급을 정하는 기준에서도 잘 나타나 있다. 그는 삼성의 월급은 적어도 당대의 물가가 반영되어야 하며, 최소한 생계비 역할을 해야 한다고 했다. 즉, 물가가 반영되지 않고 기본적인 생계 활동 수준도 안 되는 돈은 월급이라고 할 수 없다는 것이다. 그는 또한 삼성의 월급은 타 기업보다 높은 수준을 유지해야 한다고 했다.

그는 복지후생에도 남달랐다. 제일모직의 여공들 기숙사를 지을 때 당시 최고가인 히노키 소나무를 사용해 바닥을 깐 일은 아직도 유명한 일화로 남아 있다.

노동조합은 여러 가지 기능이 있지만 그중에서도 노동자들의 이익을 대변하는 역할이 크다. 그런데, 고용주가 먼저 그 이익을 챙겨주면 노동조합은 자연발생적으로 결성되지 않는 것이 당연한 이치다.

삼성그룹의 계열사들은 이제까지 이병철 회장의 경영철학을 좇아 업계 최고 수준의 임금과 복지후생을 보장해왔다. 당연히 노동조합이 있을 리 없다. 삼성 SDI에도 노동조합이 없다. 하지만 노사협의회라는 것이 있다. 아무리 완벽한 회사라 해도 노동자들의 불만을 완전히 해소하기는 어렵기 때문에 이 노사협의회를 통해 상호 의견을 조율하고 교류하는 것이다.

그는 이 노사협의회를 단순히 노동자들의 이익을 대변하는 곳이 아니라 경영의 파트너이자 최고의 대의기구로 인정하고 있다. 즉, 그에게는 노사협의회가 곧 동료인 것이다. 그의 이러한 인식은 삼성 SDI가 '신 노사문화 대상'을 수상하는 밑거름이 됐다.

그의 이러한 인식은 칭찬 경영에도 잘 나타나 있다.

'칭찬 경영'도 감동 경영의 일환이다.

삼성 SDI에는 '칭찬 싱글'이라는 것이 있다. 하루에 한 번 부서장이 부서원의 좋은 점 3가지를 칭찬하는 것이다. '칭찬 악수'도 있다. 근무 교대 시간에 악수하며 서로를 칭찬하는 것이다. '칭찬 택배'라는 것도 있다. 삼성 SDI 수원 사업장에서 매주 한 명씩 칭찬받을 사람을 선정해 과자, 문화상품권, 인형, 책 등이 담긴 선물세트를 전달하는 것이다. 이는 노사협의회 명의로 되어 있으며, 칭찬을 받은 사람이 다음 칭찬받을 사람을 선정하는 릴레이 형식이다.

수원 사업장에 '칭찬 택배'가 있다면, 천안 사업장에는 '칭찬 수표'라는 것이 있다. 이는 칭찬받을 만한 직원에게 현금으로 바꿀 수 있는 수표를 발급해주는 제도인데 재미난 것은 수표발행인이 부사장급의 본부장과 임원, 제조그룹장이라는 것이다. 발행 한도액은 한 번에 10만 원이며, 수표를 받은 직원은 1년에 두 번 있는 지정일에 현금으로 바꿀 수 있다.

이러한 칭찬 경영은 현재 삼성 SDI 직원들에게 큰 호응을 얻고 있다. 여기서 재미있는 것은 이 칭찬 경영에는 예외가 없다는 것이다. 따라서 삼성 SDI 사장인 김순택 사장도 이 칭찬 경영의 일원으로 참여하고 있다. 실제로 그는 2004년 6월 말경 자신의 앞으로 배달된 칭찬 택배를 받았다. 평범한 사과 상자인 칭찬 택배를 열자, 그 안에는 문화상품권, 인형, 책, 과일과 과자, 폴라로이드 카메라 등이 들어 있었다. 또 칭찬 엽서가 2장 있었다.

"2000년 부임 이후 삼성 SDI를 글로벌 초일류 기업과 존경받는 기업으로 발전시킨 역량을 높이 평가해 칭찬합니다."

칭찬 엽서에 새겨진 글귀였다. 이는 제조기술 그룹 차장을 비롯한 300여 명의 직원들이 작성한 것이었다.

당시 김순택 사장은 자신이 칭찬받은 것을 어린아이처럼 기뻐하면서 과일과 과자는 비서실 직원들과 나눠 먹고 폴로로이드 카메라로 기념촬영까지 했다고 한다.

자신이 추진하는 경영 행사에 자신이 참가하는 CEO. 이것은 그의 감동 경영이 직원들을 '동료'로 인식하고 있으며, 자신 역시 CEO가 아닌 회사의 한 구성원으로서 그들과 함께 존속한다는 인식 위에 있음을 명확히 해준다. 즉, 그는 직원들 위에 군림하는 CEO가 아니라 직원들로부터 칭찬 '받을 수' 있는 CEO인 것이다. 즉, 그의 감동 경영의 첫 번째 덕목은 자기 낮춤과 낮은 곳에 대한 참여이다. 이는 그의 술자리에서의 처신만 봐도 알 수 있다.

김순택 사장의 술실력은 그리 좋지 않다. 보리차 술로 유명한 이학수 구조조정본부장과 거의 막상막하이다. 이학수 구조조정본부장은 전 삼성카드 대표이사 부회장이었던 황학수 회장이 준 폭탄주를 마시고 의식을 잃은 적도 있다.

그가 얼마나 술을 못하는지는 10여 년 전의 일에서도 잘 드러난다. 1992년, 그는 이건희 회장을 수행해 독일에 간 적이 있었다. 당시 그가 그룹 비서실 경영관리팀장이었기 때문이었다.

그들은 일을 보고, 저녁식사를 위해 독일 현지의 작은 식당에 들렀다.

당시 이건희 회장은 독일 현지의 임직원들을 위해 '돈 카트'라는 술을 특별히 주문했다.

돈 카트는 굳이 말하자면 우리나라의 소주에 해당되는 것으로 도수가 무려 38도인 술이다. 이 술이 나오자 이건희 회장과 임직원들은 모두 잔을 채우고 건배를 했다. 김순택 사장은 눈앞이 아찔했다. 술을 전혀 못하기 때문이었다. 하지만 모두가 즐겁게 회포를 풀자는 분위기인데 자신만 술을 못한다고 사양할 수는 없었다. 그는 눈을 딱 감고 첫잔을 마셨다. 속에서는 불이 일고 눈앞이 하얘졌다. 첫 잔에 끝나면 좋으련만, 술이 비자 또 한 잔이 채워졌다. 그는 이번에도 그것을 마셨다. 이제는 정신이 어질어질하고 몸까지 가누기 힘들었다.

'이렇게 있다간 실수하고 말겠다.'

김 사장은 조심스레 자리에서 일어섰다. 그리고 몰래 술자리를 빠져나왔다. 술자리는 빠져나왔지만 낯선 이국땅에서 갈 곳이 없었다. 게다가 밖에는 눈까지 내리고 있었다. 그는 생각 끝에 이건희 회장의 전용 차로 갔다. 술기운에 몸이 노곤해 잠시 눈을 붙일 생각이었던 것이다. 그리고 한참 후, 겨우 정신을 차려보니 어느 새 이건희 회장이 자신의 곁에서 빙긋이 웃으며 내려다보고 있었다. 이건희 회장은 평소에 그렇듯이 툭 한마디를 던졌다.

"김 전무, 술 조금만 마셔라. 진작 얘기하지 않고…."

이후에도 그의 술실력은 늘지 않았다. 그래서 그는 여간해서는 술을 마시지 않는다. 그만큼 술과 체질적으로 맞지 않는 것이다. 하지만 예외가 있다. 삼성 SDI에서 부서별로 회식을 할 때이다. 그는 회식을 할 때 직접 회식 자리에 나와 젊은 사원들과 맥주 몇 잔을 주고받는다. 심지어는 자리에서 일어나 일일이 한잔씩 따라주기도 한다. 술이라면 담을 쌓고 살아야 하는 그가 이런 술자리에 참여한다는 것 자체가 사실은 큰 용기를 내는 것이다.

놀라운 것은, 부서별 회식 자리가 사실 그렇게 중요한 의미를 가진 자리는 아니라는 것이다. 거기에는 대주주도 없고, 대투자자도 없다. 고위 간부급 술자리도 아니고, 공식적인 술자리도 아니다. 하지만 그는 그렇기 때문에 오히려 그런 자리를 그 어떤 공식적인 술자리보다 귀중하게 여긴다. 이것이 그의 감동 경영의 요체인 것이다.

그의 이러한 감동 경영은 회사 내부에만 국한되는 것이 아니다.

2003년 7월, 김순택 사장은 기업설명회를 위해 서울 여의도 증권거래소에 나가 있었다. 당시 그는 기업설명회를 밑의 임원에게 위임할 수도 있었다. 하지만 그는 자신이 직접 나섰다.

김순택 사장은 이 자리에서 2003년의 상반기 실적과 하반기 계획을 설명하도록 되어 있었다. 하지만 그는 본론에 앞서 갑자기 1년 전 사용한 프리젠테이션 자료를 펼쳐놓았다. 전례에 없는 일이어서 그 자리에 참석한 주주와 투자자들은 의아해했다. 이때 김순택 사장은 2002년 상반기의 프리젠테이션 자료를 그대로 펼쳐놓은 채 말했다.

"이 자료는 1년 전 제가 여러분들께 약속한 내용인데, 일부는 약속을 지켰지만 일부는 그러질 못했습니다. 앞으로는 약속을 지키도록 최선을 다하겠습니다."

그의 이러한 사과 한마디는 그 자리를 성공적인 기업설명회로 마무리짓는 최고의 전환 멘트가 되었다. 당시 참석했던 주주들과 투자자들이 한결같이 그의 자신을 낮추는 사과에 감동했기 때문이다.

기업설명회는 주주와 투자자들을 상대로 하는 것인 만큼 나쁜 면보다는 좋은 면을 부각시키는 것이 일종의 관례로 되어 있다. 주주와 투자자들도 모든 것을 꿰뚫고 있더라도 관례화된 형식에 맞춰 기업설명을 듣는 것이 상례이다. 그런데, 김순택 사장은 그 관례를 넘어서서 자신이 지키지 못한 약속에 대한 사과로부터 기업설명회를 시작했던 것이다. 그리고 이것이 관례화된 기업설명회에 익숙해져 있던 주주와 투자자들에게 낯설면서도 인간적으로 어필되었던 것이다.

덕장과 검객

김순택 사장은 감동의 리더십을 발휘해왔다. 그는 감동을 통해 임직원 간의 믿음과 친밀감을 쌓아간다. 일하고 싶은 기업, 활기 넘치는 사업장, 존경과 사랑을 받는 기업문화 등 삼성 SDI가 지향하는 기업상의 중심에는 감동이 있다.

그러나 여기에서 간과해서는 안 될 것이 있다. 그의 감동 경영이 단순히 물에 물 탄 듯 술에 술 탄 듯하는 경영이 아니라는 것이다. 그의 감동 경영에는 엄밀한 도전정신과 현장정신이 내포되어 있다.

이것은 마치 허태학 사장의 서비스정신에 유교정신과 도전정신이 내포되어 있는 것과 같은 이치이다.

사실, 김순택 사장의 젊은 시절 별명은 '검객'이었다. 오늘날 덕장과는 사뭇 대조되는 이미지였던 것이다. 덕장이 후덕한 인상의 이미지라면 검객은 날카롭고 공격적인 이미지다. 덕장은 때로는 목표를 위해 돌아서 가지만 검객은 상대를 베거나 뚫고 지나간다. 덕장에게는 에누리가 있지만, 검객은 에누리가 없다.

배정충 사장이 보험업계에서, 허태학 사장이 서비스업계에서 잔뼈가 굵은 CEO라면, 김순택 사장은 비서실에서 잔뼈가 굵은 CEO이다. 그는 젊은 시절 20년 가까이를 비서실에서 보냈다. 그것도 적당히 보낸 것이 아니라 1년 중 절반 이상을 집에 들어가지 않을 정도로 맹렬하게 보냈다.

비서실은 구조조정본부가 서기까지 삼성의 핵심 참모 부서 중 하나였다. 한국의 최고 기업 삼성. 그리고 그 삼성의 최고 수장 이건희를 보필하는 비서실. 당연히 그 비서실은 몸가짐이 반듯해야 하고 말실수가 없어야 한다. 이성적인 냉철함은 기본이다. 특히나 김순택 사장은 삼성 비서실 감사팀장을 역임하기도 했다. 당시 감사팀장의 위력은 대단했다. 웬만한 계열사 간부라 해도 주눅이 들 정도였다. 당연히 임원들 사이에서 그는 차가운 사람으로 평가를 받기 시작했다. 그리고 그때 등장한 닉네임이 바로 검객이었다.

그가 2000년 삼성 SDI 사장에 취임했을 때 많은 직원들이 걱정이 앞섰던 것도 그의 이런 면모를 익히 알고 있기 때문이었다. 그는 에누리가 없다. 원칙에 충실하다. 목표를 달성하는 데에도, 또 난제를 해결하는 데에도 거침이 없다.

그러나 삼성 SDI 사장에 취임했을 때 정반대의 면모를 보여주었다. 그는 철저하게 '인간 중심'의 경영을 펼쳤다. 인간의 마음을 움직이는 경영, 즉 '감동 경영'이 그의 대표적인 경영 원칙이 되었다.

한국경제신문사와 엘테크경영연구소가 제정하여 시상하는 '한경 레버링 훌륭한 일터상'을 수상한 것도 이와 무관하지 않다.

그가 검객의 이미지를 벗어던지고 덕장의 이미지를 택한 것은 두 가지 영역에서 해석이 가능하다. 첫 번째는 개인적인 영역으로, 세월의 힘이 그를 새로운 CEO상으로 거듭나게 했다는 것이다. 실제로 그는 비서실 감사팀장 시절 거래처에서 와이셔츠 티켓 한 장을 받았다는 이유로 직원을 해고한 적도 있다. 그는 젊은 시절의 자신의 모습에 대해 좁은 안목으로 판단한 때가 많았으며 따라서 아쉬움이 많이 남는다고 토로한 적이 있다.

두 번째 영역은 차갑고 직선적이며 냉철한 업무처리만으로는 현명한 CEO가 될 수 없다는 업무적인 영역에서의 자각 때문일 것이다.

CEO는 단순히 업무만 처리하는 직책이 아니다. 비전을 제시해야 하고, 상황에 따라서는 옳고 그름을 떠나 화합을 이끌어내야 할 때도 많다. 사기를 높이기 위해서는 때로 손해도 감수해야 한다. 당연히 정치적인 처세술이 다소 필요한 것이 바로 CEO 자리이다. 검객은 전장의 맨 앞에서 눈앞의 적군을 베면 그만이지만 장수는 전장의 맨 뒷자리에서 전장 전체를 꿰뚫어보며 수많은 검객들을 조율해야 하는 것이다.

이렇듯, 개인적인 한계와 업무적인 한계로 인해 그는 과감히 검객의 옷을 벗고 덕장의 옷을 입었다. 하지만 그렇다고 해서 그의 목표의식이나 판단력, 일의 추진력이 떨어지는 것은 결코 아니다.

"PDP 세계 최고 강자가 되고 싶습니다."

매년 새로운 매출 실적을 올리며 승승장구하던 2003년 12월 초순 김순택 사장이 PDP 제2라인 준공식의 기자간담회에서 던진 말이다. 삼성 SDI가 브라운관 부문에 이어 PDP 부문에서도 세계 시장을 석권할 수 있도록 하겠다는 강한 의지를 천명한 말이다. 이는 아직도 검객으로서의 젊은 청년정신이 그의 내면 깊숙이 살아 숨쉬고 있다는 증거이다.

현재 삼성 SDI는 역시 삼성의 LCD 사업부와 차세대 디스플레이 시장을 놓고 대치 중이다. 삼성 LCD는 김순택 사장과 절친한 이상완 사장이 이끌고 있다. 그는 삼성전자의 '용장'으로 이름이 높다.

덕장과 용장. 업계에서는 한때 검객이었던 김순택 사장이 이상완 사장과의 맞대결을 어떻게 이끌어갈지 주목하고 있다.

12 SAMSUNG CEO

뚝심의 제왕

이상완 | 삼성전자 LCD 담당 사장

1950년   3월 22일 서울 출생
서울고등학교 졸업
한양대학교 전자공학과 졸업
연세대 대학원 경영학 석사
1976년   삼성전자 입사
1994년   삼성전자 생산기획담당
1997년   삼성전자 AM LCD사업부장
2002년   삼성전자 디바이스 솔루션 네트워크 총괄 AM LCD 담당 사장
2004년   삼성전자 LCD 총괄 사장

뚝심의 제왕
이 상 완
삼성전자 LCD 담당 사장

LCD=이상완

삼성의 CEO들 중에는 자신들만의 공식을 성립시킨 CEO들이 많다.

이기태 사장은 '애니콜'이다. 애니콜 하면 이기태 사장이 떠오르는 것이다. '보험' 하면 배정충 사장이 떠오른다. '용인 에버랜드' 하면 허태학 사장이 떠오른다. 이윤우 사장과 황창규 사장, 진대제 사장은 '반도체'가 떠오른다.

이상완 사장도 마찬가지이다. 이상완 사장 하면 'LCD'가 떠오르는 것이다.

이들의 공통점은 다른 CEO들에 비해 한 분야에서 오랫동안 잔뼈가 굵었다는 점이다. 이기태 사장은 신입사원 시절부터 무선 사업 쪽에 관심을 보여왔고, 줄곧 무선과 관련된 일을 해왔다. 배정충 사장은 30여 년간 보험업계 쪽에 몸을 담아온 CEO이다. 허태학 사장은 용인 에버랜드나 신라호텔과 그 역사를 함께 해왔다고 해도 과언이 아니다. 이윤우 사장과 황창규 사장, 진대제 사장도 마찬가지이다. 그들은 삼성의 반도체 역사를 온몸으로 기록해온 사람들이다.

이상완 사장도 LCD(액정표시장치) 사업분야에서 11년 동안 종사해왔다. 삼성의 경영 시스템에서 11년 동안 한 분야에서 종사하는 것은 보기 드문 현상이다. 삼성의 인사 특징 중의 하나는 각 CEO들이 한 분야에 오래 머무르지 않게 한다는 것이다. 여기에는 각 CEO들을 상황에 맞게 배치함으로써 관료주의와 획일화를 사전에 막고 역동성을 확보하려는 데에 그 목적이 있다. 따라서 삼성의 CEO들은 대부분 한 분야에서의 임기기간이 짧다. 또한 대체로 젊다. 젊은 피가 역동성을 확보하기에 더 쉽기 때문이다.

여기에는 분야에 상관없이 경영은 본질적으로 동일한 영역을 공유한다는 경영의 보편적 원리를 더 중시하는 경향이 있는 것도 사실이다. 실제로 서비스업에서 석유화학으로 자리를 옮긴 허태학 사장은 "판단을 내린다는 점에서 경영은 동일하다."라고 언급한 바 있다. 이는 삼성이 분야보다는 경영자의 자질을 더 중시한다는 의미이기도 하다.

2003년 7월, 이상완 사장은 '한국 정보디스플레이 학회'에 제3대 회장으로 취임했다. 이사회에서 단독 후보로 추대되었으며 총회에서 만장일치로 찬성되었다. 산업계에서 정보디스플레이 학회의 회장을 맡는 것은 이번이 처음이었다. 전 회장들은 서울대의 이종덕 교수와 건국대의 김용배 교수 등 모두 학자 출신들이었다. 이는 디스플레이 업계에서의 그의 위상이 얼마나 높은지를 말해주는 것이라 할 수 있다.

또 한 대의 불도저

이상완 사장도 삼성전자의 다른 CEO들처럼 이공계열의 CEO이다. 서울고를 졸업한 후에 한양대 전자공학과를 나왔다.

그는 1976년부터 삼성전자의 반도체 업무에 종사해왔다. 삼성의 초기 반도체 역사에서 그의 이름을 심심치 않게 발견할 수 있는 이유도 여기에 있다. 그런 그가 LCD 사업분야 쪽에서 본격적으로 경영 일선에 나선 것은 1997년의 일이었다. 1997년 AM LCD 사업부장을 맡았던 것이다. 그리고 이때부터 LCD 하면 곧 이상완 사장을 떠올리게 되는 계기가 되었다. 또, 이때부터 그는 불도저라는 별명을 얻었다. 당시 주위의 비판에도 불구하고 뚝심 있게 대규모 설비

투자를 밀고 나가 TFT LCD 신화를 일구었기 때문이다. 그런 면에서 삼성전자에는 두 대의 불도저가 있다고 할 수 있다. 한 대는 애니콜의 신화를 이룬 이기태 사장이다. 그의 저돌성은 그를 깜빡이 없는 불도저라고까지 불리게 했다. 그는 하루 세네 시간을 자며 강행군을 했고, 하루의 대부분을 휴대폰만을 생각하며 보낸다. 그는 취미가 일일 정도로 일에 파묻혀 산다. 이상완 사장이 또 한 대의 불도저라는 것은 그의 생활과 경영 역시 이와 크게 다르지 않기 때문이다.

삼성전자에 있는 두 대의 불도저.

이들은 별명 외에도 공통점이 상당히 많다. 우선 그들은 '신화'라는 꼬리표를 달고 다닌다. 이기태 사장은 '애니콜 신화'를, 이상완 사장은 'TFT-LCD 신화'를 달고 다니는 것이다. 이들은 '신화'답게 2000년대 들어 삼성전자가 사상 최대 이익을 실현하는 데 큰 역할을 했다.

두 사람은 똑같은 시기에 사장에 올랐고, 황창규 메모리 사업부 사장, 임형규 비메모리사업부 사장, 최도석 경영지원 총괄사장 등과 함께 5룡 중 한 명으로 불리는가 하면, 또 똑같은 5만 주의 스톡옵션을 보유하고 있다.

삼성그룹은 CEO들에게 스톡옵션을 부여해왔다. 이 스톡옵션은 회사 서열이나 직급, 복무 연차에 관계없이 실제적인 성과와 그 기여도에 따라 주어진다. 따라서 스톡옵션이 많으면 직급에 상관없이 그만큼 삼성그룹 내에서 실세로 통한다는 견해도 있다. 이에 따르면, 두 사람 모두 한치의 치우침 없는 팽팽한 힘의 균형을 이루고 있는 셈이다.

용장

'저력'과 '뚝심'.

이상완 LCD 사장의 경영 스타일을 대변하는 말들이다. 그가 이기태 휴대폰 부문 사장과 함께 삼성전자의 쌍두 불도저로 불리는 이유도 여기에 있다. 그래서 그는 간혹 '용장'으로 일컬어지곤 한다. 기개와 패기로 전장을 지배하는 용장.

최근 이 용장이 덕장을 만났다.

"삼성 SDI에 덕장이 있다면 삼성전자 LCD 사업부에는 용장이 있다."

바로 김순택 사장과 이상완 사장을 두고 하는 말이다.

삼성그룹에는 디스플레이 분야를 이끌어나가는 두 계열사가 있다. 삼성전자의 LCD사업부와 삼성전관을 모체로 한 삼성 SDI이다.

최근 이 두 계열사는 디스플레이 시장을 더 많이 점령하기 위해 대치중이다. 삼성전자 LCD사업부에서는 LCD를 통해, 삼성 SDI는

PDP를 통해 먼저 디스플레이 시장을 선점하려 하고 있다.

이 시장의 최전선에 서 있는 사람들은 당연히 각각의 CEO들이다. 따라서 디스플레이 시장에서의 삼성전자와 삼성 SDI의 싸움은 이상완 사장과 김순택 사장과의 싸움으로 비춰지기도 한다.

이 싸움이 흥미로운 것은, 첫째, 두 회사 모두 삼성그룹에 있어서 없어서는 안 될 중요 계열사들이라는 것이다. 이건희 회장이 이상완 사장과 김순택 사장이라는 걸출한 CEO들에게 각 사업분야를 맡긴 것만 보아도 알 수 있다.

둘째는, 두 사람이 사적으로는 30여 년 동안 동고동락을 함께 해 온 막역한 사이라는 것이다. 실제로 두 사람은 TFT LCD 신화를 함께 이룬 동지이기도 했다. 당시 이상완 사장은 전무였고, 김순택 사장은 삼성그룹의 비서실에서 근무하던 때였다.

하지만 두 사람의 경쟁 구도가 흥미로운 것은 그들의 경영 스타일이 전혀 다르다는 데 가장 큰 이유가 있다.

김순택 사장은 전형적인 신중 기획형이다. 그는 돌다리도 두드려보고 건넌다. 또한 미래 사업환경을 미리 예측하고 비전을 제시하는 능력이 탁월하다. 2000년 들어 삼성 SDI가 브라운관 사업에서 발을 빼지 못하고 있을 때 과감히 새로운 플랜을 제시했던 이도 그였다. 그런가 하면 그는 감동 경영으로 대단히 계산적이고 냉철하면서도 동시에 인자한 덕장으로 알려져 있다.

이에 반해 이상완 LCD 사업 부문 사장은 뚝심 추진형이다. 그의 뚝심은 삼성전자 내에서 불도저라고 불리는 휴대폰 부문 이기태 사장과 견주어도 손색이 없다고 할 정도이다. 그것은 그가 11년 동안 줄곧 삼성전자의 LCD 사업의 현장을 지켜왔기 때문이다. 그의 이런 면모는 일본과의 LCD 전쟁에서도 잘 나타난다.

1995년 당시 삼성전자 LCD사업부는 10.4인치짜리 제품을 들고 LCD 시장에 뛰어들었다. 10.4인치는 당시 표준규격으로서 이미 일본에 그 시장이 장악된 뒤였다. 당연히 삼성 LCD사업부는 돌파구를 마련하지 못했다. 문제는 향후에도 그 같은 형세가 지속될 가능성이 크다는 것이었다. 하지만 이때 삼성전자 LCD사업부는 새로운 기판 규격에 도전했다. 12.1인치짜리 노트북용 LCD 제품을 내놓은 것이다. 이것은 삼성전자 LCD사업부만의 규격이었고, 따라서 기존과는 전혀 다른 시장이었다. 이것은 대성공을 거두었고, 이후 13.3인치와 14.1인치의 제품을 내놓을 수 있는 밑거름이 되었다. 당연히 삼성전자 LCD사업부는 일본 업체를 뛰어넘어 LCD 시장을 주도하는 입장이 되었다.

일본과의 LCD 전쟁은 여기서 끝나지 않았다. 삼성전자 LCD사업부는 LCD의 종주국이라 할 수 있는 일본 시장 공략에 나섰다. 그 결과 1996년에는 소니, 1997년에는 미쓰비시, 1998년에는 소니, 후지쯔 등 일본 유수의 전자업계에 LCD를 역으로 공급할 수 있었다. 이상완 사장은 이 일본과의 LCD전쟁에 있어서 중추적인 역할을 해왔다.

최근 그는 용장답게 차세대 디스플레이인 유기EL 분야에도 진출할 뜻을 밝혀 삼성 SDI에 새로운 전쟁을 선포했다.

"유기EL이 LCD보다 장점이 많다면 그것도 할 것이다."

그는 유기EL에 관한 구체적인 계획까지 밝혔다.

"유기EL의 경우 2007년부터 2008년쯤에 대형 제품에 적용할 수 있는 기술 개발을 위해 내부 태스크포스를 구성해 운영중이다."

유기EL은 자체 발광표시 장치로 유기발광 재료에 전류를 가하면 스스로 빛을 내는 소재다. 이 사업은 김순택 사장이 삼성 SDI의 경영을 맡으면서 차세대 핵심 사업으로 추진하고 있는 것이다. 실제로 휴대전화기에 사용되는 소형 유기EL 분야에는 이미 일본 NEC와 손을 잡고 사업을 진행시키고 있는 실정이다. 당연히 김순택 사장은 긴장할 수밖에 없다. 다행히 그룹 사장단 회의에서는, 삼성 SDI가 먼저 발을 들여놓은 중소형 유기EL 부문에서는 삼성전자가 참여하지 않도록 이미 논의가 된 상태이다. 문제는 TV 등에 사용되는 대형 유기EL 부문이다. 이상완 사장이 대형 제품에 적용할 수 있는 유기EL 기술을 개발하는 이유도 여기에 있다.

이에 대해 삼성 SDI의 김순택 사장은 2003년 12월 충남 천안에 위치한 PDP 제2라인 준공식에서 삼성 내에서 유기EL 분야의 주력 사업자는 삼성 SDI라고 대응선언을 했다. 한치도 물러서지 않겠다는 뜻이다.

두 사람의 경쟁에 신이 난 것은 삼성그룹이다. 사실, 삼성그룹으로서는 어느 쪽이 시장을 선점하든 손해볼 것이 없다. 오히려, 디스플레이 분야에서 선두 자리를 놓고 다투는 그만큼 기술력에 있어서 독보적인 기업이라는 자부심이 커진다.

실제로 김순택 사장은 이상완 LCD 사장과의 경쟁에 대해 삼성이 1등을 유지할 수 있는 바람직한 구도라고 말한 바 있다. 자신들로서는 괴로운 싸움이지만 삼성그룹 전체로 보면 오히려 득이 된다는 것이다.

이상완 사장은 김순택 사장과의 경쟁에 대해 일본 업체와의 경쟁보다도 더 치열하다고 말한 바 있다. 향후 디스플레이 시장에서 누가 주도권을 잡아갈지 업계의 귀추가 주목되고 있다.

13 SAMSUNG CEO

작은 경영의 성공
원대연 | 삼성 아트앤드디자인 인스티튜드 학장

1946년	8월 19일 경남 의령 출생
1964년	동아고등학교
1970년	고려대학교 철학과 졸업
1969년	중앙일보 편집국 사회부 기자
1973년	삼성물산 봉제수출과
1980년	삼성물산 프랑크푸르트지사 지사장
1990년	삼성물산 의류부문장
1993년	제일모직 의류사업본부장
1998년	제일모직 대표이사 겸 삼성물산 의류부문 대표이사 부사장
2001년	제일모직 패션부문 사장
2002년	Samsung Art & Design Institute(SADI) 학장

작은 경영의 성공
원대연
삼성 아트앤드디자인 인스티튜드 학장

공개 옷 화형식

1999년 11월 24일, 삼성그룹의 계열사인 제일모직에서 옷 화형식이 있었다.

불태워질 분량은 22만 벌. 4년차와 2, 3년차의 일부 재고품이었다.

옷이 쌓이고 불이 붙었다.

이 화형식을 지켜보는 브랜드 디자이너들과 130여 명의 제일모직 임직원들의 분위기는 무거움 그 자체였다. 이 자리에는 화형식을 최종 승인한 당시 제일모직 원대연 사장도 있었다. 당시 이 화형식은 사내 방송을 통해 회사 곳곳으로 생중계됐다.

그 동안 제일모직은 일종의 덤핑으로 재고처리를 해왔었다. 일명 '땡처리'라고 하는 것이다. 이것은 제일모직뿐만 아니라 타 의류업체들도 마찬가지였다. 일종의 관행이었다.

원대연 사장은 이런 관행을 깨고 과감히 화형식을 선택했다. 재고품을 없애고 재고품을 위한 추가비용을 줄이기 위해, 그리고 땡처리를 할 경우 브랜드 가치가 추락하는 것을 미연에 막고자 하는 의도였다. 아니 그보다는 제일모직 사원들에게 경각심을 불러일으키기 위한 것이기도 했다. 하지만 가장 큰 의도는 타성과 매너리즘에 빠져 있는 제일모직의 분위기를 쇄신하고 패션산업의 선진화로 나아가기 위한 계기로 삼기 위해서였다.

사장에게 2000년을 앞둔 1999년은 그렇게 마무리되었다.

그리고 약 8개월 뒤인 2000년 7월, 원대연 사장은 자신 있는 모습으로 나타났다.

"제일모직은 세계 어느 무대에 내놓아도 뒤지지 않는 브랜드와 재능 있는 인재들을 보유한 자본력 있는 패션 전문기업으로 거듭나고 있다."

그때 그가 했던 말이다.

좌절과 재기

삼성그룹 이건희에게 제일모직은 남다른 의미가 있는 회사이다. 제일제당과 함께 오늘날 삼성그룹이 있게 한 모태가 되는 회사이기 때문이다.

1954년, 이병철 회장은 제일제당에서 성공을 거두자 모직 사업에 뛰어들었다. 미국이나 일본을 볼 때 한국도 머지 않아 양복을 많이 입게 될 것이고, 당연히 많은 양복지의 수요가 있을 것이라고 생각했기 때문이었다. 처음에는 고전을 면치 못하기도 했다. 하지만 60년대 중반을 넘어서면서부터 차차 자리를 잡아갔고, 이후 제일모직의 성공으로 이병철은 한국의 최고 부자가 되었다.

'依彼倉生(의피창생).'

제일모직의 설립 당시 이승만 대통령이 직접 공장을 방문하여 남긴 휘호이다. 옷이 새로운 삶을 낳는다는 뜻이다.

당시에는 제조산업이 전무했다. 당연히 사람들이 일자리를 얻고 싶어도 공장이 없으니 일할 곳이 없었다. 그런데 제일모직의 공장이 들어서면서 여직공들에게 많은 일자리가 제공되었다. 이것을 높게 평가한 이승만 대통령이 옷이 새로운 삶을 낳는다라고 휘호를 남겼던 것이다.

하지만 이것은 삼성에게도 해당되는 말이기도 했다. 이후 제일모직은 이병철이 벌였던 모든 사업들의 원동력 구실을 했다. 따라서 이병철의 제일모직에 대한 애정은 남다를 수밖에 없었고, 삼성의 이건희 회장도 이것을 잘 알고 있기 때문에 각별히 신경을 써왔던 것이다.

이런 제일모직이 1999년 들어 새로운 전환을 맞게 되었다. 삼성물산의 에스에스패션을 인수하게 된 것이다. 그 동안 삼성그룹의 의류 사업은 삼성물산의 에스에스패션과 제일모직이 각각 담당해 왔다. 마치 디스플레이 사업을 삼성전자의 LCD 사업부와 삼성 SDI가 각각 담당하는 것과 같다. 하지만 삼성전자의 LCD사업부와 삼성 SDI가 팽팽한 힘의 균형을 이루며 선두 자리 쟁탈을 벌이는 형국이라면, 에스에스패션과 제일모직은 그렇지 않았다. 에스에스패션은 오랫동안 적자에 허덕여왔던 것이다. 특히 95년과 96년 연이은 적자를 기록할 때에는 삼성그룹에서 당시 제일모직에 가 있던 원대연 사장을 다시 에스에스패션에 보내기도 했다.

원대연 사장은 적자였던 에스에스 패션을 85년에 흑자로 돌아서게 한 적이 있었고, 제일모직 재직 시에는 3년간 이익을 3배로 늘려놓은 경험이 있었다. 한마디로 패션업계의 흑자 제조기였던 셈이다.

당시 에스에스패션으로 돌아간 원대연 사장은 에스에스의 숙녀복 사업을 제일모직으로 옮기고, 에스에스패션의 브랜드를 세계화하고, 종전의 본부장제도에서 브랜드별 이사급 사업부장제를 도입하는 등 3개년 구조개혁을 실행했다. 하지만, 이미 기울기 시작한 패션업계의 불황과 IMF로 인한 삼성그룹 전체의 구조조정은 그가 능력을 채 발휘하기도 전에 에스에스패션과 제일모직의 통합을 서두르는 계기가 되었다.

당시 삼성의 선택은 자금흐름 경영과 사업 구조의 혁신이었다.

웬만해서는 공석에서 자신의 의견을 밝히지 않는 이건희 회장도 당시에는 "IMF소용돌이 속에서는 생존 자체가 절박한 과제다. 삼성 불패의 원칙 아닌 원칙도 더 이상 존재하지 않는다."고까지 했다. 그는 또 "이제 머뭇거릴 시간이 없다. 대담하게 버릴 것은 버리고 합칠 것은 합쳐야 한다."고도 했다. 그만큼 삼성그룹에게도 절박한 시기였다.

당시 삼성그룹은 과감하게 조직을 줄여나갔다. 30%에 가까운 초강도 축소였다. 이것은 조직을 줄여 조직 유지에 들어가는 비용을 최소화하겠다는 의도였다. 삼성물산의 경우에는 130여 개에 달하는 사업부 중 40여 개를 쳐냈다. 삼성 에버랜드는 40%를 줄였다. 해외 인력 파견은 중단되고 관리경비도 50% 축소했다.

임금도 줄였다. 급여는 10% 줄였고, 상여금이 대폭 낮아졌는가 하면 사장단과 임원들에게는 반납하게 했다. 또 중간 간부급에는 기존의 서열 월급제에서 연봉제로 전환했다.

이 모든 조치들은 조직과 인력에 들어가는 돈을 최소화해 삼성 내부의 유동성 자금을 확보하자는 취지였다.

당연히 투자도 과감히 축소했다. 무려 6조 원. 전해에 비해 30% 가량 축소한 비용이었다. 신규 투자는 거의 없고, 그나마 계획되어 있던 투자도 모두 보류했다. 심지어 잘나가는 반도체 분야까지도 1조 5천억 원 이상을 투자하지 않았다. 겨우 기술 수준을 유지하는 최소 비용만을 책정한 것이다.

사업적인 측면에서는 강도 높은 사업 구조조정을 단행했다. 삼성전자의 오디오 분야는 새한그룹에 넘겼고, 삼성중공업의 영국 공장은 철수시켰다. 유사 계열사를 통폐합하고 일부 계열사도 정리했다. 이 과정에서 제일모직의 화섬 사업은 삼성종합화학에 넘겼고, 삼성물산의 에스에스패션은 제일모직으로 통합하게 된 것이다.

원대연 사장에게는 불가피한 좌절일 수밖에 없었다. 특히 에스에스패션은 그에게 친정집과 같았기에 그 아쉬움은 더 컸다.

하지만 그에게 기회가 없었던 것은 아니다. 에스에스패션이 제일모직에 통합되면서 제일모직 사장으로 임명되었고, 다시 재기를 꿈꿔볼 수 있게 된 것이다. 1999년 11월 24일의 화형식은 이러한 좌절 뒤에 오는 재기의 몸부림이기도 했다.

독일 병정

'독일 병정.'
원대연 사장의 별명이다.

패션업계의 CEO에게 독일 병정이라는 딱딱한 별명은 다소 어울리지 않을 수도 있다. 하지만 그의 경영 스타일은 치밀하고 추진력이 강한 것으로 정평이 나 있다. 독일 병정이라는 별명도 그의 이러한 경영 스타일에서 비롯된다. 또한 그는 독일 병정이라는 닉네임에 맞게 타인의 말에 대한 이해가 빠르며, 그 말에 대한 답변 역시 똑소리 나도록 분명한 성격이다.

원대연 사장의 경영은 한마디로 작은 경영이다. 실제로 그는 제일모직의 임직원들에게 'Small and Good Company'를 강조한다.

'작고 좋은 회사.'

여기에서 'Small'은 양적인 측면에서의 작다는 의미이다. 'Good'은 질적인 측면에서의 좋다는 의미이다. 따라서 이는 동시에 'Small but Good Company', 즉 '작지만 좋은 회사'로도 해석 가능한 것이다.

'Small and Good Company'는 쉽게 말해 알차고, 실속있는 회사를 뜻한다. 그것은 기업의 규모는 작지만 브랜드 가치는 높은 회사를 뜻하기도 한다. 그런가 하면 트렌드에 따라 언제든지 변화할 수 있는 회사를 뜻하기도 한다. 또, 경직되지 않고 부드러운 회사를 말하기도 한다.

이것은 원대연 사장의 제일모직에 대한 비전이기도 하다. 그가 제일모직의 비전으로 작고 좋은 회사를 지향하는 것은 의류산업은 곧 패션산업이며, 패션산업은 고도의 고부가가치 산업이라는 확고

한 믿음에서부터 비롯된다. 즉, 패션산업을 주도하는 것은 규모나 획일화된 생산 시스템이 아니라 창의성이라는 것이다. 따라서 굳이 규모가 클 필요가 없고, 오히려 커서는 안 된다. 창의성은 큰 기업이 가질 수 있는 것이 아니라 오히려 시장에 민감할 수 있는 작은 기업일수록 더 크기 때문이다.

그가 삼성물산의 에스에스패션과 제일모직이 통합될 당시 무엇보다도 구조조정에 신경을 썼던 이유도 여기에 있다. 구조조정을 통해 작은 기업, 작은 경영을 지향했던 것이다. 또 그는 1998년 11월에 패션협회와 서울시가 선정한 '올해의 경영인상'을 수상하면서 2년 연속 적자를 내는 브랜드나 사업은 가차없이 퇴출시킬 계획이라고도 했다. 독일 병정다운 발언이었다. 그 결과 이후 제일모직은 양적인 측면은 대폭 축소되고 질적인 측면은 강화될 수 있었다. 즉, 회사의 조직은 작아졌지만 브랜드 가치는 더 높아진 것이다. 이것은 그대로 제일모직의 고부가가치화로 이어졌다. 또한 기존의 느린 경영을 지양하고 스피드한 경영을 구현할 수 있는 조직력을 갖출 수도 있게 되었다.

그는 이후 연구개발비에 전폭적인 투자를 하기도 했다. 그것은 질적으로 좋은 기업을 만들기 위한 초석이었다.

패션업계에서 질적으로 좋은 기업이란 궁극적으로 디자인이 훌륭한 제품을 내놓을 수 있는 기업을 뜻한다. 다른 기업과는 달리 패션업계에 있어 디자인은 부수적인 요소가 아니라 상품 그 자체이기 때문이다. 따라서 결국 연구개발비는 디자인 창출 비용이라고도 할 수 있다.

여기에는 새로운 패션 전문가를 양성해내는 비용도 포함되어 있었다.

원대연 사장은 평소에도 패션은 혼이 있는 사람, 패션과 결혼한 사람이 해야 한다고 강조했다. 그리고 '패션은 열정'이라고도 했다.

즉, 그는 성실한 사람보다는 끼 있고 책임감 있는 사람을 더 선호한다. 그는 그런 패션 전문가를 키워내기 위해 연공서열을 무시한 연봉제도와 창조적인 측면에 더 많은 점수를 주는 인사제도 등을 도입했다.

따라서 그의 작은 경영은 벤처 경영과 닮았다고도 볼 수 있다. 즉, 직원의 창의성을 훼손하는 제도적 장치들은 최소화하고, 직원들의 자율성과 성과에 따른 보상은 철저히 해주는 제도들을 최대화하는 것이다.

화형식 그 이후

1999년 7월, 삼성물산의 에스에스패션과 제일모직이 통합되었을 때, 더 정확히 말한다면 에스에스패션을 제일모직이 자산인수 방식으로 M&A했을 때, 주위에서는 우려의 목소리가 적지 않았다.

당시 제일모직은 국내 신사복 시장에서 1위를 달리고 있었고, 에스에스패션은 3위였다. 의류업계 쪽에서는 크나큰 아성의 업체들이었던 것이다.

이런 두 업체가 통합될 경우 그 몸집은 타의 추종을 불허하게 되어 있었다. 특히, 두 업체의 생산 시스템과 판매망을 기반으로 물량 공세를 펴나가게 되면 의류업계에 있어서 그 파장은 적지 않은 것이었다. 당시 의류업계가 우려했던 것은 싼값의 물량 투하였다. 하지만, 원대연 사장은 독일 병정식 작은 경영을 추구했다. 의류는 일반 제조품과는 달리 패션을 통해 고 부가가치를 창출해야 한다는 신념에 따른 것이었다. 장기적으로 판단했을 때, 그렇게 해야 체질 강한 패션회사로 살아남을 수 있는 길이라고 판단했던 것이다.

화형식 이후 그는 제일모직에 새로운 패션 비즈니스를 구축하는 데 전력했다.

그는 에스에스패션의 영업력을, 제일모직의 제품 품질을 각각 선택해 새로운 제일모직의 수익창구를 만들어냈다.

또, 패션을 선도해간다는 기업의 이미지를 높이기 위해 브랜드 전략을 강화했다. 그는 아무리 판매가 잘 되는 의류일지라도 장기적으로 판단했을 때 브랜드 가치를 높일 수 없다는 판단이 서면 과감히 버렸다. 대신, 캐주얼이나 신사복에 비해 이익을 내지 못하는 여성복에 대해서는 오히려 투자를 지속시켰다. 여성복은 의류업계의 꽃이기 때문에 수익과 관련 없이 패션 리딩 컴퍼니로서의 자존심을 지키기 위해서였다. 이와 관련해, 그는 총 40억 원에 달하는 돈을 투자해 패션 정보 웹사이트를 운영하고 국내 최대 규모의 패션 데이터베이스를 구축하기도 했다. 패션계를 주도해가는 업체로서 패션 의류업계의 발전을 위해 이바지하기 위해서였다.

그는 유명 디자이너들을 영입하는 데 노력을 기울이기도 했다. 유명 디자이너들의 경우에는 상품보다는 시대를 선도하는 패션에 더 역량을 집중하기 마련이다. 따라서 그들은 개인 전시회에 더 많은 노력을 기울인다. 당연히 회사에 종속된 디자이너들보다 예술적 역량이나 시대적인 감각이 탁월할 수밖에 없다. 문제는 그들을 영입하는 데 소요되는 돈과 그들의 창의력이 발휘될 수 있는 자리를 마련하는 것이었다. 원대연 사장은 그들에게 '객원 디자인 실장'이라는 직함을 만들어주고 기존에 없었던 파격적인 연봉을 제시했다. 당시 대기업 문화로는 상상도 할 수 없는 제안이었다.

그는 화형식 이후 패션 브랜드의 세계화에도 박차를 가했다. 그는 로가디스를 대만에, 갤럭시와 라피도를 중국에 수출하기 시작했다. 특히 골프웨어 아스트라는 미국에서 돌풍을 일으켰다. 1999년에는 4백만 달러를 수출했고, 2000년에는 9백만 달러에 가까운 선주문을 받기도 했다.

아스트라는 2001년에 국내 브랜드로는 유일하게 PGA용품쇼에 참가하기도 했다. PGA는 일명 골프박람회로, 미국 플로리다 올랜

도에서 해마다 열리고 있는 전시회이다. 세계 최대 규모이며 전 세계 2천여 개에 달하는 골프용품과 의류 브랜드가 참가한다.

그는 아스트라가 미국 시장에서 주목을 받자 곧 중국 시장에 눈길을 돌렸다. 중국은 엄청난 인구와 영토, 빠른 경제 성장률, 한국과의 지리적·문화적 관계를 고려할 때 미국보다도 훨씬 매력적인 시장이었다. 원대연 사장은 중국 시장을 '제2의 내수시장'이라는 캐치프레이즈를 내걸었다.

그는 골프웨어 아스트라와 함께 중국 젊은이들을 겨냥한 힙합의류 후부를 통해 중국시장 선점에 나섰다. 또한 그는 중산층 성인 남성을 위해 로가디스 그린라벨이라는 캐주얼을 출시했다. 그는 이 의류의 브랜드 가치를 높이기 위해 이브생로랑의 인력과 유통망을 중국 시장에 그대로 투입했다. 또, 상하이에 중국 비즈니스를 전문적으로 담당할 무역 법인을 설립했고, 해외 소싱 전담팀도 상하이로 이전시켰다.

그는 중국 시장에 대해 철저히 고급 브랜드화 전략을 썼다. 의류들을 최고급 백화점이나 직영점이 아니면 유통시키지 않았고, 할인판매도 하지 않았다. 장기적으로 판단했을 때 고급 브랜드화 전략이 중국 패션 산업에 더 적합하다고 판단했기 때문이었다.

그는 스포츠 마케팅과 한류 열풍을 브랜드 제고에 활용하기도 했다.

그의 스포츠 마케팅은 본래 그가 삼성물산의 에스에스패션을 이끌던 시절로 거슬러올라간다. 당시 골프의 여왕 박세리를 통해 의류의 브랜드 가치를 높였다. 이후 그는 2002년 부산 아시안게임 유니폼을 공식 후원하기도 했다.

중국을 제2의 내수시장으로 삼고 중국 진출을 고려할 때에는 스포츠 마케팅보다는 한류 열풍을 이용했다. 그룹 NRG 등의 인기가 중국에서 높은 것을 감안해 그들을 모델로 내세워 중국 젊은이들을 겨냥, 후부를 알리는 계기로 삼았던 것이다.

그의 브랜드 제고 전략은 발빠르기로 유명하다. 그래서 그는 패션 리더 중에서 가장 홍보감각이 탁월한 CEO로 뽑히기도 했다.

제일모직에 있어 원대연 사장의 의미는 단순히 대량으로 재단된 고급 옷이 아니라 브랜드화, 차별화, 세계화를 통해 대중화된 옷의 개념을 더욱더 진화시켰다는 데 있을 것이다.

2005년 원대연은 제일모직을 떠났다. 삼성 아트앤드디자인 인스티튜드로 자리를 옮겼다. 그가 이번에는 또 어떤 변신을 해서 패션계에 새바람을 일으킬지 궁금하다.

14 SAMSUNG CEO

삼성이 기른 초특급 엔지니어

임형규 | 삼성종합기술원 원장

1953년 2월 4일 경남 거제 출생
1972년 경남고등학교 졸업
1976년 서울대학교 전자공학 학사
1978년 한국과학기술원 전자공학 석사
1984년 미국 플로리다 대학교 대학원 전자공학 박사
1976년 삼성전자 입사
1984년 삼성전자 메모리 연구개발 수석연구원
1999년 삼성전자 반도체총괄 메모리개발사업부장 부사장
2004년 삼성전자 기술총괄 사장
2005년 삼성종합기술원 원장

삼성이 기른 초특급 엔지니어

임형규
삼성종합기술원 원장

절름발이 반도체

삼성의 메모리 반도체의 역사는 곧 한국의 메모리 반도체 역사라고 해도 과언이 아니다. 이병철 회장의 도쿄 선언 이후, 삼성은 메모리 반도체에 관한 한 최초이며 최고라는 수식어를 줄곧 견지해왔다. 그리고 그것은 오늘날 삼성전자가 세계의 일류 기업으로 도약하는 데 큰 밑거름이 되었다. 특히, 삼성의 90년대 후반 들어 거듭되는 높은 성장률은 메모리 반도체의 견인차 역할이 크다. 하지만 반도체라는 큰 지형도를 놓고 보았을 때 삼성의 한계가 있었다. 세계적인 기업들과 비교해봤을 때 메모리 분야 외의 다른 반도체, 즉 비메모리 반도체에 있어서는 걸음마 수준이었기 때문이다.

"한국 반도체 회사들의 전략을 이해할 수 없다. 메모리만으로는 분명히 한계가 있는데 왜 그토록 메모리에만 집착하고 있는지 모르겠다."

삼성전자를 위시한 한국의 반도체 회사들이 서로 경쟁이나 하듯이 메모리 혁신을 거듭하고 세계 시장을 석권하고 있을 때 존 트라우트라는 〈샌호제이 머큐리미러〉지 기자는 이렇게 일침을 가했다. 그가 보기에 삼성전자를 비롯한 한국의 반도체 기업들은 절름발이 반도체 회사의 모습을 하고 있었던 것이다.

여기에는 그만한 이유가 있었다. 그것은 한국의 반도체 산업이 비메모리 반도체 분야까지 세계적인 수준으로 끌어올리기에는 역량이 부족했기 때문이었다.

사실, 한국의 반도체 산업의 역사는 극히 짧다. 1980년 이전에 한국반도체 공장이 있었지만 본격적인 반도체 산업의 역사는 이병철 회장의 도쿄 선언 이후라고 해도 과언이 아니다. 따라서 삼성전자를 비롯한 다른 반도체 회사들 역시 메모리 반도체와 비메모리 반도체를 동시에 끌고 가기에는 턱없이 역량이 부족했던 것이다. 그것은 웬만큼 힘이 좋은 장사가 아니고서는 두 대의 무거운 수레를 동시에 끌 수 없는 이치와 같았다.

두 다리로 일어서기

삼성전자가 비메모리 반도체에 대해 관심을 전혀 기울이지 않고 있었던 것은 아니다. 이미 메모리 반도체 분야가 서서히 자리를 잡아가던 1996년만 해도 1995년보다 40% 이상 매출 목표를 높여 잡는 등 비메모리 분야에서의 활성화를 줄곧 추진해왔었다.

삼성전자가 비메모리 반도체 사업을 줄곧 추진해온 데 대해서는 몇 가지 필연적인 이유가 있었다.

우선, 비메모리 반도체의 시장은 메모리 반도체의 시장보다 몇 배나 더 컸다. 메모리 분야에서 아무리 최고의 기업이 된다 해도 비메모리 반도체의 2등 기업도 되기 어려운 사업 규모를 가지고 있다. 세계 일류 기업으로서 도약하기를 원하는 삼성으로서는 궁극적으로는 수익이 큰 비메모리 반도체 시장을 겨냥할 수밖에 없었다. 또, 메모리 반도체 시장은 90년대 말부터 이미 과포화 상태에 이르고 있었다. 삼성이 아무리 메모리 반도체에서 1등을 유지한다고 해도 과포화 상태에 걸린 시장에서의 판매율 증대는 한계가 있었다.

또다른 이유는 수익구조의 안정성을 확보하기 위해서였다. 메모리 반도체 시장의 경우 그 자체로서는 하나의 제품 역할을 할 수 없었다. 당연히 PC나 모바일 제품 등 다른 완제품들의 경기 영향에 따라 메모리 반도체의 경기도 들쑥날쑥할 수밖에 없는 구조였다. 그만큼 변수가 많은 것이다. 게다가 대만이나 일본, 미국 등의 메모리 반도체 기업의 추격도 만만치 않았다. 그들의 추격이 있는 한 삼성전자는 항상 1등을 유지할 수 있다는 보장이 없었다. 그들에게는 새로운 판로가 필요했다.

세 번째 이유는, 대만이나 중국 등 새롭게 부상하는 완성품 조립 업체들과의 장기적인 경쟁을 고려했을 때, 삼성전자가 메모리 반도체의 1등 기업이라는 위상만 가지고는 경쟁을 벌일 수 없다는 것이었다. 그들과 경쟁을 벌이기 위해서는 궁극적으로 삼성전자 역시 차별화된 완성 조립품이 필요했다. 이는 메모리 반도체 분야를 뛰어넘어 총체적인 측면에서의 기술 선진화가 이루어지지 않고는 불가능한 일이었다.

네 번째 이유는, 이건희 회장이 오래 전부터 삼성전자를 최고의 종합 전자회사로 키우려고 의도하고 있다는 것이었다.

IMF였던 1997년과 1998년, 당시 외국의 전문가들은 삼성전자가 메모리 반도체 사업 외의 다른 사업에 대해서는 포기할 것을 권고했다. 당시 삼성은 메모리 반도체에 관한 한 이미 세계적인 수준이었고, 따라서 거기에만 역량을 집중해도 수익은 충분하다는 판단에서였다. 그들은 오히려 다른 사업분야가 삼성의 메모리 반도체에 대한 역량 집중을 방해할까 봐 우려했다.

당시 이러한 그들의 권고는 이건희 회장의 일명 '살빼기' 경영과도 잘 어울렸다. 이건희 회장은 질 위주의 신 경영을 주창한 이래 끊임없이 살빼기를 시도하고 있었다. IMF 당시는 그 살빼기가 최고

조에 이르던 때였다.

'선택과 집중.'

이것은 당시 이건희 회장의 화두이자 삼성전자의 화두이기도 했다.

그러나 이건희 회장은 삼성전자에 관한 한 이 '선택과 집중'의 논리를 배제했다. 물론, 대대적인 인원감축과 내부 유동성 자금 확보를 위한 여러 조치들이 취해졌지만 사업분야에 관해서만큼은 오히려 확장을 시도했다.

당시 〈비즈니스 위크〉지는 삼성전자의 상황을 이렇게 전했다.

"삼성전자가 위험한 상황에 처해 있다. 1996년에 급락한 D램 가격이 1997년에도 별반 나아지지 않았다. 그런데도 이건희 회장은 식기 세척기와 카 네비게이션용 칩에 이르기까지 각종 비메모리 반도체로 사업을 다각화하기를 원하고 있다."

〈비즈니스 위크〉지에서도 나타난 것처럼 당시 외국 전문가들은 이건희 회장의 판단을 '위험한 판단'이라고 규정하고 있었다. 메모리 반도체 분야에 역량을 집중해도 위기를 극복할까 말까인데, 오히려 비메모리 반도체 분야에까지 영역을 넓히려 했기 때문이었다. 하지만 채 5년도 지나지 않아, 그들은 이건희 회장의 견해가 옳았음을 인정했다.

"휴대폰 단말기와 가전 부문 등으로 이익구조를 분산시키는 등 사업 다각화 전략이 성공을 거두고 있다."

2002년 1월 〈포브스〉지는 삼성전자의 성공을 이렇게 전했다.

단순히 메모리 반도체 사업에만 역량을 집중하지 않고, 비메모리 반도체 사업과 더 나아가 통신, 가전 등으로 사업을 다각화한 것이 삼성전자에게 득이 됐다고 판단했던 것이다. 이건희의 혜안이 다시 한번 승리를 거두는 순간이었다.

삼성전자의 반도체 삼각편대

"비메모리는 더 확장하고 더 깊이 들어가야 한다."

삼성전자를 세계 최고의 종합 전자회사로 키우려고 하는 이건희 회장의 말이다.

이건희 회장의 반도체 사업에 대한 애정은 남다르다. 그것은 미래지향적인 그의 사업관에서 비롯된다. 즉, 삼성전자가 종합 반도체회사가 되지 않고는 종합 전자회사도 될 수 없기 때문이다. 더 확장되고 더 깊이 들어가야 하는 비메모리 반도체 분야의 필연성 역시 여기에 있다. 메모리 분야에서만 1등을 하는 절름발이 반도체 사업으로 세계 최고의 종합 전자회사에 도전한다는 것 자체가 어불성설인 것이다. 실제로 삼성전자는 메모리 분야에서 타의 추종을 불허하는 기술력과 판매력에도 불구하고 반도체 사업에 있어서는 세계 4위권에 머물고 있는 실정이었다. 비메모리 반도체 사업이 받쳐주고 있지 못했기 때문이다.

여기서 중요한 것은, 그렇다면 누가 비메모리 사업분야를 맡을 것인가이다. 누가 이건희 회장의 뜻을 실현시킬 것인가? 이건희 회장은 누구를 택할 것인가? 이것이 삼성전자의 비메모리 사업 확장과 심화에 있어 가장 중요한 키워드였다. 이건희 회장은 임형규 사장을 택했다.

당시 임형규 사장의 시스템 LSI 사업 수장으로의 선택은 삼성전자의 비메모리 사업 추진에 있어서 의미가 남달랐다.

그것은 삼성전자가 그 어느 때보다도 비메모리 사업분야에 있어서 본격적인 박차를 가하는 중요한 시점이기 때문이었다. 쉽게 말해, 삼성전자의 비메모리 사업분야가 성공할 수 있느냐 없느냐의 중요한 길목에서 임형규 사장의 선택이 있었던 것이다.

임형규 사장은 본래 전 진대제 사장, 이윤우 사장, 황창규 사장 등과 더불어 삼성전자의 '메모리인'으로 통하는 CEO이다.

삼성전자의 메모리 사업의 혁신은 이 네 명의 CEO에 의해 추진되었다고 해도 과언이 아니다. 그들은 265KD램(이윤우), 16MD램(진대제), 64MD램(임형규), 256MD램(황창규)을 차례로 개발하면서 삼성전자는 물론 한국 반도체 산업에 있어서의 역사를 새로 쓴 인물들이다. 특히, 임형규 사장은 1991년 고속 1메가 S램을 개발한 주역이기도 했다.

고속 1메가 S램은 정보처리 속도가 D램보다 빠르고 전력도 적게 소모하는 것이 특징이다. 따라서 슈퍼컴퓨터와 미니컴퓨터 등 대용량 및 고성능 시스템에 주로 사용되었다. 당시 고속 1메가 S램은 국내에서는 처음 개발된 것이었다.

이들에게는 삼성전자의 메모리인이라는 공통점 외에도 몇 가지 공통점이 있다. 우선 엔지니어 출신으로 CEO의 자리까지 올랐다는 것이다. 모두가 서울대 이공계 출신의 해외유학파라는 것이다. 한때 삼성전자호를 서울대 전자·전기공학과 출신들이 진두지휘한다는 말이 돌았던 것도 윤종용 부회장을 비롯해 이들이 핵심적인 역할을 했기 때문이었다.

이들은 이러한 공통점 때문인지 삼성전자의 반도체 사업 경영과 운영에 대해 서로가 보조를 맞추며 성장했다.

일명 'CEO와 COO'의 관계.

CEO는 Chief Executive Officer, 즉 최고 경영 책임자를 뜻한다. 이에 반해 COO는 Chief Operating Officer로 최고 집행 책임자를 뜻한다.

CEO는 결정적인 경영 사안에 대해 결정권을 가지며, 실제 일의 추진에 있어서는 COO가 모든 권한을 행사한다.

윤종용 부회장이 삼성전자의 CEO 역할을 했을 때 이윤우, 진대제, 황창규, 임형규 사장 등은 COO 역할을 했다. 그리고 이윤우 사장이 반도체와 관련한 CEO를 맡았을 때, 황창규와 임형규 사장은

COO 역할을 했다. 특히, 임형규 사장이 비메모리 분야를 담당하면서 메모리 분야의 황창규 사장, 그리고 이 양측을 총괄하는 이윤우 사장 등 반도체에 관한 삼각구도를 이루었다. 삼성전자의 반도체 삼각편대의 탄생이었다.

이러한 삼각편대를 상징적으로 보여주는 것은 1999년 3월 16일, 경기도 기흥공장에서 가진 256메가 D램 출하식이었다. 당시 300여 명의 임직원이 참석한 가운데 열린 이 행사에는 반도체 총괄사장인 이윤우 사장이 있었고, 그 양 옆에 황창규 부사장과 임형규 부사장이 있었다.

전형적인 삼성맨

'삼성이 기른 초특급 엔지니어.'

임형규 사장의 이력을 압축한 말이다.

그의 이름 앞에 이런 수식어가 붙는 것은 그가 다른 메모리 주역들과는 달리 삼성의 지원을 받아 박사학위를 취득했기 때문이다.

그는 서울대 전자공학과와 KAIST 전기공학과를 졸업한 후에 1976년 삼성에 입사했다. 그후 그는 삼성반도체에서 주는 장학금으로 미국 플로리다대에서 박사학위를 받았다. 다른 메모리 주역들에 비해 이색적인 경력이다. 다른 메모리 주역들은 이미 삼성에 입사하기 전에 박사학위를 취득한 경우가 대부분이기 때문이다. 따라서 그의 삼성전자에 대한 애정은 남다를 수밖에 없다. 또한 애국심도 남다르다.

그의 이러한 애사심과 애국심은 그가 이후 80년대 삼성전자의 메모리 반도체 분야를 발전시키는 데 큰 밑바탕이 되었다.

임형규 사장에게는 특별한 닉네임이 없다. 그것은 그의 성격에서 비롯된다. 그는 이지적이고 날카로운 인상과는 달리 대단히 인화적이고 합리적인 경영으로 정평이 나 있다. 하지만 반도체 기술 개발에 관한 한 대단히 공격적이고 미래지향적인 열정을 가지고 있다. 그래서 사람들은 그를 유능한 CEO이기에 앞서 '전형적인 엔지니어'라고 평가하는 것이다. 최근 그가 비메모리 시장에서 미래 기술을 책임지는 전사 CTO로 임명된 것도 이와 무관하지 않다.

그의 반도체 기술에 대한 집념은 이미 KAIST 시절부터 길러진 것이었다. 그는 서울대 전자공학과를 졸업한 후에 KAIST 전기전자과에 들어갔다. 당시 KAIST는 최고의 공과 특성화 대학답게 최고의 시스템과 교수진을 갖추고 있었다. 당연히 인기도 높았다. 임형규 사장의 서울대 전자공학과 동기생 50명 중 20명이 KAIST에 진학했다.

KAIST의 학문 연구는 치열했다. 학문 연구가 아니라 '트레이닝'이다 싶을 정도였다. 당시 미국에서 공부하고 막 돌아온 30대 젊은 교수들의 의욕 때문이었다. 한 학기에 한두 명이 공부하다 쓰러지기도 했다.

이러한 혹독한 상황 속에서도 임형규 사장은 굴하지 않고 석사학위를 취득했다. 그리고 그가 삼성반도체에 입사했을 때 그는 삼성반도체 내에서도 최고의 인재였다. 당시 혹독한 훈련이 얼마나 득이 될 수 있는가를 몸소 체험했고, 그것은 반도체 기술개발에 관한 그의 기본적인 자세가 되었다. 이후 그는 그때의 열정과 자세로 반도체 분야의 황무지를 개척했다.

당시 삼성 이건희 사장이 그에게 비메모리 반도체를 맡겼던 것도, 메모리 반도체 분야에서 이미 검증된 탄탄한 실력과 함께 기술개발에 관한 그의 이러한 치열함을 높이 샀기 때문이었다.

약진하는 비메모리 분야

1999년 12월 말, 한 세기가 저물고 새로운 세기가 다가오는 이때에 삼성은 주요 간부들에 대한 인사단행에 들어갔다.

이때에 삼성전자의 다섯 용이 등장했다. 메모리 담당의 황창규 사장, 정보통신의 이기태 사장, 지원 총괄의 최도석 사장, AM LCD의 이상완 사장, 그리고 시스템 LSI의 임형규 사장이었다.

당시 그들이 다섯 용으로 주목을 받았던 것은 다섯 명 모두가 삼성전자의 차세대 리더로 꼽힐 만큼 쟁쟁한 이력의 소유자들이었기 때문이다. 그런데, 여기서 주목할 것은 임형규 사장만이 자신의 전문 영역이 아닌 비메모리 분야를 담당하게 되었다는 것이다. 다른 네 용의 경우 자신의 전문 영역을 그대로 승계했다.

이것은 90년대 후반 줄곧 관심을 가져온 비메모리 분야를 이제 본격적으로 성장시킬 것이며, 그 성장의 첨병 경영인으로서 삼성전자가 임형규 사장을 선택했음을 의미했다.

사실, 1996년 삼성전자는 MPU 분야에 진출하면서 비메모리 분야에 본격적으로 발을 들여놓았었다. 당시 비메모리 분야의 매출액을 전년 대비 40% 정도 올려 잡았던 것도 이와 무관하지 않다.

당시 삼성전자가 MPU 분야에 진출하려고 했던 것은 절름발이 반도체 산업 체제를 탈피하기 위해서였다.

당시 삼성전자는 분명 메모리 분야에서는 타의 추종을 불허했다. 하지만 메모리는 반도체 제품의 경기와 독립돼 독자적인 수익구조를 가질 수 없는 게 현실이었다. 따라서 메모리 일변도의 삼성전자를 비롯한 메모리 분야 기업에 대해 '언제 무너질지 모르는 모래성'이라는 불쾌한 꼬리표가 따라 붙었던 것도 사실이다.

또한 일본의 반도체 사업도 자극이 되었다. 당시 일본은 삼성전자 등의 메모리 사업 등에 1등 자리를 내어준 상태였다. 하지만 반도체 제품에 관한 한 여전히 막강한 위력을 과시하고 있었다. 그것은 일본이 메모리와 비메모리의 수익구조를 4:6 정도로 유지하고 있었기 때문이었다. 즉, 메모리에서 완전히 밀린다고 해도 잃을 것은 4밖에 없었던 것이다. 이에 반해 삼성전자를 비롯한 국내 반도체 기업들은 메모리 분야에서 1등 자리를 내어주면 거의 모든 반도체 사업의 주도권을 빼앗긴다고 해도 과언이 아니었다.

삼성전자는 이러한 이유로 이미 1996년에 메모리와 비메모리의 구조를 3:7 정도로 구성하는 계획안을 가지고 있었다. MPU 분야 진출도 이에 따른 것이었다. 하지만 임형규 사장을 선택하기 전까지 아직 비메모리 분야에서의 이렇다 할 약진은 볼 수 없었다.

임형규 사장은 시스템 LSI 분야를 담당하면서 본격적인 비메모리 육성 정책에 나섰다.

당시 그가 가장 먼저 했던 일은 비메모리 분야에 관한 구체적인 청사진을 만드는 것이었다.

2000년 10월 그는 4개 비메모리 집중 육성 계획을 발표했다. 4개 비메모리 제품군은 LDI(LCD Drive IC), MCU(Micro Control Unit), 스마트 카드, 통신용 RF(Radio Frequancy) 칩으로, 그의 목표는 이 4개의 제품군을 2002년까지 세계 일류 품목으로 키워간다는 것이었다.

이를 위해 그는 충남 온양공장에 8인치 웨이퍼를 월간 3만 장 가공할 수 있는 전용 라인을 건설하는 계획도 세웠다. 2002년까지의 투자 비용도 1조 6천억 원을 잡았다. 1999년 12월 삼성전자가 18

억 달러를 들여 반도체 신규 공장을 지을 당시 비메모리 분야에 1조 3천억 원을 투자하겠다는 비용보다 3천억 원이나 높여 잡은 것이다.

그는 구체적인 매출액도 제시했다. 2000년에는 18억, 그리고 2002년에는 30억 달러였다. 삼성전자의 반도체 부문 사업에서 비메모리가 차지하는 비율을 30% 가까이 끌어올리는 것이었다.

그의 이러한 계획은 주위로부터 조금 무리가 아니냐는 지적도 받았다. 하지만 그해 그는 비메모리 분야에서 18억 달러의 매출을 이끌어냈다. 이는 삼성전자의 반도체 사업에 있어 15%를 웃도는 것이었고, 매출액만 따지면 80% 이상이나 증가한 셈이었다. 순이익은 5천억 원 이상이었다.

이것은 단순히 비메모리 부문 사업에서 수익을 남겼다는 것 외에 더 큰 의미가 있었다. 삼성전자 전체가 안정적인 수익구조를 창출해내기 시작했다는 것이었다. 또한 삼성의 메모리 기술을 비메모리 기술과 접합시킬 수 있어 반도체 종합 회사로서의 위상을 더욱 높였다는 데에도 그 의미가 있었다. 실제로 비메모리 반도체 SOC칩에는 D램 플래시 등 메모리 기술이 결합되고, 여기서 D램은 핵심적인 역할을 하게 된다.

이러한 성공을 기반으로 2002년 그는 새로운 사업 계획안을 내놓았다. 매출 목표액을 3억 달러 정도 높여 잡고, 2005년도에는 50억 달러의 매출을 이끌어내 세계 5위권에 진입한다는 것이었다. 따라서 개발비도 2천 8백억 원대에서 4천 8백억 원대로 무려 70% 이상을 높여 잡았다. 그만큼 공격적으로 밀어붙이겠다는 뜻이었다.

그러려면 문제는 인재 확보였다. 사실, 첨단 산업에 있어서 가장 중요한 것은 시설이나 개발비가 아니다. 바로 사람이다.

삼성전자의 비메모리 사업에 있어 임형규 사장이 한 일은 세 가지 정도로 요약할 수 있다.

첫째, 그는 삼성전자가 메모리 사업 위주에서 비메모리 사업으로 넘어가는 가교 역할을 했다.

둘째, 그는 맹아적인 비메모리 사업분야를 세계 시장에서 통할 수 있는 사업으로 확장·고도화시켰다.

셋째, 그는 비메모리 인프라를 확고히 다져 이후 삼성전자가 비메모리 사업에 있어 전성기를 구가할 수 있는 기반을 다졌다. 여기서 인프라는 두 가지로 정리된다. 하나는 시스템이고, 또 하나는 바로 인재들이다.

2000년 당시 그는 최초의 청사진을 제시할 때에도 30대 초반 박사급을 지속적으로 영입하겠다는 뜻을 밝혔다. 그리고 2년 후, 그는 좀더 구체적인 인재 확보 계획을 내놓았다.

당시 그는 2000년에 1,300명이던 비메모리 설계 및 개발 담당 엔지니어들을 2,200명까지 늘릴 것이라고 했다. 또, 개별 프로젝트를 책임질 수 있는 고도의 역량이 되는 수석 연구원을 30명 정도 더 확보할 것이라고도 했다. 전례 없는 고급인재 확충이었다.

임형규의 인재에 대한 욕심의 배경은 무엇일까?

우선, 삼성의 인재 제일주의가 반영된 것이다. 오늘날 삼성은 인재 집합소라고 해도 과언이 아니며, 그만큼 인재에 대한 욕심이 많은 기업이다. 또 하나는 인재를 계속해서 확보해야 할 만큼 비메모리 세계 시장에서의 삼성은 취약한 사업 구조를 가지고 있다는 것이다. 이는 우수 인재를 발굴하는 한편 개발 자금에도 그만큼 집중 투자가 이루어진 것을 보면 알 수 있다. 또, 선진기술을 확보하기 위해 홈 및 모바일 SOC 분야에서 핵심기술을 보유한 업체들과 끊임없이 전략적 제휴를 체결하기 위해 협상을 벌인 것에서도 잘 드러난다.

임형규 사장의 인재 확보는 해외로까지 뻗어나갔다. 이것은 국내 인력만으로는 비메모리 분야를 선진화시키는 데 한계가 있기 때문이었다.

그는 미국, 유럽, 중국, 인도 등에 연구개발 센터를 세웠다. 세계 시장의 동향을 파악하는 한편, 해외 현지의 우수 인력들을 확보하기 위해서였다. 그런가 하면 그는 자신이 직접 우수 인력을 채용하기 위해 이건희 회장의 전용 비행기를 타고 해외에 나서기도 했다. 그는 2002년 동안에만 미국, 일본, 러시아 등을 돌며 20여 명의 박사급 외국인을 채용했다.

이렇듯 그는 삼성전자의 비메모리 분야 진출에 있어 큰 틀을 세우는 데 중요한 역할을 담당했다. 그런 그가 최근 삼성전자 전사

CTO로 옮겨 갔다. 그는 비메모리 사업을 이끌면서 이런 말을 했다.

"비메모리는 한두 번 실패했다고 중단할 수 없는 일로 2010년을 위한 준비이다."

삼성전자는 아직도 비메모리 사업에 대한 대장정을 계속하고 있다.

15 SAMSUNG CEO

변신 경영의 대가

강호문 | 삼성전기 사장

1950년   2월 12일 경기 부천 출생
1968년   서울고등학교
1972년   서울대학교 전기공학 졸업
1975년   금성전선 입사
1975년   삼성전자 반도체 부문 마이크로수출담당 이사
1996년   삼성전자 컴퓨터 사업부장
2000년   삼성전자 정보통신총괄 네트웍사업부장
2002년   삼성전기 대표이사 사장

변신 경영의 대가
강호문
삼성전기 사장

거북선 센터

"지금 우리에게는 아직도 전선 12척이 남아 있습니다."

명량해전을 앞둔 이순신 장군이 선조 임금에게 보낸 편지글 중 한 구절이다.

이순신 장군은 절대적으로 불리한 전력에도 불구하고, 왜를 꺾겠다는 의지를 놓지 않았다.

경기도 수원시 매탄동에 위치한 삼성전기 수원공장에는 거북선 센터가 있다.

기업인들 사이에서는 일명 삼성전기의 싱크탱크라고 불리는 곳이다. 이곳에서 삼성전기의 모든 혁신적인 제품들이 쏟아져나오기 때문이다.

그저 제품 개발실이라고 해도 좋을 것을 굳이 거북선 센터라고 이름 지은 사람은 바로 강호문 사장이다.

그는 이순신 장군이 거북선이라는 세계 최초의 철갑선으로 왜를 이기고 나라를 위기에서 구한 것처럼, 삼성전기도 혁신적인 제품을 만들어서 선진 경쟁사들을 물리치자는 의미에서 이런 이름을 지었다고 한다. 특히, 이 거북선에는 삼성전기가 세계 일류로 성장하기 위해서 반드시 따라잡아야 하는 일본에 대한 추격 의지가 암암리에 강하게 반영되어 있다.

이 거북선 센터는 그 이름에 걸맞게 모든 것이 거북선이나 이순신 장군과 관련되어 있다.

우선 현관 로비에 들어서면 큰 거북선 모형을 볼 수 있다. 복도에는 이순신 장군이 선조에게 보낸 편지 글귀가 커다랗게 쓰여 있다. 건물 안의 각 방에는 명량, 한산도 등 이순신 장군의 승전지가 이름으로 붙어 있다.

이 방들은 CFT를 위한 방이다.

CFT는 'Cross Functional Team', 일명 협업팀 혹은 다분야조합팀이라고 할 수 있다.

이것은 삼성전기가 단순히 제품 개발에 몰두하는 것이 아니라 그 제품이 개발되어 유통, 판매되는 것까지를 염두에 두는 프로젝트별로 일을 추진하고 있음을 뜻한다. 즉, 한 프로젝트에 수많은 관련

분야의 우수한 인재들이 참여하는 것이다. 따라서 CFT에는 혁신적인 제품을 개발하려는 개발 담당 직원은 물론 기획과 마케팅, 영업 등을 담당하는 직원들도 배속되어 있다. 심지어는 납품업체와 외국 공장의 직원들까지도 이곳을 드나든다.

삼성전기가 프로젝트 별로 일을 추진해가는 것은 원청업체에 납품하는 부품업체로서의 한계를 극복하고 완제품을 리드해갈 수 있는 세계적 부품 회사로 거듭나기 위한 강호문 사장의 강렬한 의지가 투영된 결과이다.

삼성의 국부론

"삼성의 사장은 회사의 사장이 아니라 국가의 사장이라고 생각하며 일하자."

오늘날 삼성이라는 두 글자를 일군 고(故) 이병철 회장의 경영 지론 중 하나이다.

김입삼 전경련 고문은 이병철 회장에 대해 "그는 우리 민족의 약점을 정확히 알고 그것을 극복하려고 노력했던 인물"이라고 평한 바 있다.

오늘날 삼성의 경영철학은 그 초기의 싹이 모두 이병철 회장에 의해 구축된 것이다. 인재 최고주의, 기술 최고주의, 관리주의 등이 모두 그렇다. 이것을 오늘날 현실에 맞게 재해석하고 재정립한 사람이 이건희 회장이다.

　삼성의 사장은 삼성의 사장이 아니라 한 국가의 사장이라고 생각해야 한다는 데에는 이병철 회장의 애국심과 민족주의가 강하게 내포되어 있다. 그래서인지 삼성의 사장들은 애국심과 민족주의가 남다르다.

　진대제 전 사장은 1985년 당시 '일본을 이겨보기 위해 간다'며 IBM 사장의 손을 뿌리쳤다. 당시 IBM 사장은 연봉 백지위임이라는 엄청나게 파격적인 제안을 한 상태였다. 황의 법칙을 만들어낸 황창규 사장이나 비메모리 분야를 세계적인 클래스로 끌어올리는 데 초석을 다진 임창규 사장도 모두 국가와 삼성의 기술 발전에 이바지하고 싶다는 신념에서 유학생활을 접고 귀국했었다. 이기태 사장도 단순히 애니콜 신화가 아니라 세계 속에서 한국의 기술력을 보여줄 수 있다는 것을 가장 큰 자부심으로 꼽고 있을 정도이다. 이러한 삼성이기에 1994년 8월 당시 256MD램 개발에 성공한 후 주요 일간지에 구한말의 태극기를 광고 컨셉트로 채택할 수 있었던 것이다.

　오늘날 삼성이 세계화 추진에도 불구하고 최첨단 산업에 대해서는 국내 유치를 그대로 유지하는 것도 이와 무관하지 않다.

　강호문 사장의 거북선도 이러한 삼성의 국부론의 연장선 상에 있다. 삼성의 성공은 곧 한국의 성공이라는 것이다. 그의 부품산업 강국론도 이러한 삼성의 국부론을 그 배경으로 하고 있다. 2004년 11월 1일, 그는 기자 간담회를 통해 "한국의 전자부품 산업은 일본의 견제와 중국의 추격을 받고 있다"면서 "삼성전기가 앞장서 초일류 부품산업 국가로 만들겠다"고 말했다. 여기서 주목할 것은 그가 단순히 삼성이라는 회사의 전자부품 산업만을 생각하는 것이 아니라 한국의 전자부품 산업 전체를 생각하고 있다는 것이다. 삼성의 사장이 곧 한 국가의 사장이라는 사명감이 아니고서는 나올 수 없는 말이다.

그 해결책으로 그는 기술 인력을 확보하는 일부터 시작하겠다고 했다. 이스라엘과 러시아의 우수한 인재들을 대거 영입하겠다는 것이다. 여기서도 그는 "한국에서 해결해보려고 했는데 그럴 시점이 아닌 것 같다."라는 말을 덧붙였다. 우수 인재 확보에 있어서도 한국이 우선시되고 있다는 것을 암암리에 드러내고 있는 것이다. 이것 역시 삼성의 국부론과 맞닿아 있는 사고방식이다.

일본을 넘어 세계로

"일본 업체 기술 인력이 500명이면 우리는 100명입니다. 일본의 작은 업체라도 우리보다 기술 인력이 2배나 많습니다."

강호문 사장의 말이다. 이 말 속에는 강호문 사장이 2004년 11월 1일의 기자 간담회에서 우수 인력 확보를 최우선 과제로 삼겠다고 밝힌 배경이 담겨 있다.

삼성전기 강호문 사장의 거북선에는 극일주의가 강하게 내포되어 있다. 일본의 전자부품 산업을 뛰어넘지 못하고는 세계 일등으로 갈 수 없기 때문이다. 삼성의 국부론이 일본 뛰어넘기와 맞물려 있는 이유이다.

이건희 회장은 동아일보 기자와의 인터뷰에서 이런 말을 한 적이 있다.

"지금 일본이 불경기라고 해서 우리가 일본을 이겼다고 생각한다면 큰 오산입니다. 일본의 기술력은 아직도 대단합니다. 일본은 정녕 다시 봐야 하는 '잠자는 사자' 입니다."

잠자는 사자. 이것이 일본의 진정한 정체이다. 그리고 그것을 극복하지 못하고는 삼성의 세계화나 일류화도 있을 수가 없다.

사실, 2002년 2월 삼성이 강호문 사장에게 삼성전기를 맡긴 것은 삼성전기의 세계화·일류화를 본격적으로 이끌어내기 위해서였다.

"삼성전기 주가는 종합주가지수."

주식시장에서 투자자들에게 공공연히 회자되는 말이다. 삼성전기의 주가가 떨어지면 종합주가지수도 떨어지고, 반대로 상승하면 종합주가지수도 상승한다는 뜻이다.

이것은 삼성전기가 한국 IT산업 경기에 있어 표준 역할을 해주기 때문이다. 그만큼 삼성전기는 국내 전자부품 산업에 있어서 핵심적인 역할을 해왔다. 또, 그에 걸맞게 국내에서는 맞수가 없다. 하지만 세계 시장에서의 삼성전기는 그렇지 못하다. 당장 일본과도 적수가 안 되는 것이 현실이다. 따라서 삼성전기는 일본을 넘어 세계로 가기 위해서는 글로벌 리더로서의 체질을 갖춰야 한다. 삼성그룹의 강호문 사장에 대한 선택도 이 때문이다. 그가 삼성전기를 세계 속의 기업으로 성장시킬 것이라고 믿고 있는 것이다.

변신 경영

강호문 사장은 그때 그때의 상황 대처 능력이 탁월한 CEO로 평가받고 있다. 그것은 그가 삼성전기의 경영 일선에 나선 이후 수많은 경영 논리와 혁신 활동으로 삼성전기에 적합한 경영을 선보이고 있기 때문이다. 그의 그런 경영방식을 '변신 경영'이라고 부를 수 있을 것이다.

그는 삼성전기 사장이 된 후 '쇼트트랙론'을 내놓았다. 이것은 당시 한국이 동계올림픽에서 몇 개 분야에 출전하지 않는데도 불구하고 항상 상위에 랭크되는 것을 염두에 둔 비유였다. 한국이 동계올림픽에서 상위권을 유지하는 것은 쇼트트랙이라는 효자 종목 때문이었다. 즉, 쇼트트랙에 집중적으로 투자해 메달밭을 일궜던 것이다.

강호문 사장은 삼성전기에서 이처럼 강력한 포지셔닝과 브랜드화를 추진하겠다는 '쇼트트랙론'을 선포했던 것이다.

이후 삼성전기는 사업 구조를 1등 육성 제품과 수종 사업, 그리고 유지 사업 등 세 개의 분야로 좁히고, 그 역량을 집중했다. 제품으로 보면, 적층세라믹콘덴서(MLCC), 고밀도 인쇄회로기판, 광픽업 등의 세 개 제품이 그것이었다.

2003년 들어서 그는 이번에는 '수레바퀴론'을 들고 나왔다. 경영혁신이 어느 정도 안정을 되찾고, 쇼트트랙론을 통해 역량이 집중됐던 세 개의 제품에서 적지 않은 성공을 거둔 뒤에 등장한 새로운 경영 논리였다.

이 수레바퀴론의 요지는 경영의 가속도를 높이겠다는 것. 수레바퀴는 처음 움직이려면 힘이 든다. 하지만 일단 움직이기 시작하면 점점 가속도가 붙기 마련이다. 강호문 사장은 이 원리처럼 쇼트트랙론으로 집중 강화되어 성공을 거두고 있는 제품들의 가속력을 높여 세계 1위를 달성하겠다는 것이었다. 즉 세계 1위를 할 수 있는 제품에 역량을 계속 강화하여 그 제품을 세계 1위로 만든 후 이미지를 제고하고 브랜드를 공고히 한 후 다른 제품들 역시 그 가속력의 힘에 자연스레 편입되는 것을 노린 것이다. 즉, 이것이 2차 가속력이다.

그는 이 수레바퀴론을 뒷받침하기 위해 다섯 가지 핵심 전략을 내어놓았다.

선택과 집중, 핵심역량 확보, 인재 확보, 기술력 강화와 디지털 문화 정착 등이 그것이었다.

이후 그는 수레바퀴론이 잠잠해질 때쯤 '333혁신활동'을 창안해 내어놨다. 333혁신활동의 첫 번째 3은 3년 이내를 뜻한다. 두 번째 3은 생산성 300%를 뜻한다. 세 번째 3은 이익률 30%를 뜻한다.

즉, 333혁신활동은 2007년 이내에 생산성과 이익률을 각각 300%와 30%씩 달성한다는 혁신활동이었던 것이다. 이번에도 그는 복잡한 수치로 자신의 경영 논리를 설명한 것이 아니라 '333'이라는 세 숫자를 통해 전 직원이 쉽게 이해할 수 있고, 또 환기할 수 있도록 했다.

그는 333혁신활동을 위해 '333혁신팀'이라는 직속 조직을 두었다. 또한 P, Q, C, D, S, M의 세부 추진 전략들을 마련했다. P는 'Productivity', 즉 생산성이다. Q는 'Quality', 품질이다. C는 'Cost', 비용절감을 뜻하고 D는 'Delivery', 즉 리드타임 단축을 뜻한다. S는 'Safety'의 이니셜로 안전을 뜻하고 M은 'Moral Motivation'으로 사기 앙양을 뜻한다.

333혁신활동의 의미는 쇼트트랙론과 수레바퀴론의 연장선상에 있으면서 동시에 정확한 마무리를 위한 경영 지침이라고 할 수 있다. 즉, 쇼트트랙론을 통해 핵심 제품에 대한 역량을 집중하고, 수레바퀴론을 통해 세계 1위 달성을 위한 박차를 가했다면, 333혁신 활동은 그것을 현실화시키는 경영 논리이기 때문이다.

그런데 여기서 주목할 것은 그의 경영 이론은 심오하지만 그것을 하나로 묶는 개념은 쉽고 간결하다는 것이다. 여기에는 두 가지 의미가 있다. 우선, 그가 삼성전기에 어떤 경영 논리와 활동이 가장 적합한가를 정확하게 꿰뚫고 있다는 것을 뜻한다.

'Simple is best.'

이윤우 부회장은 단순한 것이 최고라고 했다.

여기서 단순하다는 것은 단지 하나밖에 볼 줄 모른다는 뜻이 아니라 핵심적인 것을 볼 줄 안다는 뜻이다. 또한 쉽고 간결하기 때문에 현장의 말단 직원들까지 그것을 공유하기가 쉽다는 것이다.

강호문 사장은 쉽다라는 개념이 얼마나 탁월한 위력을 발휘하는지 삼성전자 전무 시절 이미 체득한 바가 있다. 당시 그는 매직스테이션 M6000을 국민형 PC라는 컨셉트로 내세워 대대적인 성공을 거둔 적이 있다. 당시 그가 소비자들에게 어필한 것은 '쉽다'라는 것이었다. 컴퓨터를 복잡한 성능의 기계로 인식하고 접근을 두려워하는 주부들이나 어린아이들, 그리고 컴퓨터 초보자에게 그는 쉽게 접근할 수 있고 다룰 수 있는 컴퓨터를 내놓았던 것이다. 이후 매직스테이션은 '쉬운 컴퓨터'의 대명사가 되었다.

그는 경영 논리도 직원들이 받아들이기 쉽고, 이해하기 쉬울 때 그 전파력이 더 강하다는 것을 잘 알고 있었다. 그래서 그는 복잡한

용어보다는 대중적이고 비유적인 용어를 선택하기를 즐겨 했던 것이다.

강호문 사장은 2002년 취임할 당시부터 반도체의 신화를 삼성전기에서 그대로 재현해 보이겠다고 했다. 그는 현재 삼성전기를 2010년 매출액 9조 원, 영업이익 7천 5백억 원 등 세계 톱3의 종합 전자부품 기업으로 키운다는 목표를 세워놓고 있다.

16

SAMSUNG CEO

첨단기술 개발의 메카

손 욱 | 삼성 SDI 상담역

1945년	1월 24일 경남 밀양 출생
1963년	경기고등학교 졸업
1967년	서울대학교 기계공학과 졸업
1967년	한국비료공업 입사
1975년	삼성전자공업 냉기과 입사
1983년	삼성전자 기획조정실장
1990년	삼성전기 생산기술본부장
1993년	삼성전자 전략기획실장
1995년	삼성전관 대표이사
1999년	삼성종합기술원 원장
2004년	삼성인력개발원 사장

첨단기술 개발의 메카
손 욱
삼성 SDI 상담역

삼성종합기술원의 제2도약기

    삼성종합기술원은 삼성그룹의 싱크탱크로 불린다. 그만큼 삼성그룹의 차세대 원천기술들이 이곳에서 쏟아져 나온다. 그러나 삼성종합기술원의 영향력은 단순히 삼성그룹 안에 머물지만은 않는다. 수많은 민간 기업의 연구소들 중 하나이지만, 한국의 미래 기술을 리드해가는 역할을 하고 있는 것이다. 그래서 '첨단기술 개발의 메카'로 불리는 동시에 '국내 미래기술 연구의 산실'로 불리기도 한다.

    삼성종합기술원이 설립된 것은 1987년이었다. 설립 당시부터 삼성종합기술원은 이미 삼성의 미래와 함께 국가의 미래까지 책임질 수 있는 첨단기술을 연구한다는 캐치프레이즈를 내걸었다. 삼성의 국부론이었다.

　삼성종합기술원은 그 사명감만큼이나 차별화된 연구개발 시스템을 갖추는 데 노력해왔다.

　대부분의 민간 연구소는 시장에서 당장 필요로 하는 제품과 기술을 중심으로 연구를 한다. 이에 반해 삼성종합기술원은 '지금'보다는 '내일'을 생각한다. 지금 당장 눈앞에 이익이 없더라도 미래 시장의 판도를 완전히 뒤바꿀 수 있는 혁신적인 제품개발과 기술에 정진하는 것이다. 따라서 삼성종합기술원의 시스템 변화는 단순히 삼성종합기술원 내부의 변화가 아니라 미래 산업의 속도와 새로운 판도의 변화이기도 하다. 오늘날 많은 기업들이 삼성종합기술원의 변화를 주시하는 이유도 여기에 있다.

　삼성종합기술원은 고(故) 이병철 회장의 '기술은 돈보다 귀하다.'는 가치관이 그대로 투영된 연구소이다. 또한, '기술'삼성을 끊임없이 추진해온 이건희 회장의 의지가 투영된 연구소이기도 하다. 오늘날 이건희 회장의 경영 탱크는 구조조정본부이고, 싱크탱크는 삼성종합기술원이라는 말이 있을 정도이다.

　이런 삼성종합기술원이 1999년 10월, 2000년을 앞두고 새로운 비전을 발표했다.

　'New Millennium, New Technology.'

　이것은 기존과는 전혀 다른 성격의 슬로건이었다. 새로운 세기를 앞두고 발표되었다는 측면에서도 이미 의미심장하지만, 삼성그룹 내부의 변화에 비춰볼 때 더 확연했다.

당시 삼성은 세계 일류화를 지향하고 있었다. 1990년대 들어 신경영으로 질 위주의 경영을 구축했다면, 2000년 들어서는 세계적인 기업들과 어깨를 나란히 할 수 있는 기업으로 성장해야 한다는 것이 이건희 회장의 뜻이었던 것이다. 삼성종합기술원의 새로운 비전 제시는 이건희 회장의 이런 뜻과 궤도를 같이하고 있었다.

당시 삼성종합기술원의 주변과 안팎에서는 이를 삼성종합기술원의 '제2도약기'라고 지칭했다.

당시 삼성 이건희 회장과 뜻을 같이하며 삼성종합기술원의 제2도약기를 이끈 사람. 그가 바로 현재 인력개발원 사장을 맡고 있으며, 당시에 삼성종합기술원장을 맡고 있던 손욱 CTO였다.

이건희의 말을 해석할 수 있는 사람

1993년 6월 4일의 도쿄 발 프랑크푸르트 행 비행기 일등석.

이곳에는 삼성 이건희 회장과 당시 손욱 비서실 경영전략1팀장, 그리고 이창렬 비서팀 이사와 황영기 재무팀 이사 등이 동석하고 있었다. 낮은 엔진 소리와 몇몇 사람들의 잡담 소리가 기내를 메우고 있었다.

"이거 한번 읽어보세요."

이건희 회장은 손욱 비서실 경영전략1팀장에게 서류 뭉치 하나를 건네며 조용히 말했다.

"그리고 이런 일이 왜 반복되는지 근본 원인을 풀어보세요."

당시 손욱 비서실 경영전략1팀장은 자신의 손에 쥐어진 서류 뭉치를 들여다보았다. 기보 보고서였다. 기보는 1978년부터 삼성전자 오디오 설계실에서 일한 일본인 고문이었다. 기보 보고서는 그가 현장에서 직접 겪은 삼성의 문제점들을 지적한 보고서였다.

주된 내용은 다음과 같았다.

"지난 10여 년간 직원들에게 드라이브, 부품, 측정기 등을 쓰고 나면 꼭 제자리에 놓으라고 얘기했다. 하지만 아직도 개선되지 않고 있다. 공구를 찾는 데는 몇 시간이 걸리고 측정기는 고장나도 아무도 고치려 들지 않는다. 이제 내 한계를 넘어섰다."

기보가 아무리 충고를 해도, 정리정돈이 이루어지지 않을 뿐더러 오히려 그것을 하찮게 여긴다는 것이었다. 이건희 회장은 왜 그런 일이 일어나는지 그 근본 문제를 풀어보라고 했던 것.

당시 손욱 비서실 경영전략1팀장을 비롯해, 그 보고서를 읽은 사람들은 갖가지 대답을 내놨다.

"처벌 규정이 약하기 때문이다."

"책임의식이 없기 때문이다."

"정리정돈 교육이 선행되지 않았기 때문이다."

이건희 회장은 답이 아니라고 했다.

다른 사람들은 그 보고서를 두 번이나 더 읽었다. 그리고 다시 그 근본원인에 대해 이야기하고 자신들의 논리를 폈다. 하지만 이건희 회장은 묵묵부답이었다. 자신의 의중을 꿰뚫는 답변이 없다는 것이었다.

결국 12시간의 비행 동안 아무도 이건희 회장의 의중을 파악하지 못했다. 그리고 프랑크푸르트에 도착했다. 일행은 곧바로 캠핀스키 호텔에 여장을 풀었다. 그제야 12시간 동안 침묵하던 이건희 회장이 말을 꺼냈다.

"그건 자기 자신을 사랑하지 않기 때문이야."

이것은 이건희 회장만의 표현법이었다. 이건희 회장과 고등학교 동창생인 홍사덕 의원은 이건희 회장의 화법을 앞뒤 설명 없이 '본체'만 툭 던지는 식이라고 했었다. 이번에도 그랬다. 그는 가타부타 앞뒤 설명 없이 툭 본체만 던졌다. 마치 고승들의 화두 던지기와도 흡사했다.

'자기 자신을 사랑하지 않는 것'과 '현장에서 정리정돈이 되지 않는 것'과의 관계. 이것은 언뜻 상호관련이 없어 보인다. 논리가 너무 비약되어, 논리 자체가 사라져 보이기 때문이다. 문제는 이것을 해석할 수 있는 논리를 얻는 것. 손욱 비서실 경영전략1팀장은 그 논리를 얻었다.

그것은 자기가 존중을 받으려면 남을 먼저 존중해야 한다는 논리였다. 즉, 자기 자신이 일을 할 때에만 기자재를 사용하고 이후 남을 위해서 정리를 하지 않는 것은 곧 자기학대인 셈이라는 것이다. 결국, 타인도 자신을 위해 정리정돈을 하지 않을 것이며, 따라서 타인에게 자기 자신이 존중받을 수 없다. 이 같은 상황에서 정리정돈은 당연히 인간존중을 실현하는 방식이 된다. 이건희 회장은 이러한 논리들을 모두 생략한 채 자기 자신을 사랑하지 않기 때문이라고 말하며 이것이 근본원인이라고 했다.

여기서 주목할 것은, 이건희 회장의 화두식 표현을 손욱 당시 경영전략1팀장이 논리적으로 해석했다는 것이다. 본래 이건희 회장은 말이 없는 편이다. 말을 해도 핵심을 꿰뚫는 본체만 던진다. 그래서 이어령 전 문화부장관은 이건희의 독특한 화법에 대해 "그의 한 마디가 나의 열 마디를 누른다."고 했던 것이다.

그런 그가 딱 한번 자신의 독특한 화법을 포기하고 무려 8시간 동안 강연을 한 적이 있었다. 프랑크푸르트 행 비행기에서 기보 보고서를 읽게 했던 일이 있은 지 10여 일 후였다. 일명 '신 경영 대장정'의 강연.

당시 그가 8시간 동안 강연을 한 것은 그의 평소 화법대로 이야기해서는 삼성전자의 임직원들이 그것을 이해할 수 없을 것이라는 우려 때문이었다.

실제로 그는 제2의 창업을 선포한 시기에도 마라톤 강연과 회의를 직접 주재했는데, 이것 역시 사장단들에게도 본체만 던져서는 안 된다고 파악했기 때문이었다. 그만큼 그의 주변에는 그의 의중과 독특한 화법을 논리적으로 이해할 수 있는 사람이 많지 않다.

그의 독특한 화두식 화법을 논리적으로 해석할 수 있다는 것은 단순히 이해력에 국한된 문제가 아니다. 그것은 그의 비전을 현실화시킬 수 있는 능력이 있다는 뜻이기도 하다.

손욱 당시 비서실 경영전략1팀장이 삼성전관 대표를 거쳐 삼성종합기술원장, 그리고 인력개발원장 등 두루 중용될 수 있었던 것도 이와 무관하지 않다. 특히, 이건희의 싱크탱크 역할을 하는 삼성종합기술원의 장을 맡는 것은 그의 화두 한마디를 논리적이고 현실적으로 해석하는 능력이 있지 않고서는 힘이 드는 일이다.

엔지니어 출신의 기획통

현 삼성그룹에서 기획통으로 통하는 사람이 두 명이 있다. 바로 김순택 사장과 손욱 원장이다. 그들은 재무관리통, 기술경영통과는 달리 경영기획통에서 잔뼈가 굵은 사람들이다. 그런데 두 사람의 이력은 조금 차이가 있다.

우선 김순택 사장의 경우에는 경북고와 경북대 경제학과를 졸업한 후 그룹 비서실에서 기획 쪽을 맡았다. 경제학과를 졸업한 그에게 기획은 그리 생소한 분야가 아니었다. 이에 반해, 손욱 원장은 1963년 경기고를 졸업한 후에 서울대 기계공학과에 입학했다. 이후에도 그는 1967년 서울대 졸업 직후 곧바로 한국비료공업에 입사했다.

당시 그가 한국비료공업에 입사한 것은 경기고와 서울대 기계공학과 졸업이라는 최고의 엘리트 코스에도 불구하고 갈 만한 회사가 없었기 때문이었다. 당시 최고의 엘리트 이공계 출신들이 갈 수 있는 회사로는 한국기계, 이천전기, 현재 효성중공업이 된 한영모터, 그리고 한국비료공업 정도가 전부였다. 그나마 이것도 당시 중화학공업 붐을 타고 이제 겨우 걸음마를 시작한 회사들이었다.

이후 그는 엔지니어로서의 길을 걷다가 1975년에 삼성전자에 입사했다. 이것 역시 엔지니어로서의 입사였다. 즉, 그는 대학 졸업 후 삼성전자에 입사하기까지 줄곧 엔지니어로서의 길을 걸었던 것이다.

당연히 그 시절의 그에게 있어 기획 분야의 일은 좀 생소한 분야였다. 그러나 80년대 들어 그는 차츰 기획 쪽 일과 관련을 맺어왔고, 1989년 연세대 경영대학원 최고 경영자 과정을 수료하면서 학문적인 기틀도 갖추었다.

그가 본격적인 기획통으로 통하기 시작한 것은 비서실에서 경영전략1팀장을 맡는 동시에 삼성전자 전략기획실장 부사장을 맡으면서였다. 90년대 초 그는 엔지니어 출신의 기획통으로 점차 두각을 나타내기 시작한다.

접붙이기 경영

그의 기획력이 가장 최초로 경영 일선에서 발휘된 곳은 삼성전관의 대표를 맡으면서부터였다. 그 동안 기획 참모의 역할만 하다가 이제 기획에 따른 결정까지 내리게 된 것이다.

그가 삼성전관의 대표로 활동한 것은 1996년에 접어들면서였다. 그는 당시 '노련한 신인'으로 불렸다. 경영 일선에 한 번도 나서보지 않았지만, 경영자 못지 않게 많은 기획으로 단련이 되었기 때문이었다. 즉, 그룹 비서실에서 그룹 전체의 경영 기획은 물론 전자 소그룹의 전략 기획도 맡았던 것이다.

당시 그는 삼성전관의 대표가 되자마자 '접붙이기론'이라는 자신만의 독특한 경영 방식을 전개했다.

접붙이기론 경영은 접을 붙이지 않은 감나무에는 땡감밖에 열리지 않듯이, 현장의 직원들에게 새로운 것을 접붙이지 않고서는 뚜렷한 효과도 기대할 수 없다는 그의 지론에 따른 것이었다.

당시 그의 새로운 것 중의 하나는 일명 '신바람'이었다. 즉, 신바람과 현장 직원들이 접목되었을 때, 생산성이 몇 배로 올라갈 수 있다는 것이었다. 사기앙양과 관련된 측면이었다.

그의 또다른 접붙이기는 미국과 일본 산업현장의 조직 문화를 삼성전관의 현장에 접붙이는 것이었다. 당시 그는 일본이 생산성이 높은 이유를 현장 기술에서 찾았다. 섬세한 손놀림과 눈썰미가 그 기본이었다. 이에 반해 미국은 합리적인 조직 관리를 통해 생산성을 높이고 있었다. 손욱 사장은 일본의 현장 기술력과 미국의 합리적인 조직 관리라는 각각의 장점들을 접붙인 다음, 그것을 다시 삼성전관의 생산현장에 접붙이려 했던 것이다.

그는 이러한 접붙이기 경영을 통해 2차전지, 초박막액정표시장치 등의 차세대 핵심부품 사업의 진출과 브라운관의 질적인 성장정책 등을 이끌어냈다. 그의 이러한 노력은 후에 또다른 기획통인 삼성 SDI(삼성전관의 후신) 김순택 사장에게까지 이어졌다.

한국의 대표적인 CTO

삼성종합기술원의 CTO가 된다는 것은 그 자체만으로도 이미 한국의 대표적인 CTO가 된다는 것과 다를 바 없다. 그것은 삼성종합기술원이 한국 최고의 연구소 중 한 곳일 뿐만 아니라, 그곳에서 양산되는 제품과 기술력이 곧 한국을 대표하기 때문이다.

여기서 중요한 것은 CTO가 되기 위해서는, 특히 삼성종합기술원의 CTO가 되기 위해서는 단순히 엔지니어로서의 특출한 기술력만 가져서는 안 된다는 것이다. 여기에는 CEO 못지 않은 경영 능력이 요구된다.

그런 면에서, 손욱 원장에게 엔지니어로서의 오랜 이력과 그후의 기획통으로서의 전환은 그에게 시너지 효과를 준 셈이다. 즉, 그는 기술과 경영이라는 두 마리 토끼를 모두 잡을 수 있었던 것이다.

여기에는 삼성의 기술 중시 경영도 한몫했다.

최근 CTO들이 각광을 받는 것은 각 기업들의 테크노 경영과 무관하지 않다. 테크노 경영에 있어, CTO들만한 적임자가 없는 것이다. 하지만 실제적으로 한국의 CTO에 의한 테크노 경영은 유명무실한 것이 사실이다.

2002년 한국산업기술진흥 협회는 제조업체 519개 사를 대상으로 CTO 제도와 관련한 조사를 벌인 바 있다. 당시 CTO 제도를 공식적으로 시행하고 있는 회사는 삼성전자를 비롯 14개 사에 불과했다. 조사 기업 중 2.7%만이 공식적인 CTO 제도를 도입하고 있었던 것이다.

나머지 97.3%의 기업들은 부설연구소장이나 이공계 출신 임원들에게 대신 CTO 역할을 담당하게 하고 있었다. 공식적으로 CTO 제도를 시행하고 있다고 답변한 회사들 중에서도 경영 현장에서 실질적인 CTO 경영이 이뤄지는 경우는 거의 극소수였다.

이것은 각 기업들이 비용 확보가 되지 않고, 기술력과 기술 전략에 대한 인식이 부족하며, 돈과 기술에 대한 중요성을 인식하고 있다 하더라도 CTO를 양성할 만한 교육체계를 갖추고 있지 못하기 때문이었다.

이렇게 따져봤을 때, 삼성의 CTO 운영은 거의 최정상급이라 할 수 있다. 그것은 전 이병철 회장 시절부터 현 이건희 회장에 이르기까지 이공계 출신 인재들을 두루 중책에 기용하고 또, 양성해왔기 때문이다. 손욱 원장이 오늘날 한국을 대표하는 CTO로서 성장할 수 있었던 것은 그의 엔지니어로서의 경험, 기획통으로서의 자질, 그리고 삼성그룹의 CTO 정책 등 삼박자가 고루 갖춰졌기 때문이라고 할 수 있다.

6시그마의 대부

'한국의 잭 웰치.'

손욱 원장의 닉네임이다.

잭 웰치는 잘 알려진 바와 같이 미국의 제너럴 일렉트릭(GE)사를 6시그마를 통해 세계 최고의 기업으로 길러낸 인물이다.

손욱 원장이 '한국의 잭 웰치'라는 닉네임을 가지게 된 것은 1996년 삼성전관 대표이사로 부임하면서부터이다. 그는 자신만의 접붙이기 경영과 함께 6시그마를 적극적으로 도입해 전사적으로 실시했다.

그의 6시그마는 오늘날 삼성전관이 세계화 · 고도화될 수 있는 기반을 마련했다는 평가를 받고 있다. 그만큼 그는 6시그마에 관한 전문적인 경영인이다. 그래서 사람들은 그를 '6시그마의 대부'라고도 부른다. 그의 삼성전관에서의 6시그마는 송용로 사장을 거쳐 김순택 SDI 사장에까지 이르고 있다.

손욱 원장은 삼성종합기술원에도 6시그마를 도입했다. '4세대 연구혁신'이 그것이다. 4세대 연구 혁신은 무한 스피드 경쟁 시대, 디지털 혁명 시대, 기술의 융합과 복합화 시대에 가치혁신을 통한 신개념의 제품 개발에 그 핵심이 있다. 따라서 이것은 기술 혁신인 동시에 가치 혁신이기도 하다.

그는 삼성종합기술원에 연구소형 인사제도를 처음 도입하기도 했었다. 이는 국내 최초이기도 했다. 그가 삼성종합기술원에 새로운 인사 시스템을 도입한 것은 기존의 인사 시스템으로는 창의적인 인재를 확보할 수 없다는 생각에서였다. 당시 그는 세계 최고의 연구 품질 수준 확보, 세계 일류 제품 개발 등과 함께 삼성종합기술원의 인재 육성에도 큰 관심을 가지고 있었다.

연구소형 인사제도는 일명 '차원관리' 시스템이다. 차원관리 시스템은 당시 GE 등 선진 기업의 연구소에서 이미 실시하고 있던 인사제도이다. 이는 개인별 기술역량을 단계별로 평가하고 분류해 그에 따른 보상을 해주는 제도이다. 여기서 중요한 것은 평가나 분류의 기준이 업적이나 프로젝트의 단위가 아니라 기술역량이라는 것이다. 여기에는 지금 당장 눈앞에 이익이 없더라도 향후 미래 시장을 선도할 수 있는 기술력을 축적하겠다는 손욱 원장의 가치관이 투영되어 있다.

차원관리는 우선 삼성종합기술원이 필요로하는 45개의 기술 요소들을 선정하는 것에서부터 시작된다. 각 기술 요소들은 8단계로 나뉜다. 예를 들면, 1단계는 해당 기술 분야의 기초지식을 보유한 수준이다. 4단계는 그룹 내에서 기술을 리드할 수 있는 수준이며, 7단계 이상은 노벨상 후보에 오를 정도로 획기적인 기술력을 보유한 수준을 뜻한다. 삼성종합기술원은 이 단계 기준에 의해 개개인의 기술역량을 평가한다.

손욱 원장의 인사 시스템은 단순히 연구원의 기술력을 관리하고 평가하는 측면에만 머무르지 않았다. 그는 종합역량계발프로그램을 운영해 각 연구원의 기술력을 향상시켰다. 여기서 종합역량계발 프로그램은 기본 자질에 전문 능력, 그리고 연구 방법론의 세 가지 측면에서 이루어졌다.

이러한 손욱 원장의 인사 시스템은 기술력은 곧 인재로부터 비롯된다는 삼성그룹의 가치를 그대로 반영하고 있다.

그의 6시그마를 중심으로 한 이러한 혁신 정책들은 훗날 삼성종합기술원이 단순히 연구개발 수준에만 머무는 것이 아니라 연구는 물론, R&BD라는 사업에까지 그 영역이 확대되는 계기가 되었다. 그는 삼성종합기술원장 재직 시 기술사업화 성공률을 20%에서 60%대로 끌어올리기도 했다.

당시 그는 '4세대 연구개발(R&D)'을 기반으로 시장 지향적인 R&D를 전개하기도 했다. '4세대 연구개발'은 미국의 미시간 주립대 윌리엄 밀러가 주창한 것으로 한마디로 요약하면 시장통합을 통한 가치 창출형 기술 개발을 뜻한다.

당시 손욱 원장의 시장 지향적인 R&D는 '처음부터 올바른 일을 올바르게'라는 R&D로 통했다. 이것은 연구개발 단계에서부터 고객이 원하는 가치를 잡아내도록 노력하는 것은 물론, 제품을 개발하고 그 제품이 다시 상품화될 때까지 염두에 둔 연구개발이 되어야 한다는 것이었다. 즉, 시장과 고객을 외면한 연구개발은 지양되어야 한다는 것이다. 훗날 그의 이러한 R&D는 삼성전자 식 가치경영의 밑그림이 되었다.

2003년 한국과학문화재단에서는 산업계, 학계, 연구 관련자들과 청소년들을 대상으로 '2003 닮고 싶고 되고 싶은 과학기술인' 9명을 조사한 적이 있었다. 이중 산업 분야에서는 변대규 휴맥스 대표이사, 이재웅 다음 커뮤니케이션 대표이사 등과 함께 손욱 삼성종합기술원 원장이 선정되었다.

손욱은 기술자 출신으로 '접붙이기 경영', '6 시그마', '4세대 R&D' 등 새로운 경영 이론을 한국식 경영에 접목시킨 후 삼성인력개발원장을 맡았다. 현재는 삼성 SDI 상담역으로 일하고 있다.

2부

그들의
노하우

─삼성의 CEO들을 통해 본 7계명

1. 신념을 가져야 한다

신념이란 자기 분야에 대한 확신을 뜻한다.

삼성의 CEO들은 아이러니컬하게도 처음부터 최고 경영자가 되겠다는 욕심이 없었다. 그것은 그들의 목표가 아니었다. 하지만 그들은 대부분 자기 분야에 대한 확고한 신념으로 무장되어 있었다. 이기태 사장은 언젠가 무선 사업이 시대를 선도하는 사업이 될 것이라는 신념이 있었다. 라디오과에서 라디오 부품을 조립해 팔던 업무를 담당하던 시절이었다. TV의 등장으로 인기가 없었던 라디오, 그 라디오와 관련된 직무를 계속 하면서도 그는 장차 무선 사업의 시대가 올 것이라는 확신이 있었던 것이다.

이것은 윤종용 부회장도 마찬가지이다. 그도 삼성전자 CEO가 되겠다는 목표보다 항상 전자산업의 비전과 그 기술력 향상을 먼저 생각해왔다. 자기 분야와 직업에 대한 확신 없이는 불가능한 일이다. 허태학 사장 역시 삼성 서비스업의 대부이자 최고 경영자가 되기까지 향후 서비스업이 한국 산업의 주춧돌이 될 것이라는 확신이 있었다.

배정충 사장 역시 마찬가지이다. 그는 보험업이 생소한 시절에 이미 보험업을 시작하면서 그것이 훗날 금융업의 선두주자가 될 것이라는 확신이 있었다. 이러한 신념은 결국 그들의 철저한 직업정신, 즉 프로페셔널 정신으로 이어졌다.

대부분의 사람들은 프로정신이 월등한 자기 기량이나 철저한 직업정신에서 비롯된다고 생각한다. 하지만 삼성의 사장단들을 통해 봤을 때, 그보다 더 본질적인 것은 바로 자기 분야에 대한 신념이다. 이 신념이 일차적으로 선행된 후에야 프로정신도 가질 수 있는 것이다.

자기 분야에 대한 신념은 궁극적으로 그들이 한 분야에 오랫동안 종사하도록 만드는 계기가 된다. 배정충 사장은 33년 동안 보험업 외길을 걸어왔다. 허태학 사장 역시 젊은 시절 대부분을 서비스업과 관련해 보냈다. 윤종용 부회장도 그렇다. 이기태 사장도 줄곧 무선 사업 쪽의 일을 도맡아왔다.

이것은 CEO가 되기 위해서는 한 분야에서 오랫동안 종사해야 한다는 또다른 공식을 낳는다. 또한 그만큼 밑바닥에서부터 시작해야 한다는 공식도 뒤따른다.

오늘날 삼성그룹의 2인자이며 이건희의 그림자라는 평가까지 받는 이학수 삼성구조조정본부장은 한때 숙직도, 일직도 모두 도맡아 하는 신입 말단 사원이었다. 허태학 사장 역시 호텔의 면세점 입주라든가, 각종 편의시설을 도입하는 데 맨발로 뛰어다녔던 사원 중 한 명이었다.

이들 외에도 대부분의 삼성 사장단들은 삼성 그룹의 밑바닥에서부터 차근차근 계단을 밟아 올라온 경우이다. 어느 날 갑자기 그들에게 벼락 같은 진급 기회가 주어졌다거나 낙하산 식으로 높은 직책이 주어진 것이 아니다. 그리고 이 모든 것들은 자기 분야에 대한 신념이 없고서는 견디기 힘든 것들이다.

2. 대의명분을 가져야 한다

삼성 사장단들의 공통점은, 자기 분야에 대한 신념이 그들이 최고 경영자의 위치까지 오르는 원동력이 되었다는 것이다. 그런데 그들의 신념은 개인적인 영역에만 국한되지 않는다. 그들의 신념은 곧 대의명분과 관련되거나 또는 그 이상의 개념으로 발전한다.

삼성전자의 일명 반도체 사장단들이 그것을 잘 보여준다. 진대제 전 사장은 '일본을 이겨보기 위해서' 백지수표까지 뿌리치고 한국으로 돌아왔다. 이윤우, 황창규, 임형규 사장들 역시 마찬가지이다. 그들에게는 반도체가 언젠가는 미래 기술을 선도하는 분야가 될 것이라는 확신 외에도 한국을 최고의 반도체 기술 국가로 만들고 싶다는 또다른 사명감이 있었다. 이 사명감이 곧 대의명분이다.

삼성그룹의 CEO들은 청장년 시절부터 암암리에 '애국주의'를 가지고 있음을 엿볼 수 있다. 이것은 그들의 신념이 단순히 개인적인 성공과 출세에 맞춰져 있는 것이 아니라 국가나 사회 등 공동체 의식과 연계되어 있음을 뜻한다.

훗날 삼성 CEO들이 CEO가 된 이후 '극일주의'를 표방한다거나 자신들의 정책을 '국가 발전 정책의 한 일환'으로 표명하며 정진하는 것, 또 바쁜 와중에도 몸소 봉사활동에 나선다거나 기업의 이익을 사회의 이익으로 환원하려는 움직임을 보이는 것은 모두 이런 대의명분 의식에 기반하고 있는 것이다.

여기서 중요한 것은 그들이 CEO가 되기 이전부터 이러한 사명감을 지니고 있었다는 것이다. 이것은 많은 사람들의 선입견과는 다르다. 즉 'CEO가 된 이후에 사명감을 가진 것'이 아니라 그 반대로 'CEO가 되기 위해 사명감'을 가졌다고도 볼 수 있다.

대의명분에 입각한 사명감은 오늘날 CEO가 되려는 많은 사람들에게 필수조건임을 알 수 있다.

3. 위기를 두려워하지 말아야 한다

삼성그룹에서 있었던 두 번의 화형식은 아주 유명하다. 한번은 이기태 사장의 휴대폰 화형식이고 또 한번은 제일모직 원대연 사장의 옷 화형식이었다.

이 화형식에는 지금까지의 일을 반성하고 새로운 각오를 다진다는 의미가 있다. 하지만 여기에는 그렇게 하지 않으면 안 될 만큼의 위기 상황에 몰려 있다는 뜻도 내포하고 있다.

화형식에는 안일함과 나태함과는 타협하지 않겠다는 의지가 담겨 있다. 휴대폰이든 옷이든 지금 당장 어렵더라도 덤핑처리하지 않고 장기적으로 생각하겠다는 미래 지향적인 의미도 있다. 하지만 여기에서 가장 강렬한 의미는 위기를 정면돌파하겠다는 의미이다.

윤종용 회장은 한때 대대적인 인원감축과 함께 사업장을 정리해야만 했다. 일명 'O× 구조조정'이 그것이다. 여기에도 절대절명의 위기를 편법이 아닌 정면으로 돌파하겠다는 의지가 담겨 있다.

삼성의 CEO들은 CEO가 된 이후이든, 혹은 그전이든 크고 작은 위기를 맞이했었다. 이러한 위기 상황에서 그들은 도피하거나 책임을 떠넘긴다거나 하지 않았다. 그들은 어떤 식으로든 자신이 주도적으로 그 위기 상황을 정면 타개하려고 했다. 이러한 그들의 공통된 속성이 오늘날 삼성을 위기에 강한 그룹으로 남게 한 것이다. 지난 십수 년 동안 매일 아침 조깅을 하면서 '나는 할 수 있다'라고 수십 번씩 자기암시를 준다는 송용로 사장의 의지 역시 바로 위기 앞에서 강한 CEO로서 거듭나기 위한 자기 훈련의 한 방법이다.

4. 작은 것에서부터 리더십을 갖춰야 한다

삼성의 CEO들은 장교 출신들이 많다. 황창규 사장은 해군장교 출신이었다. 이기태 사장도 ROTC 출신의 통신교관이었다. 그런가 하면 대학 시절에 크고 작은 동아리의 장을 맡거나 주도적인 역할을 하기도 했다. 허태학 사장의 경우에는 문학 동인회를 만들어 개천예술제 등을 주도하기도 했다. 배정충 사장은 미스터 고대 출신이다.

여기서 중요한 것은 그들이 젊은 시절, 작은 소모임을 주체적으로 이끌어간 경험이 있다는 것이다. 혹은 삼성에 입사한 후에 팀장이나 부장 등의 직책을 맡아서 작은 그룹을 이끌어본 경험이 있다.

이것은 그들이 CEO가 되기 전부터 암암리에 리더십을 익혀왔음을 뜻한다. 즉, 어느날 갑자기 CEO 자리에 오르고, 그 이후 리더십을 발휘한 것이 아니라는 뜻이다.

리더십은 하루 아침에 갖출 수 있는 것도 아니며, 또 직책이나 직위로 얻을 수 있는 것도 아니다. 강력한 리더십에는 그만큼의 훈련과 고난이 뒤따른다.

   삼성의 CEO들 중에는 야전 사령관이라는 닉네임을 가진 사람들이 많다. 이상완 LCD 사장도, 또 배정충 사장도 야전 사령관으로 불린다. 이때 야전 사령관은 산전수전 다 겪어본 사령관을 뜻한다. 그들의 현장에서의 강력한 통솔력은 바로 CEO가 되기 전부터 작은 위기들을 주도적으로 헤쳐나오면서 얻을 수 있는 역량이었다.

5. 건강에 신경써야 한다

   삼성의 CEO들은 역동적인 CEO들로 평가받는다. 여기에는 단순히 젊다는 것 외에 다른 의미가 있다. 그것은 그들이 기동성과 빠른 상황 대처 능력, 그리고 창의성을 가지고 있다는 것을 의미한다.

   여기서 중요한 것 중의 하나가 바로 성실성이다. 창의성이 소프트웨어라면 성실성은 하드웨어적인 요소라 할 수 있다. 이기태 사장은 한때 하루 세네 시간씩 자며 나머지 시간들은 온통 휴대폰을 생각하는 데에만 시간을 보내기도 했다. 이것은 창의성 문제이기 이전에 성실성의 문제이다.

   성실성의 기반은 바로 체력이다. 체력이 좋지 않고서는 스물네 시간도 부족한 삼성 CEO로서의 스케줄을 모두 소화해낼 수가 없다.

삼성의 CEO들은 모두 자기만의 건강 비결을 가지고 있다. 미스터 고대 출신인 배정충 사장은 매일 아침 헬스기구와 러닝머신으로 몸을 풀고 하루를 시작한다. 배종렬 사장은 삼성 CEO들 중에서도 가장 체계적인 건강관리를 하고 있다. 그는 육체적인 피로는 물론, 정신적인 피로에까지 신경을 쓴다. 그런가 하면 삼성 CEO들 중에서는 평일에는 별도로 시간을 낼 수 없기 때문에 업무를 보면서 작은 운동도구로 건강을 유지하는 CEO도 있다. 또, CEO가 되기 전부터 골프를 통해 건강을 유지하기도 했다.

이처럼 삼성의 CEO들은 CEO가 되기 이전에 이미 자신의 건강을 체계적으로 관리해왔다. 이것은 단순히 '건강관리'의 측면이 아닌 '자기관리'이다.

자기관리에 서툰 사람은 한 기업의 CEO가 될 수 없다는 것이 삼성 사장단들이 보여주는 사례이다.

6. 자기만의 경영철학을 갖춰라

삼성의 CEO들은 자신만의 경영철학을 발전시켜왔다. 관리 경영, 삼발이 경영, 불도저 경영, 내실 경영, 밀착 경영, 서비스 경영, 기획 경영 등 그들의 경영 방식은 다양하다.

이것은 흡사 삼성 그룹 내에서의 경영의 포지셔닝화라고도 할 수 있다. 실제로 삼성은 공격형 경영의 CEO들과 수비형 경영의 CEO들, 그리고 이 둘을 통합시킨 CEO들이 긴밀한 협조관계를 맺고 있다.

이러한 경영의 포지셔닝화는 CEO들 자신의 오랜 경험과 개인적인 기질과 성격, 그리고 각 분야가 필요로하는 경영 스타일에 의해 좌우된다고 볼 수 있다. 또한 그때 그때의 상황 역시 그들의 경영 포지셔닝화에 영향을 미쳤다. 강호문 사장의 쇼트트랙론이나 수레바퀴론 등이 대표적인 경우이다.

여기서 중요한 것은 삼성 사장단들이 삼성그룹이 제시한 경영의 비전 외에 자신만의 독자적인 경영 방식을 구축해왔으며, 또 그렇게 해간다는 것이다.

이것 역시 하루 아침에 이루어질 수 있는 것은 아니다. 그것은 오랜 조직생활과 소그룹의 경영을 통해 수없이 수정, 보완되면서 이루어질 수 있는 것이다. 실제로 삼성 사장단들은 최고 경영자의 직위에 오르기 전에 삼성의 간부로서 여러 경영 방식을 전개했었고, 그것을 통해 자신만의 경영 방식을 구축해갔다. 삼성그룹의 사장단들이 이건희 회장이 제시하는 비전에 일사불란하게 움직이면서도 동시에 그 개성을 잃지 않아 보이는 것도 바로 이러한 자신들만의 경영철학에서 비롯된다고 할 수 있다.

7. 현장을 떠나지 마라

삼성 사장단들의 경영 방식은 다양하다. 그만큼 그들의 경험과 성격, 그리고 분야에서 그들이 쌓은 노하우와 경영철학이 다르기 때문이다. 하지만 그들에게도 몇 가지 공통점이 있다.

우선은 삼성그룹의 전체적인 경영 비전과 그 맥을 같이하고 있다는 것이다. 즉, 보편적 경영 안에서의 개별적 경영을 추구하는 것이다. 또, 경영의 원칙을 저버리지 않는다. 그리고 마지막으로 어떤 식으로든 현장 경영을 최우선시한다는 것이다.

그들이 현장 경영을 최우선시하는 것은 그들이 삼성에 입사하던 시절부터 오랫동안 견지해온 습성 중의 하나이다. 이것은 모든 기업활동은 현장에서 비롯된다는 사고관에 기초한다. 즉, 현장이 견고하지 않으면 아무리 좋은 정책들과 경영 방식이 전개되더라도 모래 위에 지은 집과 다를 바 없다고 생각하는 것이다.

따라서 그들은 신입사원 시절부터 현장의 상황을 파악하는 데 적극적이었고, 간부 시절에는 현장을 리더하려고 했으며, 최고 경영자가 된 후에는 가장 먼저 현장에 대한 혁신과 각종 편의 정책을 실시했다.

더 나아가 직접 현장의 민원을 챙기기도 하고, 제품의 품질 여부와 시장의 동태를 살피는 등 현장의 목소리에 민감함을 잃지 않고 있다.

이것은 그들이 현장을 통해 일을 배우고 현장과 함께 성장하며, 현장의 CEO가 되는 절차를 밟았기 때문이기도 하다.

그들의 다양한 경영방식이 만든 기업이 삼성그룹이다. 오늘날 삼성그룹의 CEO들은 경영현장에서 닦은 자기만의 노하우로 삼성의 계열사들을 세계 초일류로 발돋움시키고 있다.

삼성의 CEO경영, 그들이 지금까지 쌓아온 경영철학은 한국식 경영의 큰 자산이 될 것이다.

삼성의 스타 CEO

초판 1쇄 발행 | 2005년 6월 16일
초판 5쇄 발행 | 2007년 2월 16일

지은이 | 홍하상
펴낸이 | 이범상
펴낸곳 | (주)비전비엔피 · 비전코리아
　　　　서울특별시 마포구 연남동 224-57 2층
　　　　Tel : (02)338-2411(대) / Fax : (02)338-2413

e-mail : ekwjd11@chol.com
블로그 : http://blog.naver.com/visioncorea
등록 | 제1-3018호

교정 | 김정연
표지디자인 | 송원철
본문디자인 | 김성엽
인쇄 | 천일문화사

ISBN 89-87224-52-X 03320

값은 뒤표지에 있습니다.

잘못된 책은 바꿔드립니다.